"시장의 확대, 민주주의의 확산은 근대적 제국의 종말을 가져올 것처럼 보였다. 하지만 21세기 접어들어 더욱 강력해진 테러리즘에 대한 공포와 우려는 보이지 않는 제국의 부활을 초래했다. 기술진보를 통한 정보의 습득과 경제 시스템을 통한 통제능력의 획득은 새로운 제국의 탄생을 알려준다. 『언더그라운드 엠파이어』는 오늘날 물밑에서 이루어지는 세계 정치경제의 현실을 적나라하게 보여준다." **이동수** 경희대 공공대학원 교수

"정치는 선악을 뛰어넘는다. 국제정치는 더욱 그렇다. 미국과 중국의 패권경쟁, 러시아의 우크라이나 침공, 중동에서의 분쟁은 현실정치가 윤리의 영역이 아님을 여실히 보여준다. 이런 면에서 『언더그라운드 엠파이어』는 정치의 영원한 본질을 이야기하고 있다. 특히 제국의 통치에 대한 핵심을 제공한다. 규범이 강대국의 표면이라면 피치자나 경쟁자를 감시하고 견제하는 것은 강대국의 언더그라운드다. 제국이 세계를 통치하는 데는 규범이나 문화적 매력인 소프트 파워와 군사력 같은 노골적인 하드 파워만으로는 부족하다. 세계의 일거수일투족을 지켜보는 감시권력, 즉 언더그라운드 권력이 필수적이다. 우리가 중립적인 것으로만 생각해왔던 인터넷, 국제금융, 세계화가 미국이 휘두르고 있는 통치권력이 되었다는 것, 그리고 중국이 이 권력을 갖기 위해 미국에 도전하고 있다는 것을 『언더그라운드 엠파이어』는 자세히 보여준다. 국제정치의 현재와 본질을 알고 싶은 분들에게 필독서가 되리라 생각된다."
김경희 이화여대 정치외교학과 교수

"『언더그라운드 엠파이어』는 권력이 실제로 어떻게 작동하는지에 대한 놀라운 설명서다. 패럴과 뉴먼은 광섬유 케이블에서 금융 시스템에 이르기까지 우리를 하나로 묶는 네트워크가 어떻게 강력한 강압적 도구가 되는지 보여주며, 미국이 어떻게 세계 질서를 얽은 배관을 무기화하는 법을 배웠는지를 미묘한 필체로 폭로한다. 오늘날 경제 및 기술 권력이 어떻게 행사되는지 이해하는 데 필수적인 흥미진진한 책이다." **크리스 밀러** 터프츠대학교 교수, 『칩 워』 저자

"이 계시적인 책은 워싱턴이 어떻게 그렇게 엄청난 권력을 장악하게 되었는지, 그리고 이 권력을 어떻게 행사하는지를 설명한다. 이 책은 글로벌파워의 본질이 어떻게 변화했는지를 강조함으로써 분석가들이 영향력에 대해 생각하는 방식에 엄청난 기여를 하고 있다."
폴 크루그먼 프린스턴대학교 명예교수, 노벨경제학상 수상자

"세계 경제가 어디까지 왔고 어디로 향하고 있는지 이해하려면 이 책을 읽어야 한다." **대니 로드릭** 『자본주의 새판짜기』 저자

"패럴과 뉴먼은 설득력 있는 논제를 제시하고, 이를 잘 변호하며, 매혹적인 이야기를 들려준다. 책을 다 읽고 나면 무의미하고 끔찍해 보였던 일들을 이해할 수 있게 될 것이다. 그런다고 해서 그런 일들이 덜 끔찍해지지는 않겠지만 적어도 이해할 수는 있게 된다." **코리 닥터로우** 『리틀 브라더』 저자

"『언더그라운드 엠파이어』는 특정한 구조적 권력은 제거하기가 극히 어렵다는 것을 설명한다. 1980년대 후반에 많은 국제관계 학자들이 미국이 쇠퇴기에 접어들었다고 믿었던 것처럼…현재의 평론가들은 디지털화된 세계에서 미국의 힘을 과소평가하고 있는 것으로 보인다."
대니얼 드레즈너 터프츠대 국제관계학 교수, 〈포린폴리시〉

"미국은 미국을 돕는 사람들에게는 보상을 주고, 이를 어기는 사람들에게는 처벌을 가하는 새롭고 신비로운 도구를 사용해 왔다. 헨리 패럴과 에이브러햄 뉴먼 덕분에 이제 그 도구의 비밀이 조금은 드러났다. 그들의 저서 『언더그라운드 엠파이어』는 미국이 지난 세기 후반 세계 시장을 효율화하려는 중립적 수단으로 구축된 일련의 제도를 통해 어떻게 이익을 취했는지를 보여준다." **크리스토퍼 콜드웰** 〈뉴욕타임스〉

"매혹적이고 흥미진진한 이야기."
〈파이낸셜타임즈(FT)〉

"『언더그라운드 엠파이어』에서 지적하듯이, 미국은 수십 년에 걸쳐 거의 우연히 구축된 방대한 정보 배관망의 중심을 차지하고 있는데, 세계 경제는 이 정보 배관망을 통해 작동할 수 있다. 그러나 강대국 간 긴장이 고조되면서 헨리 패럴과 에이브러햄 뉴먼이 '무기화된 상호의존'이라고 부르는 싸움에 휘말리는 분야도 늘어나고 있다." **자미 미식, 피터 오르자그, 시오도어 번젤** 〈포린어페어스〉

"패럴과 뉴먼은 지난 50년 동안 미국의 '네트워크 제국주의'가 어떻게 부상했는지 설명한다. 시장이 국가로부터 점점 더 분리될 것으로 예상되었던 시대에 대해 저자들은 그 반대가 사실이었음을 보여준다…이 책은 강대국들이 서로 갈등하는 세계를 보여주는데, 이곳에서는 언제나 그렇듯이 세계적 부의 계층 구조에서 가장 아래에 있는 사람들이 피난처도 없이 가장 큰 고통을 계속해서 겪고 있다." **퀸 슬로보디안** 〈뉴스테이츠먼〉

"『언더그라운드 엠파이어』는 정말 적절한 시점에 발간되었다. 헨리 패럴과 에이브러햄 뉴먼은 미국과 다른 서방 정부를 방심해 있다가 그들의 경쟁국들에 의해 기습당했다고 묘사해온 미국 외교정책 서클의 주류적 관점을 대대적으로 수정한다." 〈TLS (타임스 리터러리 서플먼트)〉

"제2차 세계대전 이후의 세계 경제 및 기술 발전에 대한 매혹적인 여행." 〈내셔널리뷰〉

"패럴과 뉴먼의 글은 유려하고 매력적이다. 미국 정보 기관이 있는 버지니아 북부 오피스파크에서 20세기 중반 뉴욕 은행의 이사회실, 제재를 회피하며 인도양을 횡단하는 유조선까지 이 책에서 우리는 닐 스티븐슨 같은 테크노스릴러 작가의 영향을 발견하는 것은 어렵지 않다." 〈워싱턴포스트〉

UNDER GROUND

언더그라운드 엠파이어

미국이 글로벌경제를 무기화하는 법

헨리 패럴·에이브러햄 뉴먼 | 박해진 옮김 | 김동규 감수

EMPIRE

PADO 북스

감수의 글

인터넷은 '공해(公海)'처럼 자유로운 정보의 바다라고 생각했던 적이 있었다. 세계화는 국가를 넘어 모두에게 열린 시장이 세상을 지배하는 것을 의미한다고 믿었던 적이 있었다. 하지만 9/11 이후 다시 대립의 세계가 돌아왔고, 중국이 미국의 라이벌로 부상하면서 '친구와 적'을 구분하고 적대세력과는 싸움을 하는 칼 슈미트적 '정치'가 다시 작동하기 시작했다. 세계의 패권을 쥐고 있는 미국은 세계화가 구축해놓은 초국적(超國的) 촉수들을 자국의 무기로 만들기 시작했다. 어쩌면 그 이전부터 그런 작업을 보이지 않게 진행해왔을지도 모른다.

인간은 그것이 원죄 때문인지 아니면 본성 때문인지 싸우고 지배하고 대립한다. 하지만 싸우고 대립하는 것도 혼자 하는 것보다는 그룹을 지어 하는 것이 유리하기 때문에 그룹의 안을 단단히 연대시키기 위해 내부적으로는 정의를 추구한다. 밖으로는 투쟁, 내부적으로는 정의를 통한 연대. 이렇게 국가 밖과 안의 정치가 구분된다.

국제정치에 오랫동안 노출되어 있던 나라들은 국제정치의 비정함을 잘 안다. 반면 제국이나 보호국 치하에서 국제정치와 무관하게 살아왔던 약소국들은 독립후에도 아직 국제정치의 비정함이 낯설다. 그래서 외국과의 관계를 마치 사적 관계처럼 다정한 사이라는 관점에서 접근하고, '다정'이 아닌 '비정'을 만나면 급하게 국제정치에에 실망해버리고 낙담한다. 하지만 정의와 인정으로 묶인 국내정치과 달리 국제정치는 오직 타산과 거래만이 존재하는 곳이다. 동맹도 파트너십도 모두 국익이 서로 일치해서 엮인 것일 뿐이다. 그래서 동맹을 유지하려면 동맹 파트너 국가의 이익도 항상 챙겨줘야 하는 것이다. 친구니까 나를 돕겠지라고 막연히 기대할 순 없다. 국제정치의 세계는 비정의 세계이며, 그런 세계에서는 타산과 타산 사이의 거래를 성사시키는 지혜가 중요하다. 그래서 이 비정의 세계 속에서 합의를 만들어내는 외교는 아름다운 것이다.

『언더그라운드 엠파이어』는 세계화라는 겉모습 뒤에 존재하는 비정의 국제정치를 엿보여준다. 모두에게 공평하게 열려 있다고 믿었던 세계화, 인터넷, 국제금융 등이 사실은 세계 제일의 강대국 미국이 통제하는 공간이었다고 이 책은 설명한다. 물론 중국 같은 도전국들 역시 이러한 사실을 잘 알고 그 통제권을 빼앗으려 시도한다. 일반인들은 이메일, 메신저, 클라우드 같은 것이 아무도 엿보지 않는 자신만의 프라이빗한 공간이라고 믿는다. 하지만 그렇지 않다는 것이 저자인 헨리 패럴과 에이브러햄 뉴먼의 주장이다. 미국이 왜 중국 앱 틱톡을 금지하려는지, 미국은 왜 동맹국들의 화웨이 5G 스위치(전화교환기) 도입을 막으려 하는지, 일본은 왜 한국 네이버가 만든 메신저 앱 라인에 대해 우려하는지, 중국은 왜 미국산 앱 사용을 철저히 금지하고 있는지 우리는 생각해 볼 필요가 있다.

『언더그라운드 엠파이어』를 읽다 보면 미국의 과도한 권력을 고발하는 것 아닌가 생각할 수 있다. 하지만 이 책은 미국을 비판하는 것이 아니라 '국제정치는 원래 이런 것'임을 담담히 보여줄 뿐이며 이러한 비정함은 미국만이 아니라 중국, 러시아 등 다른 강대국들도 가지고 있는 모습일 뿐임을 이야기하는 것이다. 어린 아이가 어른이 되어 독립하면 늘 먹고 사는 것을 걱정해야 한다. 더 이상 부모가 챙겨주지 않기 때문이다. 마찬가지로 국가가 제국이나 보호국의 보호에서 벗어나 당당한 독립국으로 성장하면 늘 국제정치의 '비정' 앞에서 걱정이 많아진다. 어른이 된 어린아이는 돈벌이의 기술을 익혀야 하고, 어른이 된 독립국가는 국제정치의 기술, 즉 외교안보의 기술을 익혀야 한다. 우리는 그 기술을 익히는 작은 방편으로 이 책을 국내 독자들께 소개한다. 영문학자이면서 국제시사문예지 PADO의 번역가인 박해진 선생이 유려한 문체와 정확한 표현으로 이 책을 번역해주었는데, 노고에 감사드린다.

2024년 11월

김동규 PADO 편집장

니콜과 크레이그에게

* 일러두기

본문의 주석은 모두 옮긴이주입니다.

모든 길은 로마로 통한다

언더그라운드 제국으로 내려가는 길은 어렵지 않다. 입구는 어디에나 있다. 어떤 입구에는 표지판도 있다. 이 책의 필자인 우리 두 사람이 사는 워싱턴 D.C. 지역에서는 동맥처럼 뻗은 여러 차선의 I-66번 고속도로가 버지니아 교외와 미국의 수도를 이어준다. 이 도로에서 내려오면 펜타곤(국방부)과 중앙정보국(CIA) 본부가 있는 랭글리로 길이 이어진다. I-66번 고속도로는 워싱턴 D.C.를 둘러싼 벨트웨이를 가로질러 국가안보국(National Security Agency, NSA)과 미국 사이버사령부 소속 정보요원들과 해커들이 출근하는 포트미드를 향한다. 이 도로는 국무부가 있는 포기바텀(Foggy Bottom)에서 끝나는데, 여기서 불과 몇 블록 떨어진 곳에 재무부와 백악관이 있다.

이 건물들은 미국이라는 제국의 표면이다. 일부는 공개적으로 제국을 드러낼 목적으로 설계되었다. 백악관과 재무부의 외관은 율리우스 카이사르의 군 기술자로 출발한 로마 건축가 비트루비우스의 원리에 따라 팔라디오 양식으로 지어졌다. 실용적 목적에 맞게 보강철근과 콘크리트로 지어진 다른 건물들은 철문, 카메라, 무장 경비대 뒤에 마치 바리케이드를 치고 웅크린 듯 만들어져 있다.

하지만, 밖으로 보이는 이 모든 것들은 지하세계로 연결된다. 역사상 모든 제국의 지배와 과시 용도의 건축물은 버섯에서 주변 토양을 통해 퍼져가는 균사체처럼, 자원과 정보를 실어 나르는 세밀한 터널과 파이프에 연결되지 않는다면 모두 붕괴되어 폐허가 될 것이다. 이 제국의 줄기는 영향력과 힘을 밖으로 내보내는 동시에 여러 자원을 중앙으로 모아낸다. 양방향으로 작동하는 것이다.

고대의 지배자들은 반암(斑岩)과 대리석 같은 돌로 의사당을 지었다. 하지만 그들의 살아 움직이는 제국은 한층 일상적인 것들로 구성되었다. 즉, 무역로와 곡물 수송선, 인공수로가 소도시, 대도시, 시골지역을 조밀하게 연결된 하나의 경제활동망으로 만들어냈다. 로마제국은 상인들이 상품을 실어 나르고 로마군단이 신속하게 속주로 행군할 수 있는 도로망을 구축했다. 만약 한 여행객이 밖에서 제국 안으로 들어가면 지금까지의 촌락과 구불구불한 농로를 벗어나 상품과 공권력을 실어 나르는 긴 직선 도로망으로 연결된 상업도시들을 만나게 될 것이다.

로마제국이 몰락하고 수 세기가 지났지만 모든 길은 로마로 통한다는 기억이 중세 속담으로 남았다. 로마가 지은 기반시설은 아직 현대 경제에도 그림자를 드리우고 있다. 역사는 게으르다. 뭔가 만들어지면 그 위에 다른 것을 세우기가 쉽다. 그래서 프랑스와 이탈리아의 고속도로는 지금도 수천 년 전 로마제국 감찰관의 포고에 따라 건설된 고대 도로를 따른다.

현대에는 제국의 실제 업무가 지하로 상당 부분 옮겨 갔다. 미국이라는 제국은 여전히 글로벌 항로에 미 해군을 배치해 눈에 보이는 교역로를 열어둔다. 그러나 미국의 힘은 매설한 광섬유 케이블을 따라 이동하면서 인터넷망이나 은행이 글로벌 송금에 사용하는 복잡한 금융 네트워크에도 교묘하게 스며들어 있다. 글로벌 무역 및 제조업을 떠받치고 있는 열린 시장 아래에는 지적재산권과 기술적 전문지식으로 이뤄진 무형의 네트워크가 놓여 있다. 그리고 이 네트워크는 미국 지도자들에게 어느 누구도 흉내 낼 수 없는 통제 수단이 된다.

전 세계를 아우르는 이 시스템들은 정치적 지배를 위해 의도적으로 만들어낸 것이 아니라 대체로 효율성과 이익을 추구하는 민간기업들이 만들어냈다. 고대 제국에서도 상인들이 개척한 길을 따라 로마군단 병사들이 행진했던 것처럼 말이다.

현대의 제국은 글로벌 시장과 정보 흐름을 떠받치는 땅 밑의 도구들—광섬유 케이블, 서버 팜, 금융 결제 시스템, 그리고 반도체 등 복잡한 제품의 생산망—을 강제력 행사에 사용할 수단으로 바꿨다. 언뜻 보면 세계 경제를 엮은 이 배선 및 배관 시스템은 무미건조하면서도 도무지 알 수 없는 것처럼 보인다. 하지만 이런 배관 작업은 정치적이다. 한때 모든 길이 로마로 통했듯, 세계의 광섬유 네트워크, 금융 시스템, 반도체 공급망은 미국으로 통한다. 그리고 미국은 이 배관을 통해 세상에 힘을 투사한다.

실제로 이런 시스템의 작동 방식을 이해하려면 시스템을 도로라고 상상해보면 된다. 출퇴근하는 사람들이 매일 아침 자신이 사는 조용한 주택가를 나서 더 분주한 거리로 향하고, 이 거리는 다시 간선 도로로 연결된다. 마찬가지로 사람들은 휴대전화를 켜고 업무용 컴퓨터에 로그인하고 가족에게 돈을 보내기도 하면서 매일 아침 이 언더그라운드 제국에 들어간다. 사람들은 별 생각 없이 이른바 '고속 인터넷 기간망' 같은 글로벌 정보 고속도로에 연결된 매립 통신선에 정보를 보내고 있다. 이 글로벌 정보 고속도로에서는 마치 수백만 차선의 고속도로 위에서 지역 트래픽과 해외 트래픽이 마구잡이로 섞이는 것과 같은 일이 벌어진다. 이 가상 도로에서는 "대표 없는 과세를 끝내라", "연인들을 위한 버지니아"라고 적힌 지역 번호판을 부착한 미국 자동차들이 중국어, 페르시아어, 프랑스어, 러시아어 로고를 붙인 트럭 사이를 이리저리 빠져나가며 각자의 목적지로 향한다. 타국의 사람들도 이메일을 확인하고, 아마존이나 자기 나라의 현지 경쟁업체에서 제품을 구입하고 돈을 지불한다.

이렇게 서로 다른 나라에 사는 다양한 사람들이 전부 같은 고속도로를 이용한다. 이는 마치 I-66번 고속도로가 워싱턴 D.C.를 주변지역에 연결하는 것에 그치지 않고 베이징, 앙카라, 파리, 블라디보스토크 등 여러 도시를 보이지 않게 서로 연결하는 것과 같다. 여기서 놀라운 점은 세계 각지에서 온 여행자들이 더블린이나 키르쿠크를 짧게 여행하고 있어도 자신도 모르게 워싱턴 D.C. 교외 지역을 경유할 수 있다는 사실이다. 아일랜드나 쿠르드의 운전자들이 의무적으로 우회하듯 그들은 미국 국가안보국 본부를 지나게 될 것이며, 국가안보국은 나중에 미국 정부가 자동차의 운전자가 누구인지, 또는 어디로 가는지를 알아야 할 필요가 있을 것에 대비해 이들의 차를 촬영해둘 것이다. 이란 번호판을 달고 있는 차의 운전자는 불시에 짙은 색 정장 차림에 단정한 머리를 한 재무부 직원에 의해 도로 갓길로 정차하라는 명령을 받을지도 모른다. 가상 고속도로의 트래픽이 실제 세계의 물류에 영향을 미칠 수도 있다. 미 연방정부가 정보를 얻으려고 온라인 트래픽을 뒤지다가 수상한 이메일을 발견하고는 서울에서 상하이로 향하는 첨단 반도체를 실은 컨테이너를 압류할지도 모른다.

25년 전 앨 고어 당시 부통령은 글로벌 네트워크라는 신세계를 "정보 슈퍼고속도로"라고 명명한 바 있다. 당시 그가 반쯤 인정한 대로 이 비유는 진부했다. 고어가 이런 표현을 사용한 이유는 사람들이 이런 네트워크가 미국이 투자해야 하는 필수 기반시설이라고 생각하기를 바랐기 때문이다. 그는 성가신 규제를 원하지는 않았지만 병목 현상을 해소하고 이 네트워크를 모두에게 개방하기 위한 통행 규칙은 있어야 한다고 믿었다. IT 전문가들은 고어의 표현이 전혀 마음에 들지 않았다. 이들은 글로벌 네트워크라면 인터-넷, 즉 네트워크의 네트워크와 비슷한 것이어서 교통경찰 없이 사람들이 원하는 어디로든 갈 수 있게 허용하는, 야생 그대로의 무법천지 같은 네트워크라고 생각했다.

하지만 인터넷은 이제 완전히 길들여졌다. 우리는 다시 정보 슈퍼고속도로가 아닌 정보 고속도로들의 세계로 돌아왔다. 미국이 초크포인트(choke point)*로 바꿔 놓은 병목으로 정보가 모이면

---

*   주요 산유국이나 중앙화된 네트워크 중심지, 기계의 핵심 부품처럼 복잡하게 얽힌 공급망이나 네트워크 시스템에 치명적일 수 있는 '급소'를 뜻한다.

서 미국이 전 세계의 일상적 상거래와 소통을 감시하고 통제할 수 있게 된 것이다. 그리고 이 고속도로들은 세계 경제의 트래픽을 나르면서 금융서비스와 생산시스템을 지탱한다. 당연히 다른 나라의 정부는 이를 달가워하지 않는다. 병목을 피해갈 수 있는 새 경로를 구축하려는 나라도 있고, 자신들만의 초크포인트를 차지하거나 직접 만들려는 나라도 있다. 서로 상충되는 이들의 이해는 새로운 갈등을 낳고 다국적 기업과 개인들은 그 사이에서 곤경에 처한다.

우리는 1989년에 한 세계질서가 다른 세계질서에 승리를 거두고, 이에 따라 냉전의 정치적, 경제적 대립이 전 세계에 걸친 네트워크에 자리를 내주며 퇴장한 사건을 목격했다. 기업이 새로운 경제적 자유를 이용하면서 인터넷, 국제금융, 공급망이 급격히 확산되었다. 그러던 중 미국은 정부가 가장 취약한 상태였던 때 발생한 9/11 테러 이후 우연히 이 새로운 세계 경제의 배관망에 숨겨져 있던 정치적 힘을 발견했다.

처음에는 이렇게 발견한 힘을 이용해서 "악당들"을 찾아내려고 했다. 관련 기관들은 테러리스트와 불량국가의 즉각적인 위협에 집중했기 때문에 자신이 휘두르는 힘이 유럽 같은 동맹국, 중국 같은 경쟁국, 글로벌 경제계와의 관계를 어떻게 변화시킬지 예상하지 못했다. 또한 미국 관리들은 악당을 진압할 때뿐 아니라 친구들을 지배하에 두기 위해 네트워크 역량을 이용하는 것이 얼마나 매력적일지 당시엔 이해하지 못했다. 이 친구들은 상호의존성을 시장효율의 원천으로만 이해하고 있었다. 이후 미국 정부는 자국을 보호하기 위해 번성하는 경제 네트워크를 지배의 도구로 천천히, 하지만 확실하게 바꿔왔다. 미국은 몽유병에 걸린 듯 제국을 향한 새로운 투쟁의 길로 나아갔고 미처 깨닫지 못한 사이 막 나가기 시작했다.

이 책을 읽는 독자는 이 언더그라운드 제국이 탄생한 과정을 알게 될 것이다. 열린 네트워크의 세상은 어떻게 언더그라운드 제국이 되어 미국이 다른 국가들의 국경을 넘어 영향력을 전파하고, 정보를 수집하고, 상품을 차단하고, 국가 전체를 세계 경제에서 배제할 수 있게 만들었는지를 알게 될 것이다. 무엇보다 독자는 이 책을 통해 현재의 상황과 앞으로 일어날 수 있는 일을 알게 될 것이다. 중국 같은 강대국이나 유럽연합(EU) 같은 다국가 연합체는 이러한 힘에 맞서서 어떻게 자국을 보호하거나 보복하고 있을까? 다른 나라가 자신의 언더그라운드 제국을 건설하고 확장하려고 하면 어떻게 될까? 경쟁하는 언더그라운드 제국들 사이에 끼인 기업이 회사를 지킬 수 있는 선택지는 무엇일까?

이제 처음으로 사람들—미국 행정부 관리, 외국의 지도자, 기업 CEO—은 지금까지 일어난 일과 앞으로 일어날 일을 철저히 따지기 시작했다. 이 책은 새롭게 등장하는 제국들 사이에 발생할 분쟁을 어떻게 가장 잘 관리할 수 있을지, 제국 통치를 위한 도구가 조세 피난처를 폐쇄하거나 기후변화에 맞설 구조를 만드는 방법을 만들어내는 등, 어떻게 다른 목적으로 선용(善用)될 수 있을지를 다룰 것이다. 언더그라운드 제국을 탈출할 수 있는 대피로를 보여주는 일은 불가능하기에 하지 않겠다. 언더그라운드 제국으로 내려가기는 쉽지만 빠져나오기는 그리 쉽지 않다.

왜 열린 글로벌 네트워크라는 세계가 미국이라는 제국에 부합했을까? 어떤 이들은 답이 간단하다고 생각한다. 제국과 글로벌 네트워크는 수십 년간 서서히 펼쳐지는 거대하고 복잡한 동일 플롯의 다른 단계라는 것이다. 한 예로 블라디미르 푸틴은 인터넷이 러시아를 비롯한 독재국가들의 힘을 약화시켜 미국의 힘을 증대하기 위해 설계된 "CIA 프로젝트"라고 주장한 적이 있다. 푸틴은 냉전이 절대 끝나지 않았고 핵 대결의 그늘에서 벌어지는 파워게임에서 반쯤 숨겨진 정보전쟁으로 진화했을 뿐이며, 이런 전쟁은 미국의 적들을 겨냥해 의도적으로 구축한 글로벌 네트워크를 무기 삼아 펼쳐진다고 믿는 듯하다.

하지만 이 신세계를 만든 이들은 정반대로, 이러한 글로벌 네트워크가 국가 사이에 지정학적 술책을 부리던 구시대에 종지부를 찍었다고 주장한다. 새로운 시대의 전도사 토머스 프리드먼(Thomas Friedman)은 1999년에 쓴 기고문에서 장벽으로 양분된 구세계가 물러가고 웹으로 묶인 신세계가 도래했다고 선언했다. 당시만 해도 '월드 와이드 웹'은 새롭고 신나는 것으로 보였으며, 탈냉전기의 광범위한 세계 경제적 변혁을 대표하는 듯했다. 인터넷을 비롯한 정보 네트워크는 국경을 넘어 홍수처럼 정보를 쏟아냈고 기업이 다른 나라에서 고객과 공급자를 찾아내면서 새로운 글로벌 시장을 일구었다. 금융 네트워크가 확장함에 따라 차익거래나 장기 투자 기회를 찾아 돈이 전 세계로 빠르게 이동할 수 있게 되었다. 글로벌 무역은 더는 원자재와 완제품을 교환하는 구조로 작동하지 않았다. 글로벌 '교역' 시스템은 복잡한 제품을 한 국가에서 디자인하고, 지구 전역에서 제작되는 부품 및 하위 부품을 또 다른 나라에서 조립하는 복잡하고 분산된 글로벌 '공장' 시스템으로 바꿔놓았다. 세상은 이제 평평해졌다.

이론상으로는 정보가 이 새로운 세계질서를 자유롭게 흐르면서 가장 포악한 독재자에게도 저항할 것이다. 빌 클린턴은 정보를 통제하려는 시도는 젤리를 벽에 못박으려는 것과 같다고 중국에 충고했다. 정보는 장애물을 이리저리 피해 몸을 흔들며 도망칠 것이다. 정부는 자금 흐름을 더는 통제하지 못한다. 대신 정치인들이 국가신용등급 변동 앞에 위축됨에 따라 자금 흐름이 정부를 통제하게 된다. 클린턴의 참모였던 제임스 카빌(James Carville)이 "모두를 위협"할 수 있도록 채권 시장으로 환생하고 싶다는 농담을 던진 일화는 유명하다. 토머스 프리드먼은 글로벌 공급망으로 상호 연결된 세계에서 전쟁을 일으키고 싶어할 이는 없다고 주장했다. 이웃을 공격하는 것은 자국의 경제를 공격하는 것이나 마찬가지이기 때문이다. 프리드먼에게 신세계는 '임페리움(imperium, 제국)'이 아닌 커다란 '엠포리움(emporium, 시장)', 즉 제국이라는 관념이 이젠 무의미하고 한물가버린 번창한 시장이었다.

진실은 푸틴이 말하는 음모 가득한 세계나 토머스 프리드먼이 주장하는 2차원적 '평면 세계'보다 더 재미있고 복잡하다. 냉전이 끝나지 않았다면 글로벌 네트워크가 만들어지는 위대한 시대가 절대 시작되지 않았을 것이다. 서로 불신하는 권력 블록들로 분열된 세계는 절대 이 네트워크가 경제들을 하나로 묶는 것을 허용하지 않았을 것이다. 더구나 네트워크를 구축한 주체는 미국 정부가 아니다. 정부 관리들은 당시의 집단지성을 따라 압도적으로 미국 중심이거나 미국에 집중된 민간기업들이 가는 길을 방해하지 않는 것이 자신의 역할이라고 믿었다.

이전의 역사적 순간들처럼 네트워크를 구축한 주체는 정복보다는 수익과 효율을 추구하는 기업과 기업 간 컨소시엄이었다. 새로운 정치적 꿈을 꾸게 된 사람들은 제국을 유지하기보다는 그 힘을 약화하기를 원했고, 정부의 바람과는 무관하게 개인과 민간 조직이 서로 연결될 수 있는 네트워크 세상을 만들기를 바랐다.

그러나 힘의 정치가 지배하는 구세계를 무너뜨릴 거라 생각했던 이 네트워크는 미국의 냉전 제국이 드리운 그림자를 완전히 벗어난 적이 없었다. 역사적 사고를 하는 경제학자와 사회과학자는 오래 전에 결정된 것—도시 건설, 헌법 규정—이 현재의 행동을 제약하는 '경로의존성'을 종종 언급한다. 글로벌 세계 경제의 새로운 네트워크는 말 그대로 경로의존적이었다. 중세의 도로를 건설한 이들처럼, 이 네트워크의 설계자도 이전 도로의 토대 위에 새 도로를 놓기가 더 쉽다는 것을 알게 되었다. 설계자들이 네트워크를 만들면 이들이 구축한 네트워크 위에 다른 네트워크가 생겼고, 같은 방식으로 계속 네트워크가 쌓였다. 즉, 네트워크 설계자들이 건설한 길은 옛 권력의 동맥을 따라 제2차 세계대전이 끝난 뒤 건설된 옛 제국의 중심, 미합중국의 물리적 영토로 연결되었다.

제국이 사라졌다고 여겨진 신세계는 놀랍도록 익숙해 보였다. 이 세계의 지도는 원대한 계획을 세울 필요도 없이 미국이 냉전 시대에 거둔 승리를 그대로 반영했고 또 강화했다. 세계를 하나로 연결하는 네트워크는 단지 과거의 경제적, 정치적 권력 관계를 따르기만 한 것은 아니었다. 이 네트워크는 미국의 힘이 정점에 달하고 미국이 모든 것의 중심이었던 그 짧았던 순간을 박제하여 수십 년간 지속되게 만들었다.

세계의 통신 시스템을 하나로 묶는 해저, 지하 케이블의 예를 들어보자. 미 국가안보국의 추정에 따르면 2002년 무렵 전 세계 인터넷 통신 중 미국을 거치지 않고 세계의 두 지역을 오간 비율은 1% 미만이었다. 은행 간 소통을 가능하게 한 글로벌 메시징 시스템은 벨기에에 기반을 두고 있었지만, 그 이사회는 미국 은행들이 장악하고 있었고 데이터 센터는 버지니아 북부에 인질로 잡혀 있었다. 국제 은행들은 미국 달러로 해외 거래를 하면서 미국 규제기관이 제어하는 금융제도인 '달러화 결제 시스템'에 몸을 맡기고 있다. 미국 기업들은 복합반도체 생산 공장을 미국에서 아시아로 이전할 때도 핵심요소인 반도체의 설계와 지적 재산은 자국에 남겨놓았다.

세계화라는 배관이 중앙으로 힘만 실어 날랐던 것은 아니다. 미국이 2001년 9/11 테러에서 깨달았듯이, 세계화는 중앙을 공격에 한층 취약하게 만들기도 했다. 테러리스트들은 탈중앙화된 통신 시스템 덕분에 연락이 편리해졌고 개방된 글로벌 금융 시스템을 이용해서 아무도 모르게 국경을 넘나들며 자금과 자원을 보낼 수 있었지만, 이를 알고 있거나 책임지고 막으려는 사람이 아무도 없었다.

그러나 미국이 이러한 상황을 바꿀 의지만 있다면 그 수단은 가까운 곳에 있었다. 주요 글로벌 네트워크들이 미국에 집중되어 있었기 때문에 국가안보국과 재무부 등의 미국 당국이 광대한 네트워크를 원하는 대로 이용할 수 있었다. 세계 경제는 기존에 만들어진 터널과 배관 시스템에 의존해 왔다. 이 시스템은 군사 공학자가 용도에 맞게 맞춤 설계한 듯 미국이 아주 손쉽게 들어가서는 용도에 맞게 변용할 수 있었다. 미국 정부는 이 시스템의 핵심 교차로를 장악하여 적대국들이 대화하는 내용을 몰래 엿듣거나 이들을 글로벌 금융 시스템에서 몰아낼 수 있었다.

처음에 미국 정부는 기회를 봐가며 이 권력을 간헐적으로 휘둘렀다. 미국 관리들은 자신들이 의식적으로 새로운 힘의 토대를 구축한다기보다는 단지 직접적이고 임박한 위협에 대응하고 있다고 생각했다. 미국은 이 힘을 사용할 때 알카에다 같은 테러 단체와 북한같이 외교적으로 고립되고 호전적인 국가를 겨냥했다. 미국의 몇 가지 행보는 논쟁의 대상이었는데, 이 논쟁은 주로 새로운 감시 기술의 사용과 이에 부수되는 미국 국민의 인권에 대한 침해와 관련해 대통령의 권력을 너무 넓게 해석하고 있는 것 아닌가 하는 문제를 중심으로 진행되었다.

하지만 정부도 어디로 가는지 모른 채 길을 따라갈 수 있다. 정부 기관들은 새로운 도구를 개발하면 끊임없이 새로운 활용법을 찾아냈다. 새로운 활용법이 발견될 때마다 다른 활용법에도 적용될 수 있는 선례가 만들어졌다. 관리들은 권력의 맛을 보았고, 마음에 들었다.

미국은 글로벌 통신망을 통제함으로써 적대국뿐 아니라 동맹국의 통신도 감시, 감청할 수 있었다. 인터넷 등장 전에는 감시가 어렵고 비용이 많이 들었다. 다시 말해 감시는 흔히 테러리스트, 외국의 고위 관리, 그 밖에 통신 내용이 전략적 가치가 있는 '핵심 표적'을 위해 아껴 두는 수단이었다. 그러나 9/11 테러 이후 미국의 감시기관은 무제한의 자유와 엄청난 자원을 얻었고, 이를 이용해서 글로벌 통신망을 널리 분산된 감시체계로 바꿨다. 미국 감시기관은 말 그대로 나라 전체의 전화 통화를 한 건씩 녹음하고 최대 1개월간 데이터를 저장해서 나중에 관심이 필요하다고 의심되는 개인 대화를 "되감아 청취"할 수 있는 시스템을 구축했다. 이 신세계에서는 정보 수집이 문제가 아니었다. 수집된 엄청난 양의 데이터를 보관하는 일, 그리고 그 데이터를 선별하여 유용한 정보를 얻는 일이 관건이었다. 미국 정부가 글로벌 네트워크에서 지닌 입지를 최대로 활용하기 시작하자 미국의 감시 양상도 변모하게 되었다.

마찬가지로 미국의 금융 권력도 변모했다. 재무부는 9/11 테러 발생 2주만에 미래의 공격을 감지할 목적으로 전 세계에서 데이터를 수집하는 방안을 적극적으로 연구하기 시작했다. 재무부는 전 세계 금융이체의 중추 역할을 하는 SWIFT 메시징 시스템을 중요 정보원으로 보고 형사소환 가능성으로 위협하면서 SWIFT의 정보에 대한 접근 권한을 요구했다. 그리고 '달러화 결제' 통제를 통해 국제 은행이 미국 밖에서도 미국의 정책을 이행하도록 강제하는 새로운 제재 유형 개발에 착수했다. SWIFT와 달러화 결제 통제의 결합은 이란을 세계 경제 시스템에서 배제하여 결국 이란을 이란 핵문제 협상 테이블로 끌어냈다. 이를 기획한 미국의 관리들은 일회성 임기응변으로 생각했지만, 이것은 미국의 금융 권력 전체를 바꾸는 선례가 되었다.

미국은 천천히, 하지만 자신이 무엇을 하고 있는지 제대로 생각하지도 않고 세계 경제를 하나로 묶어주던 언더그라운드 네트워크를 언더그라운드 제국으로 바꿔버렸다. 이 언더그라운드 제국에서 미국은 세계의 대화를 엿듣고 적국을 세계 경제에서 고립시킬 수 있었다. 한때 급진적이었던 제안이 이제는 흔한 정책 수단이 되었다. 미국은 더 이상 하나 남은 초강대국이 아니라 온갖 초강대한 권력들로 무장한 나라가 되었다. 미국은 '글로벌 거미줄' 한가운데에 거미처럼 웅크리고 앉아 수천 마일 떨어진 곳에서도 적국과 우방국이 나누는 대화의 미묘한 울림을 감지할 수 있다. 그리고 필요하다고 생각하면 강철보다 강한 끈으로 적대국 경제의 숨통을 조일 수 있다.

그러나 큰 힘에는 큰 책임이 따르게 마련이다. 버락 오바마 대통령의 두 번째 임기가 끝나갈 즈음 관리들은 자신들이 저지른 일을 걱정하기 시작했다. 9/11 테러 이후 미국의 은밀한 감시 행위를 상세히 알린 에드워드 스노든(Edward Snowden)의 폭로로 미국 정보기관이 난처한 입장에 처했고, 인터넷을 떠받치고 있는 정치적 구상들도 위협받았다. EU는 스노든의 폭로에 힘입어 미국과의 데이터 전송 계약을 파기했고, 당시 구글 모회사 알파벳의 회장이었던 에릭 슈미트는 인터넷이 그 자체로 위험에 처했다고 경고했다. 오바마 정부의 재무장관을 지낸 잭 루(Jack Lew)는 널리 보도된 연설에서 미국이 권력을 남용한다면 "금융 거래가 완전히 미국을 벗어날 것이며, 미국 금융 시스템이 전 세계에서 담당하는 중심 역할이 위협받을 것"이라고 경고했다.

✢

예전의 언더그라운드 제국은 따분한 모습을 하고 있었다. 사라진 군대, 전투, 암살당한 후계자처럼 가시적으로 제국을 보여주는 화려한 장식들은 재미있는 이야기를 구성하지만, 콜슨 화이트헤드(Colson Whitehead)의 소설을 읽는 사람이 아니라면 제국을 아래에서 받치던 기반시설에 흥미를 느끼는 이는 거의 없다. 그래서 제국 아래에서 일어나는 권력 투쟁을 완벽히 이해하는 사람도 거의 없었다. 가끔 지하에서 진동이 일어나 지면이 흔들릴 뿐이었다. 정보 파일을 누설하려고 했던 에드워드 스노든의 의지 덕분에 국가안보국과 그 자매기관들이 세상을 감시하려고 만든 거대한 지하조직이 세상 밖으로 드러났던 가장 중요한 순간에도 그러했다. 세계의 은행들은 미국이 자신에게 부과하려고 했던 막대한 비용에 불만을 표했지만 아무 소용이 없었다. 미국은 거대 정보통신기업 화웨이를 비롯한 중국 기업을 중국이라는 국가의 부속물로 보고 조용히 제재를 가하기 시작했다. 하지만 이러한 시도들은 하나의 전체를 구성하는 부분이기보다 제각기 무관하게 흩어져 분절된 듯 보였다.

미국이 권력을 남용하기는커녕 권력을 사용하겠다는 적극성 자체가 부족했다고 믿었던 트럼프 행정부가 들어서면서 그림이 하나로 합쳐지기 시작했다. 트럼프는 언더그라운드 제국을 짓지 않았다. 대신 너무 눈에 띄게 만들어 논란의 여지를 키웠다. 물론 트럼프가 직접 서로 떨어져 있던 점들 사이를 이어놓았기 때문에 그런 것은 아니다. 그는 새로운 압박 도구를 발견하고는 새 장난감을 가진 아이처럼 기뻐했지만, 다른 나라를 미국의 지배 아래 두는 방법을 제대로 이해하기에는 집중력 지속시간이 짧았다. 그는 조공을 원하면서도 자신에 대한 주목 정도로 만족하려 할 때가 많았다. 미국은 트럼프의 의지에 관계없이 점차 공격적인 방식으로 언더그라운드 제국을 확장했고 그 피해자들이 이에 관심을 기울이면서 미국의 권력을 새롭게 이해하기 시작했다. 한 예로 트럼프 행정부는 미국 금융 시스템의 힘을 이용해서 테러리스트뿐 아니라 인권 관계자들까지 표적으로 삼았다. 얼마 후에는 북한을 비롯한 불량국가들과 중국을 포함한 타 강대국의 핵심 자산까지 공략하는 도구를 개발하는 방향으로 무계획적으로, 하지만 비가역적으로 나아갔다.

제국들의 싸움은 미국이 중국에 맞서기 시작하면서 공공연히 그 모습을 드러냈다. 구세력과 신참 도전자가 주도권 다툼을 벌이면서 지하에서 펼쳐지던 갈등이 지면 위로 드러났다. 미국이 화웨이를 공격 대상으로 삼은 것은 중국이 독자적인 제국 건설에 필요한 도로를 놓으려 한다고 우려했기 때문이다. 화웨이는 중국 정부와 수상한 관계를 의심받으면서 세계의 차세대 인터넷 인프라를 구축하고 있었다.

냉소적인 성격의 어느 유럽 관리가 말한 대로, 미국 정부는 글로벌 통신 시스템을 감시의 제국으로 바꾸는, 이미 미국이 해 놓은 일을 중국이 똑같이 하려고 한다는 사실에 분노했고, 이를 막기 위해 기존에 보유한 도구를 활용하는 동시에 새로운 도구를 개발했다. 미국 신문들은 이 조치를 경제면 기사로 다뤘다. 중국에서는 언더그라운드 제국의 위협을 노골적으로 드러내는 미국의 이러한 움직임이 국가적 위기로 비쳤다.

미국의 새로운 호전성에 기존 동맹국마저도 겁을 먹었다. 동맹국의 기업들은 미국에 소재하지 않아도 미국의 요구를 따르도록 강제할 수 있는 경제적 수단인 '2차 제재'의 위협을 오랫동안 받아왔다. 미국이 동맹국에 협상한 것을 지키라고 위협을 가하자 이들은 미국이 지배하는 금융 시스템을 굴레로 보게 되었고, 에마뉘엘 마크롱 프랑스 대통령의 말처럼 "협력이 의존이 되는 날, 다른 나라의 속국이 되고 결국 소멸할 것"을 우려하며 그들만의 '전략적 자율성' 수립을 고민하기 시작했다.

중국과 유럽 입장에서 위협을 이해하기는 쉬웠지만 그 위협에 대한 대처법을 알기는 어려웠다. 중국은 자체 기술 개발에 어려움을 겪었고, 유럽은 러시아가 우크라이나를 침공하자 자신에게 미국이 절실히 필요하다는 것을 깨달았다. 기업과 개인도 벗어날 수 없는 딜레마에 직면했다. 이들은 미국이 중국에 맞서기 시작하자 전쟁 중인 이 두 제국 사이의 격전지에 발이 묶여버린 채 어찌할 줄 몰랐다. 한쪽은 글로벌 네트워크에 대한 지배력을 유지하려 했고 반대쪽은 자신이 이를 차지하려고 분투했다. 한때 다국적 기업은 사업상 정치적 리스크라면 돈을 뜯는 독재자를 두려워했지만, 이제는 미국이 자기 말을 들으라고 강요하거나 미국 말을 따랐을 때 중국이 보복하려 할까 두려워한다.

두 제국 및 그보다 약소한 국가들이 연루된 잦은 충돌이 큰 싸움으로 확대되면 국가 간 경제갈등에 휩싸인 기업은 생존 위협에 직면할 수 있다. 이 위협에 기업이 대응하고 국가가 이에 맞대응하면, 세계 경제는 열린 시스템에서 무장상태로 대적하는 두 진영의 얼어붙은 갈등 체제로 변할지도 모른다. 우리는 우발적 참사가 발생하면 얼마나 많은 피해를 줄 수 있는지 이미 안다. 소수의 일본 핵심 부품 공급자에게 의존해 온 반도체 산업은 2011년 지진으로 인해 몇 개월 동안 붕괴된 상태를 겪었고, 2020년 전 세계를 휩쓸어버린 코로나바이러스의 급격한 확산도 비슷한 약점을 드러냈다. 세계 경제는 이런 우연이 아닌 전쟁이 초래할 훨씬 큰 대참사를 목전에 두고 있는지도 모른다. 이 대참사는 세계 경제를 하나로 엮는 연약한 거미줄을 완전히 찢어버릴 것이다.

※

미국의 몰락을 막으려면 안보에 대한 다른 비전을 추구해야 할 것이다. 미국은 권력에 따르는 책임을 인정하고 다른 국가가 미국의 네트워크 제국주의로부터 스스로를 보호할 수 있게 허용해야 한다. 동시에 적대국조차 글로벌 네트워크에 묶여버리는 세계를 만들기 위해 세상의 통행 규칙을 고안하는 일에 앞장서야 한다. 냉전 시대의 미국은 소련과 대화를 통해 핵무기를 둘러싼 의도하지 않은 사고를 막기 위해 각자가 수용할 수 있는 일을 기꺼이 논의했다. 역사적으로 선례를 살펴보면 미국은 이런 일을 할 수 있고, 해야 한다는 것을 알 수 있다. 이런 일을 해낼 수 있는 가장 유력한 나라가 미국이기 때문이다. 내적 회복탄력성을 키우고 대외 취약성을 줄이면 조야한 내셔널리즘과 리쇼어링(reshoring)*보다 더 나은 미래를 열어줄 것이다. 아무도 제멋대로인 골목대장을 좋아

---

* 생산비, 인건비 등을 이유로 해외로 공장을 이전한 제조 기업을 국내로 다시 돌아오게 하는 정책.

언더그라운드 엠파이어

하지도 신뢰하지도 않지만 선의를 가진 권력이라면 기꺼이 받아들인다.

미국은 세계 초강대국으로서 제국보다는 커먼웰스(common-wealth)의 비전을 지지할지도 모른다. 커먼웰스의 비전은 지엽적인 이해관계를 두고 다투는 대신 미국과 다른 행위자들이 공동의 이익을 추구하는 것이다. 미국이 탄소 배출 국가나 브라질처럼 지속적으로 열대우림 벌목을 허용하는 국가에 대해 제재수단을 어떻게 사용할지 알기란 어렵지 않다. 미국은 과거에도 이미 자신의 힘을 이용해서 스위스 조세 피난처 등의 문제에 대처한 적이 있다. 그러니 지독한 공해 유발자들이 예외가 될 수는 없지 않겠는가?

이러한 커먼웰스도 나름 문제가 있을 것이다. 커먼웰스는 미국의 이익과 전 세계의 이익이 겹칠 때 제일 활발하게 작동하기 때문에, 협상 타결을 위해 이해가 겹치지 않는 어떤 문제들은 어젠다에서 아예 도려내버리고 해결하지 않은 채 방치할 수도 있다. 한 예로 네트워크로 연결된 강제력을 통해 민주주의를 전파하자는 제안을 중국이 받아들이는 모습은 보기가 어려울 테니 이런 협상은 타결되지 않을 것이다. 마지막으로, 커먼웰스 체제는 상대 국가들에게 새롭게 선택을 제기하는 대신 그들도 이미 알고 있고 꼭 해야만 하는 선택을 강요할 때 가장 효과적일 것이다.

그럼에도 커먼웰스는 미국이 현재 가고 있는 길보다는 훨씬 나은 길이 될 것이다. 미국이 지금껏 오랫동안 자신의 제국을 유지한 비결은 그것을 그늘 속에 숨겨왔기 때문이다. 이제 이 제국은 빛에 노출되었기 때문에, 무너져 내리거나 더 엉망이 될 것이다. 오랜 갈등은 한층 격렬해지고 다루기 힘들어질 것이며, 새로운 싸움이 막 시작되고 있다. 지금까지는 이 시스템이 미국을 안전하게 지켜줬지만, 이는 오래 가지 못할 것이다. 오히려 제국이라는 시스템은 미국의 뿌리를 흔들 소용돌이를 일으키고 있으며, 미국이 여전히 자신의 요구를 저항없이 관철시킬 수 있다고 믿는다면 분명 미국의 근간을 훼손할 것이다. 핵무기같이 무서운 경제적 무기를 만들어 과시한다면 두려움에 사로잡힌 상대방이 선제공격하거나 반격을 생각해도 놀라지 말아야 한다.

I

월터 리스턴이 꿈꾼 세상

월터 리스턴(Walter Wriston)은 한때 초대형 금융기업 씨티은행과 그 모회사 씨티코프의 회장을 지낸, 지구상에서 가장 영향력 있는 인물 중 한 명이었다. 그는 비전을 가진 사람이기도 했다. 오늘날에는 거의 잊힌 그의 저서 『주권의 쇠퇴(*The Twilight of Sovereignty*)』는 정보혁명이 세계정치를 어떻게 바꿔낼지 예측했다. 중세가 저물어간 뒤부터 성장해온 국가의 주권은 이제 쇠퇴 일로를 걷고 있었다. 새로운 기술과 시장의 자유로 인해 "권력이 탈중앙화"되면서 "한때 생사를 결정했던 전략적 '초크포인트'"의 쓸모가 사라지고, "국가 주권이 대격변을 겪고" 있었다. 정보, 자금, 무역의 전 세계적 물결이 국경을 넘나들면서 아예 국경을 허물어버렸고, 그 결과 기민한 개인과 기업이 정부 규제를 피할 수 있는 진정한 세계시장이 형성되었다.

참신한 아이디어가 성공을 거두고 나면 한물간 클리셰로 전락할 수밖에 없다. 리스턴의 주장도 이제는 공항 서점 매대마다 한가득 쌓인 비즈니스 분야 베스트셀러에서 늘 접하는 상식이 되었다. 하지만 그는 다른 이들이 관심을 보이기 한참 전이었던 1970년대에 글로벌 정보 기술과 시장이 정부 권력에게 가하는 강력한 도전에 대해 이야기하고 저술했던 인물이다. 당시 금융의 흐름은 대부분 국경의 제약을 받고 있었고 인터넷은 정부 자금 지원을 받는 모호한 실험에 불과했다. 리스턴이 1992년에 책을 출판한 시점에도 테크놀로지가 모든 것을 바꿀지 확신할 수 없었다. 아직 베를린 장벽이 무너진 지 3년밖에 되지 않았고 냉전 체제는 세계의 정치와 시장을 움켜쥔 손아귀를 놓지 않고 있었다.

리스턴은 아버지 헨리 리스턴(Henry Wriston)으로부터 경제적 자유를 향한 열정과 국가에 대한 깊은 불신을 함께 물려받았다. 대학 총장과 명망 높은 미국외교협회(Council on Foreign Relations) 회장을 역임한 헨리 리스턴은 저명한 경제학자 프리드리히 폰 하이에크(Friedrich von Hayek)의 개인적인 초대를 받아 몽펠르랭 소사이어티(Mont Pèlerin Society) 설립에 참여했다. 이 단체는 제2차 세계대전 후 자유시장 사상의 불씨가 꺼지지 않게 지켜낸 자유지상주의자와 보수주의 사상가들이 모여 영향력이 매우 컸던 곳이다. 월터 리스턴도 아버지처럼 '시장의 자유가 개인적 자유의 근간이 되는 세계'라는 하이에크의 비전에 깊이 물든 세계주의자였다.

하지만 월터 리스턴은 학자도 싱크탱크의 수장도 아니었다. 훗날 씨티은행의 라이벌 골드만삭스 출신인 로이 스미스(Roy Smith)가 기술한 대로, 리스턴은 당대 "가장 영향력 있는 은행가"

이자 씨티은행을 "다른 모든 은행이 대놓고 모방하는 은행"으로 만든 인물이었다. 1992년 저서에서 본인은 "진화하는 세계 시장에 참여하고 있는 한 사람의 관점에서" 저술했다고 말했는데, 이는 공손하고 아이러니한 절제 화법이었을 뿐이다. 세계화의 역사는 자유시장의 길을 터준 정치인과 고위 관리, 그리고 이들의 입장에 유리한 주장을 펼치는 사상가에 관심을 집중시키면서 실제로 그 시장을 만든 기업가들은 대체로 무시한다. 리스턴은 세계화의 젤리그(Zelig)* 같은 존재였다. 무역을 완전히 바꿔놓은 국제 금융, 정보 네트워크, 물류 혁신의 급성장을 면밀히 살펴보면 어디서든 그의 이름이 보인다.

리스턴은 대인관계에서 서투르고 뻣뻣한 편이었다. 이러한 성격은 그가 받은 감리교식 교육의 미덕과 양심을 보여주는 전형이다. 반대로 그의 사업 철학은 해적 같은 성향을 뚜렷하게 드러냈다. 그는 국경과 국가 규범을 거부하고 국경 너머의 글로벌 시장이라는 먼 바다를 선호했다. 그곳에서라면 씨티은행과 경쟁사가 육지를 지배하는 탐욕스러운 군주들을 제치고 해상에 그들만의 해적 공화국을 건설할 수 있기 때문이다.

리스턴은 내셔널 씨티 뱅크(National City Bank, 씨티은행의 전신)의 수습사원이던 시절에도 상사가 목덜미 잡고 쓰러지게 만들 위험을 무릅쓰고 수상 및 육상에서 싸게 상품을 운송하는 방법에 대해 새로우면서도 논란이 많은 아이디어를 고안한 운송사

---

* 어떤 곳에도 적응해내고 어디든 나타나는 사람.

업가 맬컴 맥클린(Malcom McLean)에게 4200만 달러를 대출하기도 했다. 맥클린은 이 대출금으로 컨테이너 운송 혁명에 착수하여 전 세계 상품 운송비를 획기적으로 낮췄다. 리스턴의 금융 혁신들은 미국 국경 밖에서 미국 달러로 거래되는 거대한 해외 금융거래 공간인 현대적 '유로달러(Eurodollar)' 시장 형성에 기여했다. 1970년대 초 씨티은행의 관리 하에 글로벌 민간 결제 시스템을 구축하려던 그의 노력은 다른 은행들이 다정한 척 미소 짓는 씨티은행의 입 속으로 빨려들지 않기 위해 집단 시스템을 만들도록 자극했다.

생각한 바를 행동으로 옮기려는 리스턴의 의지는 세상을 바꿨다. 그가 1979년에 설명한 대로 "유로시장과 자동 결제 시스템을 갖춘 현행 은행 네트워크"는 지루하고 공학적인 것으로 보였지만, 정치적으로 엄청난 결과를 불러왔다. 그는 국가 간에 자금이 신속하게 이동한다면 더 이상 국가에 종속되지 않으며, 오히려 돈이 국가를 지배해서 정치 지배자의 변덕스러운 독재를 시장 원리의 엄정함으로 대체할 것이라 믿었다. 동시에 글로벌 통신망을 가로지르는 자유로운 정보 이동에 따라 정부들은 원치 않는 사상의 확산을 막지 못하게 될 것이라고 보았다. 리스턴이 나중에 설명한 것처럼, 통신망이 가져온 첨단기술 제조업의 변화 덕분에 여러 나라의 다수 생산자가 함께 협력해서 제품 하나를 공동 제작할 수 있게 되었다.

리스턴은 이러한 변화가 정치에 엄청난 영향을 미칠 것까지는 정확히 예측했지만, 그 결과가 무엇일지는 잘못 파악했다. 그는 한 친구에게 "중앙집권은…파시즘"이라고 말했고, 죽을 때까지도 자신과 동료들이 정부들을 제한함으로써 한층 자유로운 세상을 만들고 있다고 믿었다. 그런데 리스턴을 비롯한 기업가들은 본성상 중앙집권주의자라는 점이 역설적이다. 이들은 시장을 지배해서 다른 기업이 자사의 시스템을 이용하고 비용을 지불할 수밖에 없게 되기를 원했다. 이들은 소수의 핵심 초크포인트가 중심이 되는 네트워크를 세계 전역에 구축했다. 유로달러 시장과 글로벌 결제 시스템은 세계의 자금 이동 방향을 바꿔 미국의 은행과 미국이 장악한 기관을 거치게 했다. 전 세계의 정보가 미국 영토를 중심으로 미국의 감시를 받는 네트워크를 따라 이동했다. 전 세계 제조업이 정보 네트워크와 금융 네트워크에 의존하게 되면서 제조업 또한 미국의 권력에 노출되는 방식으로 집중되었다. 세계화의 비극은 다름 아니라 리스턴 같은 사람들이 정부의 통제를 벗어난 듯한 세상을 만들었는데, 이 세계화된 세상이라는 것이 실상은 정부의 힘에 무방비로 노출되어 있었고 자멸의 길을 가고 있었다는 사실이었다.

⁂

결국 리스턴은 "국제 은행업은 가장 민주적인 정부를 포함한 모든 정부와 경제적으로 일정한 긴장관계에 놓일 수밖에 없다"고 믿게 되었다. 그러나 그가 은행업 경력을 시작하던 시점에는 국제 은행업이 거의 존재하지 않았다. 리스턴과 은행가들이 직면한 1960년대 은행업은 느리게 돌아가고 겁이 많고 게을렀다. 은행들은 대공황 시기의 금융붕괴 후 제정된 복잡하고도 서로 상충하는 규칙들에 의해 국경 안에 갇혀 있었다. 이런 규제 때문에 대다수의 은행은 국제적 경쟁에 노출되지 않았고, 이에 따라 새로운 방식에 투자할 유인책도 거의 없었다. 진정한 의미의 국제 은행이 되기란 불가능에 가까웠다.

1960년대 은행업은 마치 빅토리아 시대의 방식이 현대에도 살아남은 것과 같아서 녹슬어가는 피스톤과 구식 케이블이 연결되어 달그닥거리는 고색창연한 엔진 위에 어울리지 않는 최신 부품 몇 개를 볼트로 고정한 꼴이었다. 유럽의 결제 시스템 구축에 참여했던 에릭 셉케스(Eric Sepkes)는 씨티은행 런던 지점이 출납 부서와 승인 부서 간 통신을 위해 기송관(氣送管, pneumatic tubes)에 의존했던 시절을 떠올린다. 직원들은 지급 지시서 양식을 손으로 써서 작성한 후 통에 담아 진공에 가까운 관에 넣어 목적지로 쏘았다(런던 금융권은 19세기에 수 마일에 이르는 기송관 연결망을 건설했다). 어느 날 출납 담당자가 승인 부서의 답신을 받지 못해 원인을 알아보니 관이 막혀 있었다. 씨티은행은 굴뚝청소부를 불러 문제를 해결하고 유럽 대륙 전역에서 지급 처리를 재개했다.

글로벌 뱅킹은 이 신비한 관으로 구성된 시스템을 대규모로 확장한 것으로, 이 시스템에서는 여러 관 입구에서 돈을 빨아들이고는 비싸고 이해할 수 없는 일을 한 뒤 다른 관 출구에서 뱉어냈다. 이 메커니즘을 제대로 이해하는 이는 아무도 없었다. 책임자로 생각되는 사람들은 더더욱 몰랐다. 출신성분이 좋은 남성이 쌓아온 인맥을 통해 거래를 따내는 상업 은행 업무라는 신사들의 활동은 엄청난 서류 더미에 둘러싸인 여성 사무직원의 따분한 출납 업무와는 확실히 구별되어 있었다. 해외로 송금하려면 아주 오랜 시간이 걸렸다. 한때 씨티은행 아르헨티나 지점은 뉴욕에 송금하기 전 인플레이션에 의해 돈 가치가 사라져버리지 않도록 수익금을 수많은 상자의 스카치 위스키로 바꿔둬야 했다.

리스턴은 이 덜컹거리는 구식 기계를 변화의 엔진으로 고쳐 뿔뿔이 흩어진 각국 시장들을 진정한 세계 경제로 모아내는 데 기여했다. 그는 두 가지 통찰에 기반해서 전략을 세웠다. 첫 번째는 상황이 허락된다면 글로벌 시장이 국가 규제기관에서 만든 미로 같은 규제를 우회해 결국 규제를 치워버릴 수 있다는 것이었고, 두 번째는 은행업이 "정보 사업의 한 분야"라는 것이었다. 시장 가격은 수백만 명의 개인이 무엇을 사고팔지 의사결정한 것을 요약하는 형태로 한 가지 중요한 정보원(情報源)을 제공했다. 테크놀로지는 은행들이 자신의 관료적 사무 절차 속에 묻어둔 정보를 발견하고 다른 은행 및 고객과 효과적으로 정보를 교환할 수 있게 함으로써 다른 종류의 정보원을 제공했다. 적절한 테크놀로지가 있으면 출납 처리처럼 지루해 보이는 뒷방 은행 업무가 수익과 권력의 원천이 될 수 있었다.

리스턴이 씨티은행을 재건하기 시작한 시점에는 이미 배관의 이음매 사이로 돈이 새고 있었다. 미국 밖의 기업들은 석유 거래 등에 필요한 미국 달러를 절실히 원했고, 미국 내 기업들은 더 높은 수익을 올리고 싶었다. 하지만 미국 규제기관은 일반 고객에게 적용되는 이자율을 제한했고, 법인 예금에 대한 이자 지급을 전면 중단시켰다. 은행가들은 이미 수요와 공급을 이어줄 교묘한 방법을 착안하기 시작했다.

리스턴과 그의 동료들은 이 방안을 대규모로 실현할 제도적 기반을 구축했다. 이들은 예금증서 같은 금융상품을 만들어 미국 기업이 보유한 달러를 빌려 고객에게 대출해주려는 국제 은행에 원활하게 자금을 전달할 수 있는 합법적 수송관을 제공했다. J. P. 모건과 워버그 같은 씨티은행의 경쟁사는 이 상품을 변형해 새로운 아이디어를 냈다. 주로 런던에 기반을 두고 별도로 분리된 채 소규모로 유로달러를 거래했던 시장이 이제는 미국 밖에서 달러를 사고, 팔고, 대출하는 거대한 시장으로 바뀌었다.

정치경제학자 에릭 헬라이너(Eric Helleiner)의 말처럼 유로달러 시장은 엄청난 양의 미국 달러가 미국 국경 밖에서 유통되는 합법적 회색지대가 되었다. 시장이 성장하면서 미국 달러는 국제 무역의 보편적 기반으로 자리잡았다. 한 예로 이탈리아의 기업에 제품을 판매하는 일본 기업은 직접 지급받은 이탈리아 리라화를 엔화로 환전할 때 어려움을 겪었다. 일본과 이탈리아의 경제 관계가 두 통화를 직접 교환할 수 있는 유동성 시장을 지탱할 만큼 크지 않았기 때문이다. 유로달러 시장은 리라를 달러로, 달러를 다시 엔화로 환전할 수 있는 편리한 우회로를 제시했다. 유로달러 공급이 늘면서 기업이 사고 파는 거래를 간단히 달러로 한 다음 자국 통화로 환전하는 것이 점차 합리적인 선택지가 되었다.

이렇게 달러는 세계 화폐가 되었다. 이는 누구도 계획하지 않은 사건이었다. 미국 국내보다 해외의 달러 유통량이 더 커졌다. 연방준비제도(Fed) 등의 관리들은 당시 진행되고 있는 상황에 대해 놀라울 정도로 공식적인 관심을 보이지 않았다. 바로 이런 점 때문에 유로달러 시장은 해외 무역에 쓸 달러가 필요했지만 미국 은행에 직접 예치해 놓았다가는 미국 정부에 압수될 수도 있음을 우려한 소련 같은 나라에게 매력적인 곳이었다. 이들은 런던과 이탈리아에서 매매되는 유로달러를 사용하면 이 위험을 피할 수 있다고 생각했다.

이런 시장은 모두 영리한 금융공학적 인프라에 의존했다. 은행은 100달러 지폐 더미를 실물로 쌓아놓고 거래하지 않았다. 자세히 들여다보면 유로달러는 회계상의 허구로, 실제 은행 간에 거래되는 상상 속의 달러였으며 다른 화폐를 구입하는 목적 외에는 사용할 수 없었다. 그러나 모든 유로달러는 미국 법의 적용을 받고 미국 규제기관이 관할하는 미국 은행에 보관된 실물 달러로 보증받아야 했다. 리스턴의 설명대로 "[실물] 달러를 제외한 나머지 세계의 모든 달러는 미국 은행에 예치되어 있는 달러의 숫자표시일 뿐이다. 누구든 달러를 사용할 수 있는 유일한 곳이 미국이기 때문이다."

다시 말해 유로달러를 사용하는 거래는 한 미국 은행의 내부 프로세스(한 고객 계좌에서 다른 고객 계좌로 자금 이체)를 통해 결제되거나, CHIPS(Clearing House Interbank Payments System)처럼 미국 은행들이 운영하는 은행 간 결제 시스템을 통해 결제되어야 했다. 해외 은행이 달러를 거래하고 글로벌 금융에 참여하려면 미국 금융기관에 결제 계정(clearing accounts)을 유지해야 했다. 유로달러 시장은 실제로 해적들의 왕국이었을지도 모르지만, 해적들은 군주의 항구에 정기적으로 들러 양식을 조달해야 했다. 미국 달러의 접근성에 대한 해외 은행의 의존도가 커질수록 이들은 미국 규제기관이 잠에서 깨어날 때마다 규제기관의 통제에 더욱 취약해졌다.

씨티은행과 J. P. 모건 등의 미국 은행과 CHIPS 같은 결제 시스템이 운영하는 '달러화 결제 시스템'은 세계 금융 시스템의 살아 있는 심장이 되어 수축과 이완을 반복하며 전 세계에 점진적으로 달러를 유통했다. 유로달러 시장은 탈중앙화된 새로운 금융 영역을 만들기는커녕 글로벌 금융 시스템이 미국 관할권 앞에서 더욱 약하고 쉽게 흔들리도록 만들었다.

이 점은 1974년에 체이스 은행이 재정난에 처한 독일의 소규모 은행 헤르슈타트(Herstatt)의 달러화 결제 계좌를 동결한 사건으로 분명해졌다. 시스템에 결점이 있어 타 은행과 헤르슈타트 은행의 거래가 결제되지 않았고, 이로 인해 다른 은행과 이 두 은행의 거래도 결제되지 않았으며, 이 문제가 연달아 확대되었다. 씨티은행은 자동 송금 시스템을 멈추고 더 이상 신용할 수 없는 은행에 대한 지급을 중단했다. 이로써 글로벌 금융 시스템이 심장마비 상태가 되었다. 씨티은행의 결정은 "사실상 [세계] 결제 시스템을 멈춰버리다시피 했다." 리스턴은 이후 며칠간 엘리트 은행가들을 모아 시스템을 다시 수습했다. 결과는 성공적이었지만, 훗날 리스턴이 말한 대로 이 일화는 20~30개 민간은행이 어떻게 "사실상 세계의 지급 메커니즘"이 되었는지 보여주는 사건이었다. 그의 건조하고 절제된 설명에 따르면 이 사건으로 중앙은행들이 긴장하게 되었고 "민간은행 자신들도 긴장했다"고 한다.

⁎

1970년대를 거치면서 글로벌 뱅킹의 두 번째 핵심 요소인 자동 결제 메시지 전달체계도 중앙집권화되었다. 이때 리스턴의 씨티은행이 또 한번 중요한 역할을 했다.

다른 국가에 위치한 은행 간의 금융 거래는 언제나 어려웠다. 18세기와 19세기의 은행들은 상대 국가에 있는 '환거래(correspondent)' 은행과의 친밀한 관계에 기댔다. 이들은 채권증서를 발급하고는 거래 은행에게 대금을 지불하겠다는 약속 아래 채권증서 소지자에게 대금을 직접 지급해줄 것을 요청했다. 그러나 이 증서는 위조가 가능했고 항해에 몇 주 내지 몇 달이 걸리던 당시에는 진위 여부를 확인하기가 매우 어려웠다(미국독립혁명 전 뉴욕을 배경으로 한 프랜시스 스퍼포드[Francis Spufford]의 소설 『황금 언덕[Golden Hill]』은 거액의 채권증서를 소지한 한 개인이 채권자 본인이 맞는지 확인하기 어렵다는 문제를 둘러싸고 전개된다). 19세기의 전보와 20세기의 텔렉스는 통신 속도를 크게 높였지만 여전히 어색하고 다루기가 힘들었다. 1960년대에는 텔렉스를 통해 결제하려면 보안에 구멍이 뚫리지 않도록 양쪽 은행의 교환원이 공통 전신 암호첩을 이용해 로그 계산을 해야 했다.

씨티은행이 90여 개 국에 지점을 보유한 세계 제일의 국제 은행이 되자, 리스턴은 은행들이 국경을 넘어 소통하는 방식을 표준화할 기회를 감지했다. 주요 국제 은행 모두가 씨티은행과 거래를 해야 했다. 즉, 씨티은행이 새로운 지불 메시지 기술 표준을 정하면 그 표준이 인정되고 전파될 가능성이 상당히 높아지는 것이다. 그리고 실제로 이 표준이 확산되면 씨티은행은 "세계 지불 시스템의 중심"이 되어 경쟁사에 비해 영구적으로 우위를 점하게 될 것이었다. 돈이 한 국가에서 다른 국가로 이동할 때마다 씨티은행의 시스템을 거쳐야 했기에 씨티은행이 시장을 완전히 지배할 잠재력이 생겼다.

리스턴과 후일 그의 후계자가 된 존 리드(John Reed)는 둘 다 테크놀로지에 심취했고, 그들만의 비밀 실험실로 트랜잭션 테크놀로지(Transaction Technologies, Inc.)를 설립해서 전문 하드웨어와 소프트웨어를 제작했다. 트랜잭션 테크놀로지는 은행을 위한, 말하자면 보안이 확실한 우편 시스템인 MARTI(Machine-Readable Telegraphic Input, 기계 판독 가능한 전신 입력)를 구축하는 일을 맡았다. MARTI가 출시된 후 씨티은행의 고위 운영책임자 리처드 매티스(Richard Matteis)가 모든 환거래 은행에 MARTI를 이용해서 씨티은행과 통신하거나 텔렉스를 반납하라고 요구했다고 알려져 있다. 수십 년 후 은행가 레나토 폴로(Renato Polo)는 씨티은행이 정확히 이렇게 요구했다고 기술한다. "이제부터 귀사에서 MARTI를 사용하셨으면 합니다. 그렇지 않으면 당사는 귀사의 지시를 이행하지 않을 겁니다."

문제는 씨티은행이 너무 커서 신뢰할 수 없다는 것이었다. 씨티은행은 타 은행이 활용하는 메시징 시스템을 통제하고 싶겠지만 타 은행 입장에서는 경계를 늦출 수 없는 확실한 이유가 있었다. 이 은행들은 자신의 통제 범위 밖에서 씨티은행이 마음대로 바꿔가며 자사를 압박할 수 있는 기술에 기대고 싶지 않았다. 폴로는 이어서 설명한다. "스스로 특정 거래 은행의 포로가 되거나 거절할 수밖에 없는데, 포로가 되는 것은 제정신이라면 절대 하지 않을 선택이다." 실제로 다수의 은행이 이 요구를 거절했고, 씨티은행의 출납팀이 눈보라처럼 밀려드는 이체 실패를 처리하고 일시적으로 붕괴 직전까지 간 씨티은행의 거래 은행 네트워크에 대처하느라 허우적거리는 바람에 일대 혼란이 발생했다.

씨티은행의 MARTI가 유일하게 사용가능한 지불 메시지 시스템은 아니었다. 1973년에는 네덜란드 출신 은행가 요하네스 (얀) 크라(Johannes [Jan] Kraa)가 유럽 은행들을 설득해서 은행 간 보안 통신의 대안 체계를 구축할 목적으로 SWIFT(Society for Worldwide Interbank Financial Telecommunication, 국제은행간통신협회)를 설립했다. SWIFT는 벨기에에 본거지를 두어 런던과 뉴욕이라는 두 금융 중심지의 경쟁을 피해 갔다. 그럼에도 유럽 은행들로부터 참여 동의를 얻는 데 어려움을 겪었다. 각 은행이 자국 표준의 보급을 원했기 때문에 SWIFT가 합의에 도달하거나 시스템이 작동할 수 있을 만큼 충분한 수의 은행을 유치하기가 어려웠다. 1974년까지만 해도 SWIFT가 실패할 가능성이 높아 보였는데, 얼마 뒤 유럽의 은행들은 MARTI 소동을 보고 나서야 스스로 공통 표준을 정하지 못하면 씨티은행 같은 외부 은행이 유럽 은행들에 적용될 표준을 만들어낼 것이라고 생각하게 되었다.

유럽 은행들은 씨티은행이 거래 은행들에게 MARTI를 강요하는 행보에 대응해 '단호하고 압도적으로' SWIFT 채택에 나섰다. SWIFT는 1975년 말까지 15개 국가에서 270개 은행 회원을 보유하게 되었다. 리스턴이 은행 동의를 얻는 데 난항을 겪은 것을 MARTI의 실패 원인으로 봤던 반면, 매티스는 훗날 "MARTI에 대한 반감이 SWIFT를 성공시켰다"고 인정했다.

SWIFT 회원 가입은 이내 글로벌 금융 시스템에 뛰어들기 위한 필수 조건이 되었다. SWIFT가 성장하면서 미국을 포함한 세계 금융 시스템 입장에서 SWIFT가 더 필요해졌다. SWIFT 설립 11년 후에는 케미컬은행의 로버트 무어(Robert Moore)가 미국 최초로 SWIFT 이사회 회장이 되었으며, 2006년에는 씨티은행의 야와르 샤(Yawar Shah)가 회장에 취임했다. 오늘날 SWIFT의 메시징 시스템은 매년 100억 개 이상의 메시지를 전송하여 1250조 달러 규모의 송금을 성사시킨다. 달러화 결제 시스템처럼 SWIFT도 글로벌 금융의 중추 역할을 한다. SWIFT의 공식 역사를 저술한 이들이 인정한 대로, SWIFT는 "실질적 대안이 없기 때문에 금융 서비스를 하고 싶다면 반드시 가입해야 하는…'의무적으로 거쳐야 할 요건'"이 되었다.

SWIFT의 중대한 영향력은 그 자체로 문제를 낳았다. 악명 높은 은행강도 윌리 서튼은 은행을 터는 이유가 "그곳에 돈이 있기 때문"이라고 말했다고 한다. 이제는 자금이 SWIFT 같은 복잡한 기술 네트워크를 통해 유통되기 때문에 범죄자들이 이 시스템을 노렸다. 2016년 북한 해커들은 SWIFT 시스템의 약점을 이용해서 방글라데시은행의 뉴욕연방준비은행 계좌에서 8100만 달러를 인출했다. 범인이 오타를 내지 않았다면 10억 달러를 훔쳤을지도 모른다.

세계경찰 미국도 이 점에 주목했다. SWIFT는 미국으로부터 정치적 압력을 받았다. 미국은 범죄를 예방하고 발견하는 데 SWIFT가 더 많은 역할을 하기를 바랐다. SWIFT의 책임자들은 오랫동안 SWIFT가 순전히 세계의 금융 배송관 관리에만 주력하는 기능적 조직이라고 주장하면서 미국의 요구를 간신히 막아냈다.

SWIFT가 벨기에에 기반을 두고 있었지만 이 시스템의 운영 주체는 국제 은행들로 구성된 컨소시엄이었다. SWIFT는 디킨스 소설에나 나올법한, 얼기설기 뒤얽힌 기송관을 실제로 작동하는 송금 시스템으로 교체하는 데 성공했다. 월터 리스턴의 뜻대로 되었다면 미국 은행 한 곳이 장악했을지 모를 시스템이 SWIFT 앞에 무릎을 꿇었다. 그러나 SWIFT에 소속된 은행들의 일부는 미국 은행이었고, 이들 모두가 업무를 수행하려면 달러화 결제 시스템에 접근할 권한이 필요했다. SWIFT는 세계 금융 배송관 시스템의 평범하지만 유용한 부분을 유지하는 목적에만 충실한, 평범하지만 유용한 조직으로 보였기 때문에 크게 주목받지 못했다. 그러나 정치권의 압박을 피하는 SWIFT의 역량은 사실 SWIFT가 누리는 겉보기의 독립성을 묵인하려는 미국의 의사에 달려 있었다. 미국 정부가 제대로 실력을 행사했다면 SWIFT는 굴복해야 했을 것이다.

⁂

1996년 월터 리스턴은 "신이 주신 푸른 지구에서 정부가 제대로 인터넷을 검열한다는 것은 있을 수 없는 일"이라고 열변을 토했다. 그러나 그가 해당 발언을 하기 몇 해 전 저술한 『주권의 쇠퇴』에서는 인터넷(Internet)에 대한 언급을 찾아볼 수 없다. 이 책의 색인은 "국제통화기금(International Monetary Fund)"에서 곧장 "투자지출(Investment spending)"로 넘어간다. 인터넷이 다수의 네트워크 중 하나의 특화된 네트워크였던 시절에는 인터넷과 그 경쟁자들이 의지하던 세계 통신망의 물리적 변혁이 가장 중요한 변화로 보였다. 하지만 몇 년 후 테크 전도사들은 인터넷이 가져다줄 해방의 잠재성을 찬양하면서도 그 잠재력을 실어 나르는 전선과 케이블에 거의 관심을 갖지 않았다.

리스턴은 바뀌기 이전의 세상을 가까이서 고통스럽게 경험했다. 1956년에 음성 전달이 가능한 대서양 횡단 케이블이 최초로 설치되면서 총 36건의 동시 통화가 가능해졌다. 브라질과 뉴욕 사이에 가용 전화 회선이 너무 적어서 씨티은행의 현지 지점에서는 다이얼을 돌릴 "브라질 청년 팀"을 고용했다. 이들은 전화 연결이 될 때까지 며칠이고 계속 전화를 걸었다. 연결에 성공하면 씨티은행 직원들은 전화를 끊지 않고 책과 신문을 읽으며 필요한 일이 생길 때까지 연결을 유지했다.

1970년대와 1980년대에 들어서자 상황이 달라졌다. 통화자 두 사람의 통화 연결을 위해 케이블을 연결해줘야 했던 인간 교환원을 전자 교환기—특수 컴퓨터—가 대체하기 시작한 것이다. 전자 교환기는 한 번에 통화 여러 건을 처리할 수 있었다. 디지털 광섬유 기술 덕분에 인간의 음성을 디지털 정보로, 디지털 정보를 고속 광 펄스로 변환할 수 있게 되면서 얇고 휘어지는 유리 선 하나에 무수한 개인 통화 전송이 가능해졌다. 1988년에는 대서양 횡단 광섬유 케이블이 최초로 매설되면서 통화 4,000건을 동시에 전송할 수 있었다. 이후 광섬유 케이블이 추가로 설치되면서 자금, 정보, 아이디어의 흐름은 "새로운 세계 통신망"과 새로운 통신망이 열어준 "번영의 길"에 "전적으로 의존하게" 되었다. 리스턴은 이렇게 겉보기에 탈중앙화된 새로운 통신 시스템을 위해서 정부가 "정보 이동에 대한 통제를 포기"해야 한다고 생각했다.

1990년대에 다른 네트워크를 집어삼켜버린 인터넷은 탈중앙화에 관한 리스턴의 주장에 힘을 실어주는 듯했다. 무엇보다도 인터넷은 근본적으로 중앙 통제를 피하기 위해 고안되었다. 일반론으로 말하면, 인터넷은 "검열을 장애로 해석해 우회한다." 그런데 인터넷의 기반인 물리적 네트워크에서 재미있는 현상이 나타나기 시작했다. 네트워크가 개념상으로는 미국이라는 근원지를 벗어나 전 세계로 퍼져나갈수록 중앙에 더욱 집중되었고, 네트워크의 중요한 흐름이 미국 영토에 위치한 스위치(교환기)와 익스체인지 포인트를 거쳐가게 된 것이다.

이 새로운 정보 제국의 중심지는 리스턴이 그렇게 벗어나고 싶어했던, 규제와 억압의 옛 제국 수도 바로 옆에 있었다. 차를 타고 워싱턴 D.C.를 떠나 I-66번 고속도로를 타고 서쪽으로 40분 정도 가다 보면 비법인공동체인 타이슨스 코너를 지나 로우던 카운티로 진입한다. 한때 농지였던 이곳에는 지금 복합 상업지구와 산업 시설이 늘어서 있다. 콘크리트로 만든 날개 형태의 외관을 자랑하는 덜레스 공항 방향으로 나가는 분기점을 지나 10분간 달리면 버지니아 주 애쉬번(Ashburn)에 도착한다. 이곳은 리스턴이 극찬한 초기 인터넷의 가장 중요한 교차로였으며 클라우드 컴퓨팅이라는 새로운 우주에서 중요한 역할을 한다.

애쉬번의 겉모습은 인터넷 붐타운처럼 보이지 않는다. 뽐내는 듯하면서도 절제된 저택과 신흥 초거부(超巨富)들의 입맛에 맞춘 부티크 레스토랑이 늘어선 팔로알토와 달리, 애쉬번에는 퇴직자 주거단지, 레스토랑 체인점, 적당한 가격의 타운하우스가 있을 뿐이다. 그러나 닷컴 열풍이 일던 시기에는 부동산 투기꾼들이 이곳에서도 저렴한 대지를 구입해서 인터넷 스타트업 기업들을 위한 시설을 세우면서 큰 돈을 벌었다가 잃기도 했다. 2000년대 초 애쉬번은 "미국 인터넷의 중심"인 동시에 세계 통신 기반시설에 반드시 필요한 중추였다. 현재는 AWS, 마이크로소프트, 구글의 주요 클라우드 컴퓨팅 센터가 애쉬번 주변에 밀집해 있으며, 코로케이션(colocation) 센터를 비롯하여 밋밋해 보여도 사실 중요도가 엄청난 인터넷 배송관의 요소들을 배치할 공간 확보를 놓고 경쟁을 벌인다.

인터넷을 발명한 사람들이 옳았다면 애쉬번 같은 곳이 존재하지 않았을 것이다. 인터넷에는 중심이 전혀 없어야 했다. 대신 실질적 중심이 없어도 네트워크상의 모든 노드(node)가 다른 노드 여러 개와 연결된 '분산 네트워크'여야 했다. 이런 네트워크는 유나이티드 항공이 사용하는 '허브 앤 스포크(hub-and-spoke)*'라우팅 시스템 같은 중앙집중형 네트워크보다 장애와 통제에 강하다. 예를 들어 덜레스 공항은 덴버, 시카고 오헤어, 휴스턴 공항과 더불어 유나이티드 항공의 주요 허브 중 한 곳이다. 이 소수의 노드가 네트워크의 중심을 이룬다. 이 허브들이 폭풍 때문에 운영을 멈추면 유나이티드 항공사 승객들, 심지어 허브 밖에 있는 유나이티드 승객들은 갑작스럽게 항공편 연결이 안 되는 것을 알아차린다. 반면 분산 네트워크는 허브와 단일 장애 지점을 피해서 노드 하나가 중지될 때마다 대체 경로를 찾을 수 있다. 분산 네트워크 개념을 고안한 폴 배런(Paul Baran)은 소련과 전쟁을 할 경우의 시스템 붕괴를 대비해 핵무기 "지휘통제망"의 취약성을 줄일 방법을 고민하고 있었다. 분산 네트워크라면 핵공격을 받아 중앙의 시

---

* 자전거 바퀴처럼 중심 허브에서 바큇살이 뻗어 나오는 형태.

설이 파괴되어도 미군이 통신을 유지할 수 있을 것이다.

그러나 인터넷을 발명한 이들은 특히 1990년대에 정부의 지배를 벗어난 후 인터넷을 통제하지 않았다. 일부 기업가들은 네트워크의 교차로인 인터넷 초크포인트를 차지한다면 큰 돈을 벌 수 있음을 깨달았다. 인터넷 "익스체인지"는 일종의 교차로였다. 언뜻 보면 이곳은 기술적 공간일 뿐 그리 인상적이지 않았다. 방에 가득한 케이블은 모두 어떤 정보를 어디로 보낼지 정하는 스위치에 연결되어 있었다. 하지만 이 익스체인지는 인터넷의 물리적 기반시설에서 대형 전기통신사업자가 운영하는 다양한 네트워크를 이어주는 중요한 역할을 담당하면서 디지털 방식의 전화 통화, 이메일 메시지, 동영상을 송신자에서 수신자로 보내는 최적의 경로를 찾아준다. 이 익스체인지에서는 마치 공항 허브처럼 연결이 이루어진다. 이곳에 장애가 생기면 인터넷 대부분이 느려지거나 접속이 아예 불가능해진다.

최대 규모의 초크포인트가 북부 버지니아에 있는 것이 우연은 아니었다. 1970, 80년대에 실리콘밸리에서 개인용 컴퓨터가 만들어지기 시작했다면, 북부 버지니아는 이 컴퓨터가 서로 연결되는 곳이었다. 북부 버지니아에 스탠퍼드대학교(실리콘밸리 혁신경제의 중심)는 없었지만 고등연구계획국(ARPA, 현 국방고등연구계획국 DARPA)이 있었다. 미 국방부 산하 기관이었던 고등연구계획국은 인터넷의 전신인 네트워크를 발명했으며, 로버트 칸(Robert Kahn)과 빈트 서프(Vint Cerf)를 영입해서 인터넷 작동을 가능하게 하는 기본 "프로토콜(규칙과 기술적 요구사항)"을 개발했다. 애쉬번에 기반을 둔 MCI 월드컴(MCI WorldCom)은 미국 정부 인터넷망의 물리적 기반이 된 국가 광섬유 네트워크를 구축했다.

연방정부와 여타 대형 고객들의 요구에 맞춰 새로운 미시경제가 이 중심점을 둘러싸고 번성하기 시작했고, AOL과 지금은 거의 잊힌 1980년대 테크 대기업들이 부상했다. 중요한 광섬유 케이블 한 줄기가 워싱턴 D.C.에서 옛 철로와 평행한 좁고 긴 도로를 따라 북부 버지니아로 뻗어나갔다. 중소 테크기업들은 심장풀 꽃에서 꿀을 빠는 벌처럼 그 주변에 모여들었다.

(원래는 교육과 연구 목적의 네트워크였던) 인터넷이 상용화된 시점에는 현지 기업가들이 부유해질 준비가 끝났다. 자칭 컴퓨터 "돌연변이"였던 릭 애덤스(Rick Adams)는 최초의 상용 인터넷 서비스 사업자 중 하나로 가정과 기업을 인터넷에 연결시켜주는 유유넷(UUNET)을 자신의 집에 설립했다. 애덤스는 모튼 스테이크 하우스에서 48온스 스테이크를 먹으면서 자신에게 광섬유 네트워크 접근 권한을 판매한 메트로폴리탄 파이버 시스템(Metropolitan Fiber Systems, MFS)의 스콧 예거(Scott Yeager)와 전략을 논의했다.

당시는 비영리 인터넷을 운영하는 미국 국립과학재단에서 인터넷의 물리적 기반시설을 운영할 대기업을 발표하기 직전이었다. 그러나 애덤스와 예거는 인터넷의 작동 방식을 이해했고 국립과학재단의 선택을 받아낼 방법을 알고 있었다. 인터넷이 분산되어 있기 때문에 실질적 책임자는 아무도 없었고, 자율적인 '라우터' 컴퓨터가 제일 효율적으로 정보를 전송할 수 있는 방법을 끊임없이 계산했다. 유유넷이 충분한 수의 다른 인터넷 서비스 사업자(ISP)를 설득하여 유유넷에 연결시키고, 메트로폴리탄 파이버 시스템이 이들에게 대역폭을 충분히 제공할 수 있다면 아무도 모르게 쿠데타를 일으킬 수 있었던 것이다. 다른 인터넷 사업자들은 유유넷과 그 제휴사를 통한 데이터 전송이 가장 효율적임을 알게 될 것이며, 그렇게 되면 "유유넷이 상용 인터넷 전체의 디폴트 경로가 되어" 정부가 승자를 발표하기 한참 전에 이미 경쟁의 승부가 결정될 것이었다.

이런 구상을 가지고 애덤스와 예거는 북부 버지니아의 어느 지하주차장에 딸린 방에서 MAE-East(Metropolitan Area Ethernet, East, 훗날 Metropolitan Area Exchange, East가 되었다)를 설립했다. MAE-East는 MCI와 스프린트(Sprint)를 비롯한 인터넷 서비스 사업자의 네트워크를 물리적으로 함께 연결할 수 있는 익스체인지를 공급했다. MAE-East는 애덤스가 바란 그대로 초기 상용 인터넷의 중앙 익스체인지가 되었다. 예거의 전기 작가에 따르면 MAE-East는 1994년까지 모든 인터넷 트래픽의 90% 이상을 전송했다.

MAE-East는 독점권의 원천이 되었다. 기업들이 MAE-East에 접근 권한을 얻으려면 책임자인 애덤스의 허가를 받아야 했다. 머지않아 MCI, 스프린트, AOL이 MAE-East의 회원으로 가입했고 중소기업은 가입을 거절당했다. 유유넷은 닷컴 호황 초기인 1995년 1주당 14달러로 상장했고, 몇 개월 후 주가가 93.25달러에 도달했으며, 인수합병도 연쇄적으로 진행했다. 앨 고어가 '병목*'에 불만을 드러냈을 때, 그는 당시 버라이즌이나 스프린트 같은

* 트래픽 정체 현상.

대형 통신회사가 자체 보유한 통제권을 이용해서 인터넷을 사적 독점물로 바꿔 유유넷 같은 업계 신생 기업의 경쟁을 제한할 것을 우려했다. 그런데 이제 유유넷 창립자 애덤스와 친구들이 그들만의 친목 클럽을 만들고 있었다.

고(故) 앨 에이버리(Al Avery)와 제이 애덜슨(Jay Adelson) 같은 기업가는 여기에서 기회를 얻었다. 두 사람이 창립한 에퀴닉스(Equinix)는 결국 자기 힘으로 거대 기업이 되었다. 2020년 12월에는 72분기 연속 성장을 기록하고 60억 달러 가까운 연 매출을 올렸다. 그런데 에이버리와 애덜슨의 원래 구상은 MAE-East 같은 '병목'의 대안을 제시하는 것이었다. 디지털 이큅먼트 코퍼레이션(Digital Equipment Corporation)에서 일했던 에이버리는 애덜슨을 영입하여 스탠퍼드대학교 근처 지하실에 팔로알토 인터넷 익스체인지(Palo Alto Internet Exchange, PAIX)를 설립하는 일을 돕게 했다. 애덜슨이 두 필자에게 설명한 대로, 에이버리가 PAIX에서 한 일은 "비즈니스 모델을 이해상충으로부터 차단할" "중립적 익스체인지" 설립의 자극제가 되었다.

에이버리와 애덜슨이 구상한 비즈니스 모델은 릭 애덤스와 큰 차이가 있어도 지리적으로는 가까이 가야 했다. 두 사람은 "세계에서 가장 밀집된 [상호 연결 지점]"인 버지니아 주 타이슨스 코너의 MAE-East 소재지 근처에 익스체인지를 지었다. 하지만 모든 서버를 하나로 연결하는 광섬유를 매설하려면 저렴한 부지가 필요했고 굴착 허가도 받아야 했다. 에이버리와 애덜슨은 인접 관할 구역인 로우던 카운티로 갔다. 기반 기술에 대한 카운티 관료들의 이해가 너무 부족해서 두 사람은 구식 아날로그 전화선 다

언더그라운드 엠파이어

발을 움켜쥔 손을 그린 포스터로 그들의 중심지를 홍보했다. 관료들은 기회가 보이면 이를 알아채는 능력이 매우 뛰어났다.

에퀴닉스는 배타적인 '인사이더 클럽'이 운영하는 주요 통신망들 사이의 중앙집중형 스위치보드 대신 호텔 장기 투숙 서비스처럼 어느 누구든 유료 고객으로 가입하면 자체 서버를 맡길 수 있는 익스체인지를 세웠다. 스포티파이와 구글이 서로 신속하게 소통해야 할 때 스톡홀름에서 캘리포니아 산호세로 데이터를 옮길 필요가 없어졌다. 대신 같은 시설에 각자의 서버를 놓고 광섬유 케이블을 통해 서로 연결하면 된다. 중립적 익스체인지는 이들의 서버가 세상과 소통할 수 있게 했고, 서버를 '같은 장소에 배치(colocation)'해서 서버 간의 신속한 통신을 가능하게 했다.

오늘날 에퀴닉스는 세계 최대 시장 점유율을 자랑하는 코로케이션 사업자이고 에퀴닉스의 가장 큰 시설이 애쉬번에 있다. 애덜슨은 2001년 9/11 테러 후 사임한 지 몇 년 뒤 회사의 입지를 되돌아보면서 에퀴닉스가 중앙에 집중된 독점을 다른 중앙집중 독점으로 대체한 것에 그쳤을지 모른다고 걱정했다. "이제 에퀴닉스는 지배 세력이 되었고, 위협적일지도 모릅니다. 처음에 회사를 세웠을 때는 독점을 해체하려고 했는데 에퀴닉스가 성공하면서 독점적 세력이 되었다는 건 정말 역설적입니다."

유유넷은 결국 역사 속으로 사라졌고, MAE-East는 쓸모가 사라졌지만 더 이상 애쉬번에는 이들이 없어도 상관없었다. 더 많은 서버 팜이 고속 광섬유를 더 많이 설치했고, 이에 따라 더 많은 서버 팜이 들어서는 확장의 선순환이 이루어졌다.

바로 이 이유 때문에 '클라우드 컴퓨팅'이라는 새 비즈니스 모델을 선도하고 싶었던 아마존이 북부 버지니아를 낙점한 것이다. 2000년대 초에는 아마존을 소비자 중심 기업이나 일종의 시장으로 보는 견해가 지배적이었다. 그러나 당시 아마존 CEO였던 제프 베이조스(Jeff Bezos)는 아마존의 정보 인프라를 다른 사업체에게 임대하면 이 인프라가 수익의 중심이 된다는 것을 일찍부터 깨달 았다. 그 결과 설립된 아마존 웹서비스(Amazon Web Services, AWS)는 아마존의 거대한 "수익 엔진"인 동시에 전자상거래가 폭발적으로 성장하는 원동력이 되었다. 자본이 부족한 신생 기업은 비싼 자본을 들여 서버를 구입할 필요가 없어졌다. 대신 지금 보유한 고객에게 서비스를 제공하는 데 필요한 만큼 아마존에서 "컴퓨트(compute, 기본 컴퓨팅 능력)"를 대여하는 것으로 충분했다. 에어비앤비, 바이두, 리프트, 넷플릭스 등 유명 기업들도 온라인 인프라를 유지하는 대신 핵심 사업에 주력하면서 '컴퓨트'를 빌려썼다. 아마존이 AWS에서 얼마나 많은 돈을 비는지 알게 된 다른 기업들도 앞다투어 자체 '클라우드 컴퓨팅' 서비스를 구축했다

'클라우드 컴퓨팅'이라는 용어가 모호하다 보니 고속 광섬유 케이블을 통해 인터넷에 연결된 서버로 가득한 건물에서 모든 정보가 처리된다는 사실이 쉽게 잊힌다. 아마존은 자신들이 올린 엄청난 수익보다 서버 건물의 위치를 더 열심히 숨기려고 했다. 잉그리드 버링턴(Ingrid Burrington)이 2016년에 지방 자산 기록을 철저히 조사한 끝에 AWS의 최초 시설은 애쉬번과 그 인접한 도시의 코로케이션 시설 안에 있다는 사실이 밝혀졌다.

클라우드 컴퓨팅 서비스는 옮기기가 어렵다고 악명이 높다. 최근 제프 베이조스의 전기 작가가 기술한 대로, "[기업이] 일단

아마존 서버로 데이터를 옮기면 데이터를 외부로 다시 이전하는 불편을 감수할 이유가 없었다." 그런데 실제로 클라우드 컴퓨팅이 이루어지는 물리적인 코로케이션 시설과 데이터 센터는 이전하기가 훨씬 까다롭다. 애덜슨은 이렇게 말한다.

> 동료의 인프라 바로 옆에 50만 달러짜리 [통신 스위치]를 설치하고, 이 돈을 모두 투자한 와중에, 1500만 달러 가치의 서비스를 이 시설에 광섬유로 연결하고, 바로 이 방에서 수천 명의 사람들에게 교차 접속을 실행하면, 그곳에서 어떻게 빠져나가겠습니까? 빠져나오는 게 기술적으로 **실현 가능할지** 조차 모르겠습니다.

이러한 이동의 어려움 때문에 오늘날 전 세계 인터넷이 애쉬번 같은 곳에 고도로 집중되어 공격과 사고에 취약해지는 것이다. 2020년 11월 북부 버지니아의 기술자들이 저지른 실수 때문에 어도비닷컴(Adobe.com)부터 워싱턴포스트(Washington Post)까지 전 세계 웹사이트가 먹통이 된 적이 있다. AWS 시설 직원들이 서버 증설을 시도했지만 오히려 네트워크를 먹통으로 만들고 말았다. 몇 개월 후 우익 극단주의자들이 "인터넷의 70%를 없앨" 계획을 모의할 때, 애쉬번은 말 그대로 이들의 '과녁'이 되었다. 텍사스 주 위치토폴스에 살았던 28세 세스 펜들리는 2021년 1월 6일에 총신을 개조한 소총을 가지고 워싱턴 D.C. 의회난입 폭동에 가담한 후 AWS 공격 계획을 세우기 시작했다. 그는 암호화된 시그널(Signal) 메신저에서 "아마존 서버를 조져버리려는" 계획을 이야기하다가

FBI의 함정 수사에 걸려들었다. 펜들리는 손으로 그린 애쉬번 시설 지도를 소지했고, C4 플라스틱 폭약 판매상으로 위장한 FBI 요원으로부터 폭약 구입을 시도하다 체포되었다.

애쉬번의 정보 복합단지에는 특색 없고 나지막한 창고 70여 개가 1800만 평방피트 면적에 펼쳐져 있다(현재는 570만 평방피트 규모의 창고를 추가로 건설 중이다). 이 면적은 엠파이어 스테이트 빌딩 여덟 개를 옆으로 눕힌 것보다 크다. 인터넷이라는 거대한 도로에 전력을 공급하는 데이터 센터의 연간 전력 소비량은 4.5기가와트로 추정된다. 이는 화력 발전소 아홉 개가 생산하는 양의 아홉 배에 달한다. 현지 관리들은 아직도 전 세계 일일 인터넷 트래픽의 최대 70%가 로우던 카운티를 통해 이동한다고 주장하려 한다. 이 주장은 어느 정도는 맞지만 과장된 것이다. 2021년 당시 북부 버지니아는 세계에서 데이터 센터 밀집도가 가장 높았으며, 용량면에서는 가장 근접한 경쟁 도시인 런던을 두 배 가까이 능가했다. 이는 분명 제프 베이조스가 아마존의 제2 본부를 버지니아주에 두기로 한 결정에 일조했다.

인터넷을 지원하는 네트워크와 서버를 한 곳에 집중하려고 한 사람은 아무도 없었다. 하지만 새로운 세상을 하나로 엮으려고 한 경제 네트워크의 건설자들이 기존의 것을 토대로 발전시켜 나가려다 보니 이런 결과를 낳았다. 이 건설자들의 뒤를 이은 사람들은 이전 시대의 업적 위에 도로를 건설하기가, 즉 옛 도로 위에 새 도로를 깔고 이미 존재하는 옛 교차로에서 도로들을 서로 연결하기가 더 쉽다는 사실을 자주 발견했다. 인터넷은 중심이 없는 네트워크이고, 본질적으로 일부가 손상되면 우회하고 통제에 대해서는 내성이 있다는 창립 신화가 허위라는 사실은 처음부터 명백했다. 어느 해커가 1996년에 작가 닐 스티븐슨에게 밝힌 대로, "국가 간 거의 모든 통신은 극소수의 병목을 통해 이루어진다." 하지만 당시에는 누구도 그 함의를 고민할 생각이 없었다. 결국 북부 버지니아의 한 무명 도시는 오늘날 아주 작은 한 점에 인터넷을 집중하여 쉽게 감시하고 이용해먹을 수도 있는 거대한 오목 파라볼라 거울이 되었다.

⁂

글로벌 금융과 정보 네트워크는 실물 경제도 탈바꿈했다. 글로벌 네트워크 등장 이전에는 거의 모든 무역 활동이 석유 같은 원자재나 라디오를 비롯한 완제품을 대상으로 이뤄졌다. 자동차나 컴퓨터처럼 복잡한 제품을 만드는 기업을 소유했다면 부품을 제작하는 하청업체를 근처에 두고 싶어했을 것이다. 하청업체가 해외에 있으면 생산 공정에서 문제가 생겼을 때 신속한 소통이 불가능할 뿐 아니라 대금지불도 까다롭고 오래 걸린다. 그래서 (소프트웨어와 서비스를 대량 생산하기 전까지는 반도체 허브였던) 실리콘밸리 같은 클러스터나 디트로이트를 중심으로 한 자동차 제조 단지에서 제품 생산이 이루어졌던 것이다.

1990년대 세계화가 본격적으로 진행될 때 저가 글로벌 운송의 기반시설이 저리(低利) 자금 및 저렴한 통신 비용과 결합하면서 세계 경제의 판도가 바뀌었다. 리스턴은 이 현상이 "세계 사업의 근본적 변화"를 보여주는 전조라고 주장했다. 지적자본으로 구체화된 인간 지성은 "지배적인 생산요소"로서 정부가 좋아하든 말든 자유롭게 국경을 넘나들었다. 애덤 스미스가 『국부론』에서 이야기한 '국가의 부'는 '세계의 부'가 되었다. 전통적인 무역은 점차 한 국가에서 제품을 설계하면 다른 여러 국가에서 각종 부품을 조립하고, 또 다른 곳에서 그 부품을 조립해서 완제품을 만드는 새로운 초국가 생산 체계로 대체되었다. 리스턴은 『주권의 쇠퇴』에서 말레이시아, 프랑스, 한국, 일본, 싱가포르에서 가져온 부품을 플로리다에서 조립하는 IBM 컴퓨터를 예로 들어 세계 경제가 무역 통계와 정치인 연설이 포착하지 못하는 양상으로 바뀌었다고 설명한다.

이 변화가 가장 두드러진 곳이 실리콘밸리였다. 역사학자 마거릿 오마라(Margaret O'Mara)는 실리콘밸리가 어떻게 미국의 국방 예산에서 기원했는지 설명한다. 미사일 및 우주 프로그램의 복잡한 전자장치에 대한 끊임없는 수요가 대형 연구소와 공급업체를 대거 만들어냈으며, 그에 따라 탄생한 신생업체 중에는 쇼클리 세미컨덕터(Shockley Semiconductor)도 있었다. 쇼클리 세미컨덕터는 현대 경제에 기여도가 가장 높은 단 하나의 기술이라 할 수 있는 반도체를 최초로 제조한 기업이다. 최초의 실리콘밸리에는 경쟁과 협력이 교차하던 제조 회사가 밀집되었기 때문에 숙련된 엔지니어가 양질의 일자리를 구하거나 윌리엄 쇼클리처럼 감당하기 힘든 상사를 만났을 때 퇴사해서 자기 회사를 차리기가 그리 어렵지 않았다. 이후 국방비 지출이 줄어들자 실리콘밸리 기업들은 민간 부문에서 새 고객을 찾았고, 컴퓨터 자체 제작 동아리와 독학 해커라는 하위문화가 번성했다.

이러한 문화는 오늘날에도 변형된 형태로 남아 있지만, 제조업은 대부분 자리를 옮겨갔다. 한 예로 애플컴퓨터는 실리콘밸리의 어느 차고에서 시작된 것으로 알려져 있지만 회사가 성장하면서 애플을 유명하게 해준 컴퓨터를 생산하기 위해 다른 장소를 찾아야 했다. 애플컴퓨터는 캘리포니아 주 프리몬트와 샌프란시스코 이스트베이의 시설 외에도 싱가포르와 아일랜드에 공장이 있어서 값싼 노동력을 활용하고 아시아와 유럽 고객 가까운 곳에서 컴퓨터를 조립 생산할 수 있었다. 오마라가 설명한 대로 반도체 제조업체는 일찍부터 위탁생산을 시작했다. 내셔널 세미컨덕터(National Semiconductor)는 1968년에 처음으로 싱가포르에 공장을 지었다.

하지만 애플은 최선을 다해 국내 생산을 유지하려고 했다. 애플의 CEO 스티브 잡스(Steve Jobs)는 품질 관리에 주력하는 것으로 정평이 났고 오랫동안 애플이 모든 제품을 직접 설계하고 단일 공급업체에서 부품을 제공받기를 원했다. 그래서 애플은 높은 품질을 유지할 수 있었지만 생산 공정을 최대한 위탁했던 델(Dell) 등의 경쟁사보다 유연성이 훨씬 낮아졌다. 대중용 컴퓨터를 생산하는 제조사들은 빠른 물류 서비스와 정보 기술에 힘입어 제품 수요를 예측하여 미리 제품을 제조하던 방식을 탈피해 주문을 접수한 후 제품 생산을 시작하는 체계로 전환할 수 있었다.

1998년경 애플이 방향을 바꿀 필요가 있다고 직감한 잡스는 컴팩이 주문형 제조 기업으로 변신하는 데 기여한 공급망 관리 전문가 팀 쿡(Tim Cook)을 영입했다. 은행에서 출납시스템의 중요성을 이해한 리스턴과 아마존의 전산 기반시설의 가치를 이해한 베이조스처럼, 훗날 잡스의 후계자가 된 팀 쿡 역시 사업의 성공을 위해서는 물류와 정보 관리가 브랜드 구축만큼 중요하다는 것을 잘 알고 있었다. 쿡은 재고는 "악"이라 믿고 몇 년 동안 애플의 공급망을 재편하여 LG와 폭스콘 같은 하청업체와 긴밀한 관계를 발전시키는 일을 훌륭히 해냈다. 이 중 폭스콘은 대만에 본사가 있으며 중국 본토에만 직원 규모가 130만 명에 달한다. 이들과의 관계는 고속 정보통신이 없는 세상에서는 불가능했을 정도의 유연성을 보장했고, 애플은 최후의 순간까지 설계를 변경한 뒤 중국 하청업체에 즉시 구현하도록 맡길 수 있었다.

그러나 애플은 부가가치의 대부분이 창출되는 제품 설계의 핵심 단계들은 캘리포니아 쿠퍼티노에서 수행한다는 기조를 유지했다. "캘리포니아에서 애플이 설계, 중국에서 조립"이라는 아이폰 뒷면의 유명한 문구는 다른 기업에서도 모방한 비즈니스 모델의 특징을 잘 보여준다. 특히 글로벌 무역의 규칙이 수출입 편의성을 제공하는 방향으로 바뀌면서, 미국의 정교한 설계는 아시아의 제조 역량 및 전문성과 잘 어우러졌다. "차이나 쇼크"라고 불릴 정도로 의류직물처럼 기술 수준이 낮은 산업과 컴퓨터 제조를 비롯한 첨단 기술 산업의 생산직 일자리가 미국에서 해외로 이전했다. 오바마 대통령이 아이폰 생산을 해외가 아닌 미국에서 할 수 있는지 스티브 잡스에게 물었을 때, 잡스는 그런 일은 없을 거라고 딱 잘라 대답했다. 국제 공급망은 미국이 혼자서는 흉내도 못 낼 수준의 유연성을 제공했다.

아이폰에게 일어난 일은 실리콘밸리가 개척한 반도체 업계에서 더욱 선명하게 전개되었다. 반도체가 더욱 정교해지면서 제조

비용도 기하급수적으로 늘어났다. 현재 최첨단 기술로도 근접하기는 했지만 완전히 도달하지는 못한 5나노미터 '팹(fab)' 내지 '파운드리(집적회로를 제조하는 공장)'를 짓는 데만 120억 달러가 든다. 팹 하나의 수명이 5년 정도이기 때문에, 이곳에서 제조 작업을 시작하기도 전에 팹 하나를 단지 소유하고 있는 비용만 초당 75달러가 넘는다.

한때 쇼클리에서 일했던 로버트 노이스(Robert Noyce)와 고든 무어(Gordon Moore)가 설립한 거대 반도체 기업 인텔은 칩을 설계하고 자체 팹에서 제조하는 통합 모델을 유지할 능력이 있었다. 하지만 인텔과 오랜 경쟁 관계였던 AMD는 이전의 모델을 탈피했다.

반도체를 고안하고 제조하려면 설계와 제조 전반에서 심도 있고 지속적이며 광범위한 소통이 이루어져야 한다. 통신이 쉽고, 빠르고, 저렴해지면서 지구 반대편 다른 회사와의 소통도 가능해졌다. 1980년대 중반 들어 기업들은 반도체를 제조하지 않고 설계만 할 수 있다는 것을 깨달았다. 그전까지 반도체 제조는 시행착오를 겪는 과정 그 자체였다. 칩을 설계하고, 시제품을 제작하고, 시제품이 작동하지 않는 이유를 알아내고, 제대로 된 버전을 찾을 때까지 재설계와 제작이 반복된다. 그러나 당시 전문 기업들은 제조 단계에 도달하기 전 오류를 해결하기 위해 다양한 조건에서 무수한 칩 시뮬레이션을 가동할 수 있는 전문 설계 소프트웨어를 만들기 시작했다. 그 결과 엄청난 비용이 드는 팹을 짓지 않아도 기업이 훨씬 수월하게 설계 전문화에 착수할 수 있었다. 이들이 최종 제품을 제작해야 할 때는 팹에 여유 설비가 있는 기업을 찾아가 제작을 의뢰하면 된다.

　이 방식을 창안한 공이 있다고 인정받는 사람이 유명 기업가 고든 캠벨(Gordon Campbell)이다. TSMC 창립자 모리스 창(Morris Chang, 張忠謀)이 수십 년 후 회고한 바에 따르면, 캠벨이 5천만 달러를 투자할 신생 기업을 찾아 본인을 찾아왔지만 이후에 전혀 후속 조치를 취하지 않았다고 한다. 그래서 모리스 창이 그를 찾아가자, 캠벨은 500만 달러만 있으면 자본집약적인 제조 단계가 아닌 설계에만 집중하는 기업을 설립할 수 있다는 것을 알게 되었다고 답했다. 이 방식은 모리스 창에게도 흥미로웠다. 그는 텍사스 인스트루먼트 CEO 자리를 희망했지만 승진에서 배제되었다. 이후 상대적으로 규모가 작은 제너럴 인스트루먼트로 이직했지만 이곳은 실망스러운 점이 많았다.

　모리스 창은 어떤 회사가 순수 설계 전문 기업으로 출발한다면 반대로 다른 기업이 설계한 칩의 제조를 전문으로 하는 '순수' 파운드리를 설립할 기회가 시장에 생긴다는 것을 감지했다. 그는 대만 정부로부터 1억 달러를 지원받아 대만에 TSMC를 설립했다. TSMC는 단순히 상품 생산 서비스를 제공하기보다 고객사와 깊고 지속적인 관계 구축에 주력했다.

　한 기업이 칩 설계용 소프트웨어를 제공하면, 다른 기업은 제3의 기업이 제공하는 지적 재산을 기반으로 설계 작업을 수행하고, 팹을 운영하는 제4의 기업이 수십억 개 트랜지스터를 실리콘 웨이퍼에 집적해서 최종 제품을 만드는 구조가 이미 1990년대 중반에 형성되어 있었다. 2020년에는 설계 전문 기업과 순수 파운드리 기업이 손을 잡으면서 반도체 업계의 판도가 완전히 바뀌었다.

미국이 퀄컴(Qualcomm) 같은 기업 덕분에 복합 반도체 설계 분야를 계속 장악할 수 있었다면, TSMC 같은 순수 파운드리는 퀄컴 등이 설계한 복합 반도체를 제조하면서 팹을 계속 발전시켜가며 더 작고, 더 강력하고, 전력 소모량도 적은 칩을 제조해 나갔다. 케이던스 디자인 시스템즈(Cadence Design Systems)와 시놉시스(Synopsys)처럼 미국에 본사를 둔 전문 기업들은 수십억 개 반도체를 탑재한 칩 설계에 필요한 자동화 도구를 제공했다. 한 예로 애플과 VLSI 테크놀로지, 영국 에이콘 컴퓨터(Acorn Computers)의 합작 투자회사로 출발한 ARM은 휴대전화와 애플의 신형 M1 칩에 사용되는 RISC(축소명령집합컴퓨터) 아키텍처 등을 고안해서 특수 칩 공정에 대한 지적 재산의 라이선스를 발급했다.

반도체 산업의 무대는 말 그대로 전 세계가 되었다. 미국 반도체산업협회의 2016년 보고서 『국경을 넘어(Beyond Borders)』는 반도체 제조업을 아름답고 비범한 글로벌 복합 생태계로 그린다. 이 생태계에서는 특정 국가가 지배하지 않고 국경을 넘나드는 협력이 어느 국가 시스템보다도 훨씬 나은 혁신과 성장을 달성한다. 협회 자문위원들은 "미국 반도체 회사 한 곳과 협력하는 전 세계 공급업체만 1만 6000여 개"이고, "전 세계에서 상호의존하는 산업에서는 각 참여 기업이 제공해야 할 최고의 요소를 끌어모으기 때문에 미래로 향하는 최선의 길을 제시한다"고 공언했다. 기업이 협력하고 아이디어가 전파되면 국경의 의미가 사라지는 월터 리스턴의 세상에 대한 비전을 이처럼 잘 보여주는 예시는 찾기 어려울 것이다.

문제는 이런 그림이 대단히 잘못된 인상을 준다는 것이다. 실제로 반도체 제조업의 세계 진출은 엄청난 잠재적 리스크를 제기하는 방식으로 진행되었다. TSMC는 단순히 최대 파운드리가 아니라 '유일하게' 첨단 로직 칩 생산이 가능한 곳이었다. TSMC는 미국 경제의 유일한 잠재적 장애 발생 포인트였지만 미국 국경 밖에 있었고, 실제로 미국의 경쟁국이며 적대국으로 급부상한 중국과 겨우 100마일 떨어진 섬에 있었다. TSMC가 생산하는 칩이 없으면 미국 경제 전체가 서서히 멈출 수도 있었다.

그러나 동시에 미국에게는 반도체 공급망을 이용해서 다른 국가를 위협할 잠재력도 생겼다. 퀄컴처럼 가장 정교한 설계가 가능한 기업은 미국 영토에 기반을 두고 있었다. 이들의 설계도가 없으면 다른 나라의 제품이 제대로 작동하지 않는다. 새로운 복합 반도체 설계에 필요한 소프트웨어는 미국 기업의 독점 자산이었다. 미국의 지적 재산은 가시 달린 낚싯바늘에 미끼를 달아놓은 어부의 낚싯줄처럼 반도체 생산망 전체를 감싸고 있다. 아이디어가 국경을 넘어 전파되더라도 정부의 통제가 약해지기는커녕 정부의 통제를 허용할 가능성이 커졌다. 호황기에 거의 이목을 끌지 않았지만, 미국은 지적 재산의 일정 비율 이상이 미국 것인 기술들에 대해 통제력을 내어주지 않았다.

평화롭던 시절에는 제조사와 정부가 세계화의 이점에 집중하면서 지정학적 위험을 무시했다. 이들은 엄청난 도박을 하고 있었다. 공급망이 전문화될수록 이들은 불안정해졌다. 위험성이 두드러지고 가시화되면 전 세계 반도체 제조 시스템 **전체**가 전쟁터가 될지 몰랐다.

리스턴은 정부 대신 기업이 주도하는 세상을 만들고 싶었다. 그와 동료들은 각 국가의 시장이라는 물결이 국경의 한계를 넘어 서로 합쳐지면서 세계 전체를 하나로 만드는 정보, 돈, 생산의 대양을 만드는데 기여했다. 그런데 리스턴을 비롯한 기업가들이 군주가 되기를 열망하지 않았을지라도 자신만의 기업 제국을 건설하고 싶었던 것은 사실이다. 이 기업들은 시장을 지배하고 경제 지배력을 집중해서 독점 이윤을 올리기를 원했다.

이들이 세계로 진출할 때 앞으로 일어날 일을 감지한 이는 소수에 불과했다. 리스턴은 유로달러와 전자적 화폐 흐름이 세상을 바꿀 수 있는 힘을 열정적으로 설파했다. 1998년, 캐나다의 정치경제학자 에릭 헬라이너는 리스턴의 비전에 회의적인 태도로 응수했다. 유로달러 시장의 존재는 정부의 묵인 하에 가능했을 뿐 아니라, 미국이 이 시장의 번창을 허용하지 않았다면 오히려 고사했을 것이다. 글로벌 금융이 뉴욕이나 런던 같은 거대 금융 중심지에 "더욱 집중"되면서 전자적 화폐 흐름은 이 중심지의 여러 "중앙 '초크포인트'"를 거쳐야 했다. 헬라이너의 추측에 따르면 이러한 경향은 실제로 미국 같은 국가의 권력을 약화하기는커녕 오히려 키우게 된다. 이들 국가의 정부가 언제 이 권력을 장악할지, 그리고 실제로 권력을 잡으면 무엇을 할지가 문제였다.

2

스톰브루 지도

에드워드 스노든이 미 국가안보국에서 가져온 수천 개 극비 파일 중에는 비밀지도도 있었다. 언뜻 보면 평범해 보이는 지도다. 컬러 선이 아메리카 대륙과 유럽, 아프리카를 연결하고, 주변부로 나아가 아시아와 호주까지 이어진다. 이 지도의 제목은 "한눈에 보는 스톰브루"이며 정보기관의 약어가 덤불처럼 가득 적혀 있어서 지도를 읽을 권한이 있는 사람과 없는 사람을 나눈다. 지도의 윤곽선과 암호들의 이면에는 기나긴 역사와 함께 언더그라운드 제국으로 들어갈 수 있는 그림 열쇠가 있다.

지도라는 것은 원래 물리적 위치만 묘사하지 않으며, 복잡한 물리적 지리를 권력, 영토, 통치, 영향권 등 부분집합들로 환원해서 이해할 수 있는 의미로 바꿔낸다. 세계 각국을 나타낸 모든 지도는 오늘날의 국경을 만든 지난한 피투성이의 역사를 응축한 것이다. 하지만 지도가 물리적 공간만 보여주지는 않는다. 지도 제작자가 생각하는 우선순위에 따라 다시 만들어지기도 하고, 한 국가의 법 적용이 시작되고 다른 국가의 법 적용이 끝나는 지점에 대한 각 국가의 주권 주장을 보여주기도 한다.

이런 이유로 지도는 오랜 기간 제국의 도구로 쓰였다. 1493년 교황 알렉산데르 6세가 반포한 교황 칙령은 세계를 둘로 나눠버렸다. 교황은 아소르스 제도와 카보베르데 제도 서남부 100리그* 기준으로 북극에서 남극을 가로지르는 선을 그으라고 명령했다. 알렉산데르 교황은 스페인 왕과 포르투갈 왕이 원한다면 이 선 너머의 영토가 모두 그들의 소유라고 선포했다. 교황의 칙령으로 만들어진 지도는 '신대륙'을 누구에도 속하지 않은 무주지(terra nullius, 주인 없는 땅)로 규정해버렸다. 무주지의 원주민은 스스로를 통치, 지배할 권리가 없었고 이베리아 반도의 통치자가 베풀기로 한 것 이상의 보상을 받지 못했다.

다른 통치자들도 앞다퉈 각자의 지도를 만들었다. 당대에 마법사로 불렸고 엘리자베스 1세 여왕의 궁정 점성술사였던 존 디 (John Dee)는 '대영제국(British Empire)'이라는 말을 만든 사람으로 알려져 있다. 그는 천사들이 거울을 통해 자신이 데리고 있는 수정점(水晶占) 점술사에게 말을 걸어 세상의 숨은 비밀을 드러냈다고 믿었다. 그리고 그는 엘리자베스 여왕이 신대륙 국가에 대해 보유한 "아서왕의 정당한 제국 권리 및 칭호(iust Arthurien clayme

---

* 영미권에서는 1리그가 약 3마일이다.

언더그라운드 엠파이어

and title Imperiall)"를 옹호하기 위해 고심 끝에 내놓은 법적 논증과 함께 신대륙이 한때 카멜롯의 지배를 받았다가 재발견된 땅이라고 주장하는 정교한 지도를 제작했다.

　미 국가안보국 지도를 피상적으로 보면 정보 획득을 위한 기술적 프로젝트를 기술적으로 묘사한 것에 지나지 않는다. 스톰브루(STORMBREW)는 2001년 9/11 테러 이후 국가안보국이 시행한 여러 감시 프로그램 중 하나로, 미국을 거쳐가는 해외 케이블 트래픽에서 정보를 수집했다. 1950년대 초 트루먼 행정부가 창설한 국가안보국은 알려진 바가 가장 적은 미국 정보기관으로, 공식적으로는 '신호' 정보를 담당하면서 전 세계에서 매일 수십억 회 오가는 클릭, 이메일, 통화를 선별하여 유용한 전략 정보를 얻는 임무를 수행한다.

스톰브루 지도

앞의 지도는 브레켄리지, 타호, 선밸리, 휘슬러, 매버릭, 코퍼마운틴, 킬링턴이라는 코드명(국가안보국 안의 누군가가 스키를 좋아했나 보다)으로 불리는 미국 내의 "7개 접속지점, 즉 국제 '초크포인트'"를 나타낸다. 인터넷 기간망의 케이블 육양국(陸揚局)*이나 스위치가 각각 '초크포인트' 역할을 한다. 미국 정부도 존 디처럼 세계의 숨겨진 비밀을 필사적으로 알아내려고 했다. 다만 국가안보국은 천사와 대화할 필요는 없었다. 대신 지도에 첨부된 자료의 설명대로 스톰브루 "기업 파트너(버라이즌/MCI로 밝혀졌다)"에게 인터넷 기간망을 통과하는 데이터 선별을 요청하기만 하면 가치 있고 바로 이용가능한 정보 조각들을 수집할 수 있었다.

국가안보국은 스톰브루 같은 프로그램을 통해 통신망을 거치는 엄청난 양의 정보를 말하자면 상류(上流)에서 접근하고, 프리즘(PRISM) 같은 프로그램을 통해 마이크로소프트와 구글 등의 기업에게 대상 범위가 좁고 보다 체계를 갖춘 하류(下流) 데이터를 요구할 수 있었다. 국가안보국 외에도 신세계를 발견한 미국 기관은 또 있었다. 9/11 테러 직후 세계 금융 시스템에 나타난 혼돈 양상을 조사하기 시작한 미 재무부는 새롭게 얻은 정보를 이용해서 적국을 감시하고, 나아가 이들을 세계 경제 무대에서 배제했다.

국가안보국, 재무부를 포함한 미국 정부기관은 모두가 동시에 서로에게 소리지르듯 정신없이 부산스러운 세계의 혼란한 모습을 단순하고 질서정연한 지도로 변환할 방법을 찾아냈다. 모든 것이

---

*   케이블을 육지로 끌어올리는 시설

소수의 연결 지점과 병목에 수렴했고, 미 당국은 대체로 이 지점에 편리하게 접속할 수 있었다(꼭 필요할 경우 영국 같은 동맹국에게도 접속의 문이 열렸다). 놀라울 만큼 복잡한 현실은 이해하고 다루기도 쉬운 지면의 선 형태로 단순화되었다.

이런 지도는 한 지점에서 다른 지점까지 가는 방법을 알려주는 데 그치지 않고 미국이 감시하고 통제하는 구역을 명확하게 드러냈다. 국가안보국은 네트워크 허브를 비밀 청음초소로 바꿔 전세계의 대화를 엿들으며 분석하고, 재무부는 은행이 국가 간 송금에 사용하는 메시지를 엿볼 수 있었다. 얼마 후 미국은 세계 경제를 하나로 엮는 글로벌 핵심 네트워크로부터 기업, 심지어 국가전체를 차단할 수 있는 초크포인트를 발견했다.

미국은 우선 테러집단과 북한 등의 '왕따 국가'를 비롯해 경멸의 대상이 되는 적대세력을 고립시키고 이란의 핵 프로그램 포기를 압박하는 법적 수단도 새롭게 개발했다. 트럼프 집권 후에는 이수단을 동맹국에게도 겨냥해 사용하겠다고 위협하면서 미군의 국제법적 책임을 추궁하던 국제인권 관계자들을 처벌하기도 했다. 스톰브루 및 이와 유사한 지도는 500여 년 전 교황 알렉산데르 6세가 그린 지도처럼 세상을 단순화하는 것에 머물지 않고 세계 경제의 무주지를 미국이 지배할 수 있는 영토로 바꾸는 데 기여했다.

⁂

마이클 헤이든(Michael Hayden) 미 공군 중장은 2000년 4월 하원정보위원회 청문회를 준비하면서 한번도 '세계지배'라는 것을 생각해본 적이 없었다. 눈앞에 닥친 걱정거리가 더 많았기 때문이다.

헤이든은 전년도에 국가안보국 국장으로 취임했다. 그는 공직 생활 내내 미국 입법부가 세상에 그어놓은 선에 시달렸다. 그 선은 헌법과 법이 미국 정부가 감시할 수 없도록 보호하는 미국 안의 사람들과 그런 감시를 막아놓지 않은 미국 밖 사람들을 나눴다.

외국인은 여전히 만만한 감시대상인데 반해 미국 정부가 과거에 저지른 역사적 만행(국가안보국은 마틴 루터 킹 목사 등 베트남 전쟁을 비판한 사람들을 도청한 적이 있었다) 때문에 국가안보국이 미국 영토 안에서 그리고 미국인을 대상으로 감시하는 것은 엄격히 제한되었다. 헤이든은 9/11 테러 발생 1년 반 전 의회에서 증언하며 이렇게 말했다. 오사마 빈 라덴이 걸어서 "캐나다 온타리오 주 나이아가라 폭포에서 다리를 건너 뉴욕 주 나이아가라 폭포로 간다면 뉴욕 주 쪽에 도착한 것으로 간주되며, 미국에 있는 것이 됩니다. 따라서 우리 국가안보국은 빈 라덴의 부당하게 수색, 체포당하지 않을 권리를 존중해야 합니다."

2000년 당시 헤이든은 외국인뿐 아니라 미국인도 감시한다는 비난으로 궁지에 몰린 국가안보국을 옹호하고자 했다. EU 정치권에서 미국의 감시 행위를 비난한 것에 감화된 미국 인권단체들도 국가안보국이 자기 나라를 표적으로 삼는다고 주장하기에 이르렀다. 윌 스미스가 주연한 1998년 영화 〈에너미 오브 스테이트〉에서는 테러방지 감시 법안 통과를 막겠다고 위협하는 하원의원을 국가안보국이 살해한다. 헤이든은 본인이 국가안보국 수장직을 맡게 된다는 소식을 접한 직후 한국의 용산 미군기지 내 극장에서 이 영화를 봤다. 그는 쥐구멍이라도 찾고 싶은 심정이었다.

국가안보국의 문제는 헐리우드 영화 속 이야기로 끝나지 않았다. 과거에는 구리 전선과 인공위성을 이용하는 아날로그 전화 시스템의 보안이 허술했기 때문에 국가안보국이 수월하게 첩보 활동을 수행할 수 있었다. 예전의 국가안보국은 영국 정보통신본부(GCHQ)와 협력하여 만든 에셜론(ECHELON) 같은 프로그램을 활용해 전 세계 위성 통신을 감청했다. 그러나 디지털 통신으로 전환되면서 도청은 훨씬 어려워진 반면, 암호화는 무척 쉬워졌다. 전류 대신 빛으로 정보를 전송하는 광섬유 케이블은 유출이 없다. 국제 통신 대부분이 에베레스트산 정상 높이만큼 깊은 해저에 매설된 케이블을 이용하는 방식으로 바뀌었다. 유럽 정부들은 미국 국가안보국이 자신들의 통화를 감청하기가 더욱 어려워질 것을 기대했다. 1990년대에 정교한 암호화 기술의 수출을 차단하려던 국가안보국의 노력은 처참하게 실패한 듯 보였다.

미국 정치권에서도 국가안보국이 기술적 우위를 상실했다는 견해에 동의했다. 창설 초기에 국가안보국은 컴퓨터 공학의 한계를 넘어 최첨단 슈퍼컴퓨터를 설계, 시험하고 첨단 암호화/복호화 장치를 개발했다. 내용물 보호 안전 봉투부터 새롭게 개선된 어린이용 자동차 시트까지 보유한 특허도 수천 가지에 달했다. 그런데 국가안보국의 기술적 감각은 조직 규모가 커지면서 복잡한 절차와 관료들의 내부투쟁으로 생긴 혼란 속에서 사라져버렸다. 헤이든은 직무 개시 후 국가안보국의 기술 부서 책임자로부터 다급한 전화를 받았다. 새 장비 설치 중 오류가 발생해서 국가안보국 내부 네트워크가 붕괴하여 "시스템 전체"가 마비되었다는 것이다. 시스템 마비 상태가 수일간 지속되면서 아무도 국가안보국 데이터에 접근도, 분석도 할 수 없었다. 그런 일이 있기 전에도 헤이든이 한번은 국가안보국 전체 직원에게 공지문을 보내려고 했지만, "그건 불가능합니다"라는 말을 들었다. (국가안보국 포트미드 본부에서 사용하는 이메일 시스템 종류만 68가지였다).

헤이든이 오사마 빈 라덴에 대해 증언한 2000년 당시, 국가안보국의 미래는 불확실했다. 하원 정보위원회는 이미 국가안보국이 최신 상용(商用) 기술에 발맞추지 못하고 "심각한 문제"에 봉착했다고 경고했다. 미국 의회는 국가안보국 예산을 30% 삭감했다. 정치권에서는 국가안보국이 관료들의 내부갈등에만 빠져 시의성은 훨씬 떨어지면서 수행하기는 더욱 어려워진 냉전 시대의 임무에 전념하느라 기술적으로 뒤져버린 것으로 보고 이 기관에 납세자가 낸 세금을 지출하는 것에 회의적이었다.

헤이든의 증언 후 1년이 조금 지난 뒤 발생한 2001년 9/11 테러가 모든 것을 바꿨다. 헤이든은 2000년에 오사마 빈 라덴이 나이아가라 폭포를 다리로 건너오는 예시를 들어 국가안보국이 얼마나 미국 국내법을 잘 지키는지를 보여준 바 있다. 미국이 가장 증오하는 적이라도 미국 영토에 발을 딛고 있다면 강력한 법적 권리를 갖게 되는 것이다.

그런데 헤이든은 2002년과 2006년에 이 가상의 사례를 되짚으면서 전혀 다른 결론을 냈다. 빈 라덴은 미국 영토에 발을 들이지 않고도 미국에 통한의 직격타를 날렸다. 헤이든은 국가안보국이 법을 준수한다고 정치인들을 안심시키는 대신, 법의 틀을 뛰어넘기를 원했다. 예전에는 "순전히 가설"에 불과했던 것이 이제 "생사가 걸린 문제"가 되었다. 비행기 납치범은 암호화되지 않은 이메일로 서로 연락하고 함부르크에 있는 테러 기획자와도 같은 방식으로 소통하며 세계화를 자신에게 유리한 방식으로 이용했다. 알카에다는 일반적인 온라인 송금에 더해 신용카드와 물리적 현금 전달 방식까지 동원해 비행기 납치범에게 자금을 댔다.

미국 법이 미국과 나머지 전 세계 타지역 사이에 선명한 선을 "그었고" 또한 "그어야 했을" 때, 헤이든의 주장에 따르면 "전 세계적으로 치르는 테러와의 전쟁에서 우리의 적"은 뚜렷하게 그런 멋진 구분을 지키지 않았고, "글로벌 통신 시스템도 그런 구분을 해내지 않았다." 미국 본토가 전쟁 상황에 이르자 그는 미국 법과 관행이 변해야 한다고 역설했다. 적 전투원 간의 통신이 시민자유 보호라는 혜택을 누려서는 안 된다는 것이다. 헤이든의 의견처럼 테러리스트가 공격을 위해 소통 및 조정하는 활동과 "하나로 통합된 글로벌 통신망에서 이루어지는 합법적이며 헌법의 보호를 받는 메시지들"은 병존하고 있었다.

헤이든은 세상을 미국인(수정헌법 제4조에 따라 수색, 체포당하지 않을 권리가 있는 자)과 비미국인(아무 권리도 없는 자)으로 구분하는 선을 긋는 데에는 원칙적으로 반대하지 않았다. 헤이든과 부시 행정부에서 함께 일한 그의 동료들은 단지 자신들이 이해한 '미국의 국익'을 보호하는 일에서 최대한의 자유를 보장받을 수 있도록 수정하고 싶었다. 한편에는 법률과 미국 헌법이 시민의 권리를 보호하는 나라가 있었다. 그 반대편에는 헤이든이 본인 저서에 쓴 대로 "모가디슈"처럼 무법 상태가 영구적으로 지속되는, 정치철학자 토마스 홉스(Thomas Hobbes)의 말처럼 끝없는 싸움으로 너덜대는 세상이 있었다.

빈 라덴이 실제로 미국으로 넘어오는 다리를 건넌 적은 한 번도 없지만, 그의 공범들은 시민자유가 보호되는 평화로운 세상과 무법천지를 구분짓는 경계선을 디지털 방식으로 넘나들며 미국소재의 이메일 서비스를 이용해서 국가안보국 수정점술가들의 이목을 피해갔다. 헤이든은 미국의 안보를 위해서는 기존 규칙을 적극적으로 재해석해 국가안보국의 감시 대상들은 미국 국내법의 보호를 벗어난 영역에 있는 것으로 봐야 한다고 결론 내렸다.

때로는 이것이 수월했다. 찰리 새비지(Charlie Savage)의 저서 『파워 워즈(Power Wars)』에 기술된 대로, 해저 광섬유 케이블 감청이 어렵다는 유럽인의 판단은 틀렸다. 육지에 있는 케이블의 육양국에만 접근할 수 있다면 감청은 전혀 어렵지 않았다. 미국 통신사들은 해저케이블을 더욱 방대한 육상 통신망에 연결하는 스위치를 통해 접근할 수 있었다. 미국 정부는 1980년대에 이미 미국인이 연루되지 않았다는 조건 하에 미국 영토를 통과하는 외국인 간 통신을 감청할 수 있게 하는 "경유 권한(transit authority)"이라는 법 원칙을 비밀리에 만들었다.

이 원칙은 때로 모호하고 기밀로 취급되는 법 해석에 기초해서 법의 허용 범위를 넘나들었다. 새비지를 비롯한 저술가들은 2001년 9/11 테러 이후 미국의 감시 관련법이 변해온 복잡하고 은밀한 과정을 서술했다. 부시 행정부 당시 법무부 고문이었던 존 유(John Yoo)*는 비밀 메모에서 존 디가 옹호한 "아서왕의 정당한

---

* 한국계 법학자로 UC버클리 로스쿨 교수.

언더그라운드 엠파이어

권리"와 꼭 닮은 논리를 내세우며 조지 W. 부시가 국가안보를 위해 필요한 일이라고 생각하면 무엇이든 할 수 있다고 주장했다. 이러한 주장 덕분에 영장 없이 미국 시민 대상으로 통신 감시를 허용하는 것으로 악명 높은 "스텔라 윈드(Stellar Wind)" 프로그램 같은 노골적인 불법 행위가 용인되었다.

국가안보국은 지도에 선을 다시 그어 세상을 바꿀 수 있었다. 헤이든은 이 새로운 시대를 유럽 제국을 건설한 이들이 세계를 발견하고 정복했던 "위대한 최후의 세계화 시대"와 즐겨 비교했다. 이 시대에 유럽인들이 "땅, 부(富), 담배, 매독"을 얻었다면, 피식민지는 "인구 전체의 착취, 글로벌 해적의 노략질, 글로벌 노예 무역"을 얻었다. 새로운 제국은 눈에 덜 띄고 덜 야만적이었지만, 예전의 유럽 제국처럼 법의 보호를 받지 않는 사람들이 살던 거대한 영토, 즉 '무주지'라는 개념에 기댔다. 헤이든 자신도 "전파가 우연히 감시 안테나에 포착되던" 세상이 "디지털 형태로 무단 침입이 가능한" 세상으로 너무 쉽게 바뀌어버린 "현격한 변화"에 놀랐다. 하지만 그는 기꺼이 그 변화를 이용했다. 국가안보국의 임무는 미국인을 보호하는 것이기 때문이다. "미국 헌법의 보호 대상이 아닌 자의 통신 메시지에 미국의 자유와 안전 유지에 도움이 될 정보가 들어 있다면,…바로 조사에 들어간다." 알렌 스펙터(Arlen Specter) 공화당 상원의원이 헤이든에게 외국인의 사생활을 보호할 방안을 묻자, 헤이든은 경멸의 의미로 답을 하지 않았다. 어쨌든 수정헌법 제4조는 국제 조약이 아니었다.

9/11 테러 후 극비로 이루어진 결정은 국가안보국 같은 기관이 외국인 정보를 쓸어담을 수 있게 해 주었다. 미국 시민의 정보

가 뒤섞여 있어도 최소한의 법적 예방 조치를 취한다면 문제가 되지 않았다. 세계에서 미국과 미국 외 지역을 나누는 선이 다시 그어졌다. 하지만 이 영토 개념이 함께 바뀌지 않았다면 부시 대통령의 법무부 법률가들이 고안할 수 있는 법 원칙도 모두 쓸모가 없었을 것이다. 법률뿐 아니라 지도 역시 국가안보국 감시 권력의 토대가 되었다. 전 세계가 소통하고 사업을 할 때 사용하는 네트워크는 그 물리적 중심이 바로 미국 영토 위에 있었다.

※

2002년 여름, 샌프란시스코 소재 AT&T의 베테랑 기술자 마크 클라인(Mark Klein)은 국가안보국 직원으로부터 클라인의 동료 한 명을 조사할 목적으로 방문하겠다는 메일을 받았다. 직원이 다녀가고 몇 달 뒤 폴섬 스트리트(Folsom Street) 611번지에 위치한 AT&T 건물 6층 641A호실 뒤에 '밀실'을 짓고 있다는 소식을 들었다.

밀실은 AT&T 7층 '인터넷실' 아래에 있었다. AT&T 샌프란시스코 교환국의 인터넷실은 MAE-East처럼 중요 인터넷 익스체인지 포인트 중 하나였다. 장거리 광섬유 케이블이 건물 8층에서 들어와 인터넷실에 길게 늘어선 라우터로 이어졌다. 이 라우터는 인터넷 기간망 한 곳을 다른 주요 통신사업자와 익스체인지 포인트로 연결했다. 연결된 익스체인지 포인트 중에는 MAE-East의 캘리포니아 자매회사 MAE-West, 에이버리와 애덜슨이 에퀴닉스를 설립하기 전 건설을 도왔던 팔로알토 인터넷 익스체인지(PAIX)도 있었다.

클라인은 좌파 성향의 노조원이었고 1970년대에는 베트남 전쟁에 반대한 이력이 있었다. 그는 밀실에 대해 의문을 가졌지만 처음에는 무슨 일이 일어나고 있는지 알 수 없었다. 밀실을 만든 목적이 (641A호실 바로 옆방으로 연결되는) 국내 통신 감청이라는 추측은 가능했다. 그런데 클라인이 인터넷실을 관리하던 동료 밥에게 밀실에 대해 물었을 때 밀실에서 인터넷을 감청한다는 답을 얻었다. 얼마 되지 않아 밥은 조기퇴직했고, 그 자리에서 인터넷실을 관리하는 업무가 클라인에게 주어졌다. 그는 엉뚱한 곳에 있던 설명서를 찾아 읽고, 어느 케이블이 어디로 연결되어 있는지 확인하고, 자신의 기술 노하우에 기초해서 추론하는 작업을 통해 641A호실 안에서 일어나는 일을 하나씩 맞춰나가는 일에 착수했다.

클라인은 우연히 국가안보국이 광섬유 케이블 감청 문제를 해결한 방식을 알아냈다. 폴섬 스트리트에 있는 케이블 종점에서 국가안보국이 분광기(prism)를 이용하여 광섬유 케이블로 정보를 전달하는 광선을 동일한 두 개의 별개 신호로 분리하는 것이다. 두 신호 중 하나는 사람들의 이메일, 웹 요청, 데이터를 예정된 목적지로 전달하고 다른 신호는 641A호실로 우회했다. 이곳에서 정보기관과 깊이 연결되어 있는 이스라엘 기업 나러스(Narus)가 제작한 STA 6400이라는 기계가 신호를 해부하고 분석했다.

정보를 얻을 데이터는 넘쳐났다. 수년 후 AT&T의 또 다른 전직원 필립 롱은 "캘리포니아 북부의 모든 인터넷 기간망 회선"을 폴섬 스트리트의 AT&T 건물로 옮기라는 지시를 받았다고 기자들에게 밝혔다. 롱의 말대로 AT&T 직원들은 "기간망을 옮기라는 명령을 받았고, 정부 관련 일이라 강제적이라고 생각했으며, 정부가 모든 데이터를 거머쥘 수 있도록 회선을 라우팅한다고 생각했다."

국가안보국과 손잡은 기업들도 인터넷의 중심점을 통제했다. 클라인이 발견한 어느 문서에서는 641A호실의 시스템을 "3번 스터디 그룹"으로 표현했다. 클라인은 이 순화된 명칭을 보고 다른 곳에 시설이 최소 두 곳은 더 있다는 의미로 추측했다. 그는 애틀랜타에서 일하는 동료와 이야기하던 중 "미국 서부 지역의 여러 도시에 '스플리터(splitter)*'가 설치되었다"는 말을 듣고 그 자리에서 "얼어버렸다." 스플리터는 미 동부에도 설치되었다. 스톰브루 지도가 버라이즌/MCI 소유의 주요 교환기에 의존한 것처럼, 국가안보국의 페어뷰(FAIRVIEW) 프로그램도 폴섬 스트리트를 포함하여 8개 장소에서 AT&T의 적극적인 협력과 허가를 받아 AT&T의 네트워크를 감청했다. 클라인이 목격한 것은 미국 시민을 겨냥한 새로운 대규모 감시 프로그램이 아니라 기존 프로그램을 확장한 형태였다. 이 프로그램은 국가안보국과 통신사 간에 정립된 관계를 이용해서 미국 외부의 정보 흐름을 장악하는 능력을 급격히 늘렸다.

국가안보국 비밀문서는 "국가안보국의 시긴트(SIGINT, 신호 정보)와 사이버 임무"를 도우려는 AT&T의 "열렬한 의지"와 AT&T 직원이 가진 "엄청난 지식"을 언급한다. 국가안보국은 접근 권한을 얻은 대가를 지급할 준비가 되어 있었다. 2011년, 국가안보국의 비밀예산에서 "제휴 기업 액세스 프로젝트"에 3억 9400

---

* 분광기로 광섬유 정보를 두 개로 나누는 장치.

만 달러가 편성되었고, 대부분이 정보 접근을 허용한 통신사에게 지급되었다. 그러나 AT&T와 버라이즌을 비롯한 대기업들이 미국 정부에 계속 잘 보이려고 했던 이유는 다른 데에도 있었다. 통신 산업은 강력한 규제 대상이고, 미국 정부는 연방통신위원회 권한으로 감시 요구에 협력하는 광범위한 보안협정을 통신사가 수락하도록 강제할 수 있었기 때문이다.

한 예로 4개 대륙 27개 국가를 연결하는 광섬유 네트워크를 보유한 통신 기반시설 전문 기업 글로벌크로싱(Global Crossing)은 "30분 전 통보로 정부 관계자가 언제든 방문할 수 있는 '네트워크 운용센터'를 미국 본토에" 두라는 요구를 받았다. 이후 글로벌크로싱이 파산하자 미국 정부의 법률가들은 홍콩에 본사를 둔 어느 기업이 이 회사의 과반 지분을 매입하는 것에 반대했다. 이들은 회사를 최종 인수한 싱가포르 기업에게 특수 자회사를 설립해서 해저케이블 네트워크를 관리하기를 요구했다. 자회사 경영진과 이사회는 기밀정보 취급인가를 받은 미국 시민권자들이 장악했다. 이들 모두가 FBI, 국방부, 법무부, 국토안보부의 사전 승인을 받아야 했다. 이 요구에 협조하지 않는 기업은 미국 규제기관에 의해 시장에서 퇴출당할 위험이 있었다.

협력한 통신사들은 인터넷의 중심점을 통제했다. 이 지점은 트래픽이 짧은 시간에 한 곳으로 모였다가 무수한 방향으로 빠르게 이동하는 교차로였다. 이 트래픽은 미국에만 국한되지 않았다. 국가안보국의 비밀 설명자료에 적혀 있듯이, 감시 대상의 전화 통화나 이메일, 채팅이 택하는 경로는 물리적으로 가장 단거리의 경로가 아니라 전달비용이 가장 저렴한 경로다." 그리고 이 경로는 보통 미국 영토 전체에 정보를 전달하는 케이블과 라우터로 구성된 시스템, 국가안보국식 표현으로는 "세계 통신 기간망(World's Telecommunications Backbone)"을 이용한다. 광섬유 케이블은 빛의 속도로 데이터를 전송한다. 브라질 리우데자네이루에서 브라질 북부의 포르탈레자로 메일을 보내면 기어가는 수준의 속도를 내는 브라질 국내 네트워크의 구리선보다 마이애미를 경유하는 광섬유 케이블을 거치면 더 빨리 전송될 것이다. 미국 정부는 인터넷 라우터가 이 제일 빠른 경로로 정보를 전송하려고 할 때 접근할 수 있다. 미국 시스템을 거쳐가는 메일에서 국가안보국이 관심 대상으로 표시해둔 이름이나 전화번호, 이메일 주소가 언급되면 나중에 분석하기 위해 이 정보를 일단 캡처한다. 정책도 미국이 인터넷의 중심이 되는 데 일조했다. 어느 전직 국가안보국 직원의 말대로, 미국 정부는 "통신 업계로 하여금 미국에 위치한 교환기를 통해 전송되는 해외 트래픽 양을 늘리도록 은밀하게 장려"해 더 쉽게 세상을 감시했다.

미국 정부는 구글, 페이스북, 마이크로소프트, 야후처럼 미국에 본사를 둔 전자상거래 기업과 플랫폼 기업의 협조를 얻기까지 곤욕을 치렀다. 이 기업들은 통신사만큼 강력한 규제를 받지 않았다. 그러나 특히 이 회사들이 다른 유형의 인터넷 기간망을 구축하기 시작하면서 정부의 노력이 빛을 발했다. 한때 기업들은 자체 서버와 인력을 유지했다. 하지만 인터넷이 정착되면서 일반 기업은 이메일의 안정성을 위해 지메일(Gmail)과 그 경쟁사를 이용하게 되었고, 소비자는 페이스북 등의 서비스 위에 그들의 일상과 인맥을 펼쳐놓았다. 모든 것이 "클라우드"로 이동하기 시작했다.

말 그대로 '구름'을 의미하는 클라우드라는 명칭은 유쾌하고 가볍게 들리지만, 그 실체는 애쉬번 등지에 위치하고 에어컨이 돌아가는 건물에 고밀도 서버 랙이 빽빽하게 배치된 형태이다. 미국 정부는 무질서하게 흩어진 엄청난 양의 데이터를 대대적으로 조사하지 않아도 프리즘 프로그램을 통해 기업에게 특정 인물이나 주제에 대한 유용하고 구체적인 정보를 요구할 수 있었다.

처음에는 일부 기업이 협력하지 않았다. 야후는 정부의 요구가 헌법에 위배된다는 판단 하에 정보 제공을 거부했다. 그러나 양대 비밀 감시 법원인 해외정보감시법원(FISC)과 해외정보감시항소법원(FISCR)이 야후에 불리한 판결을 했다. 이 판결을 근거로 미국 정부는 야후가 요구에 응하지 않을 경우 매일 벌금 25만 달러를 부과하겠다고 위협했다. 야후는 항복했고, 다른 플랫폼 기업들도 동조해야겠다고 판단했다.

스톰브루 지도는 미국이 글로벌 통신 시스템의 '글로벌 초크포인트'를 옥죄는 양상 중 한 단면만을 보여준다. 진짜 지도에는 버라이즌뿐 아니라 다른 대형 통신사, 네트워크 스위치뿐 아니라 전 세계 기업과 일반인이 이용하는 플랫폼 기업도 포함되었다. 이 모든 정보가 압축되어 담긴 광(光) 펄스를 수집해 거대한 반사경으로 보낸 뒤 조사하면 세상의 비밀을 알아낼 수 있다.

지도상의 초크포인트는 거부할 수 없는 기회와 같았다. 수년 뒤 헤이든이 말한 대로, "우리 입장에서는 홈경기와 같다.…정보의 상당부분이 워싱턴 주 레드먼드를 거쳐간다는 [사실]을 이용하지 않을 것인가?" 스노든의 폭로 이후 레드먼드에서 가장 유명한 기업인 마이크로소프트는 마침내 그간의 일에 대해 불만을 표현할 수 있었다. 2014년 당시 마이크로소프트 법무총책임자 브래드 스미스(Brad Smith, 현 마이크로소프트 부회장)는 이렇게 말했다. "우리에게 요구하는 일이 무엇인지, 우리가 해야 할 일이 무엇인지는 알았지만, 우리가 모르게 무슨 일이 일어나고 있는지는 몰랐습니다. 그리고 오늘날에도 여전히 다 알지 못합니다."

몇 년이 지났어도 많은 것을 알지는 못한다. 탐사보도기자 패트릭 라든 키프(Patrick Radden Keefe)의 표현에 따르면 에셜론의 시대에는 "지구 전체를 도청하는 세상은, 조셉 콘래드(Joseph Conrad) 식으로 말하면, 지도의 빈 공간에 여전히 존재한다." 전광석화처럼 짧은 폭로가 끝난 후, 이 세상은 다시 어둠 속으로 사라졌다.

스노든이 공개한 정보 대부분이 계속 기밀 상태지만, 2013년 스노든의 폭로 후 분명 많은 부분이 변경되었다. 미국은 자국 시민권자의 데이터에 대한 미국 정부의 접근 권한을 일정 부분 제한하는 법 개정을 시행하고, 미국이 동맹국 시민의 사생활을 부당하게 침해하지 않는다고 동맹국들을 안심시키는 취지의 대통령 정책지침을 내렸다. 구글과 마이크로소프트가 자체 데이터 흐름을 암호화하기 시작하면서 미국과 다른 국가 정부의 기간망 도청도 어려워졌다. 구글은 크롬(Chrome) 브라우저를 통해 자신들의 영향력을 발휘하여 다른 기업도 통신 내용을 암호화하도록 부추겼다. 광섬유 케이블의 지도가 달라지면서 미국으로의 집중도는 예전에 비해 줄었다. 하지만 국가안보국은 여전히 신호정보에 초점을 맞추는 동시에 그 범위를 확대해 나갔다. 미국 법 집행기관들은 2018년 클라우드법(CLOUD Act, 합법적인 해외 데이터 활용의 명

확화를 위한 법률) 같은 새로운 법안에 힘입어 기업에게 외국에 있
는 서버에 저장된 정보까지 제공하도록 요구할 수 있게 되었다.
그리고 미국을 관통하는 광섬유 케이블은 지금도 공식 경로에서
이탈해 밀실로 들어가고, 그곳에서 자동화된 수정점술가들에게
비밀을 드러낸다.

⁂

2001년 9월 11일의 사건 이후 20년 동안 수조 달러를 투입한 뒤, 미
국의 군사 정책이 어떻게 재편되었는지는 어렵지 않게 확인할 수
있다. 그러나 실제로 관심을 가진 이들만이 9/11 테러가 미국 연방
정부의 비군사 분야에 가져온 급격한 변화를 알아차렸다. 무엇보
다도 미 재무부는 국가안보에 대해 방관자에 가까운 입장을 취하
다가 "오바마가 가장 아끼는 비전투 사령부"가 되었다. 현재 정보
수집과 경제적 압박은 재무부의 핵심 임무에 속한다.

　이러한 변화는 미국 정부가 바로 직전에 벌어진 상황과 그 상
황을 막지 못한 이유를 분석하는 데 착수한 2001년 9월 12일에 시
작되었다. 9월 11일의 비행기 납치범들은 미국에 있던 납치범과 함
부르크의 주요 기획자 간에 테러를 조율하면서 이메일만 사용한
것이 아니었다. 이들은 달러화 결제 시스템을 거치며 SWIFT로 통
신이 이루어지는 간단한 온라인 이체로 해외 송금까지 했다. 어
느 재무부 고위 관계자의 말처럼 "9/11 사건의 가장 큰 역설 중 하
나는 미국의 적이 점차 국경이 사라지는 금융계를…이용해서 금
융계의 심장부를 직격했다는 것이다." 무엇이 잘못되었는지 파악

할 목적으로 소집된 9/11 진상조사위원회는 "미국 정보기관은 정책 입안자들이 요청하거나 광범위한 대테러 전략에 영향을 줄 수 있는 전략적 금융정보를 수집하는 데 자원을 거의 투입하지 않았기 때문에 알카에다가 돈을 모으고, 옮기고, 보관하는 방법을 전혀 이해하지 못했다"고 한탄했다. 위원회는 9/11 이전까지 "테러자금 조달은 우선적인 관심사가 아니었다"고 결론지었다.

재무부도 당시에는 관심이 없었다. 재무부는 마약자금을 세탁하는 은행을 추적하는 일에는 만족했지만 미국의 외교정책기구들에게 강한 반감을 가지고 있었다. 재무부 입장에서 국무부와 정보기관은 글로벌 시장과 재무부의 자율성을 위협하는 존재였다. 1990년대 후반, CIA가 오사마 빈 라덴이 자금을 여기저기로 옮기는 시스템을 감시하고 교란하자고 제안하자, 재무부는 글로벌 송금 시스템에 간섭하면 "미국의 신용이 무너지고 미국과 세계 금융 시스템에 대한 국제적 신뢰가 흔들릴 수 있다"고 주장하며 강력하게 반발했다.

이런 관계부처 간 주도권 다툼이 2001년 9월 11일 이후에는 갑작스럽게 무의미해 보였다. 데이비드 아우프하우저(David Aufhauser) 재무부 법무감은 테러 발생 당시 국제회의 참석 중이었다. 그 회의에서는 해외 관계자들이 자금세탁 방지 대책이 진전된 것을 자축하고 있었다. 하지만 테러 소식이 당도하자 "[우리는]…우리가 망원경을 거꾸로 보듯이 세상을 잘못 보고 있었고…우리가… 더러운 돈만 좇다가 살상 목적으로 전 세계를 돌아다니던 깨끗하지만 진짜 위험한 돈을 잡아내는 데 실패했다는 것을 [깨달았다.]"

재무부는 다수의 전쟁에 자금을 지원했지만 직접 전쟁을 수행한 적은 한 번도 없었다. 아우프하우저는 9/11 이후 재무부가 직접 "어둠의 전쟁"에 뛰어들어야 한다고 믿게 되었다. 그러자면 재무부는 자금의 유통을 촉진하는 대신 차단할 방법을 찾아야 했다. 이 방식대로 한다면 미국은 "경계심보다는 선의의 방관과 전문적 재량이라는 관념 속에 숨으려는" 해외 은행과 금융 중개기관의 면책 자격을 박탈해야 한다. 테러리스트가 자금 이동에 활용한 금융 파이프라인도 제한해야 한다. 테러리스트는 편리한 전자 금융 거래에서 축출되어 어쩔 수 없이 "금괴와 귀금속"만으로 거래하다가 결국에는 자금을 하나도 이동시키지 못하는 지경에 이르게 될 것이다. 아우프하우저를 비롯한 관리들은 미국이 이 어둠의 전쟁을 시작한 것은 아니지만 확실히 승리할 것이라고 주장했다. "과거에 은행시스템을 통해 테러 자금을 주고받은 이들이 자신들이 선포한 국경 없는 전쟁이 똑같이 자신들에게도 미쳐 그들의 테러 자금을 숨길 곳이 없어지게 되었음을 통렬하게 깨닫게 되는 만큼" 미국은 승리하게 되는 것이다.

이 전쟁에서 승리하려면 재무부와 미 연방준비제도의 우호적인 지지를 받아 거대하게 마구잡이로 성장하여 복잡하게 뒤얽혀버린 세계 금융계의 지도를 그릴 수 있어야 했다. 미국의 경제 관료들은 9/11 이전까지만 해도 월터 리스턴과 그 경쟁자들이 창조한, 규제 없이 해외 거래가 판치는 해적 왕국을 보호하고 확장하는 것이 자신의 책무라 생각했다. 이들은 자신도 모르게 테러 문제가 "전 세계 규모"로 퍼져 있는 세상을 만드는 데 기여했고, 그런 와중에 미국 경제를 "열려 있는데다 구멍까지 숭숭 뚫린 상태로" 유지했다. 아우프하우저가 미 상원에서 증언한 대로, "우리가 동결하려는 엄청난 양의 자산, 제동을 걸려는 자금 흐름, 검토하려는 기록들은 미국 영토를 둘러싼 바다 너머에 있다." 그러면 미국은 어떻게 해야 했을까?

아우프하우저의 증언을 찬찬히 읽어보면 이 질문에 대한 답이 일부분 암시되어 있다. 알렌 스펙터 상원의원과의 공방이 오간 뒤, 그는 "우리가 하는 모든 일의 근거는 실행에 옮길 수 있는 확실한 정보"임을 강조했다. 그러나 아우프하우저는 "활동과 정보원, 방식 등을 위태롭게 하지 않을 장소"에서 나중에 논의하자고 제안하며 이 정보의 출처에 대한 설명을 거부했다.

데이비드 아우프하우저가 말하지 않은 비밀은 재무부와 CIA가 다수의 정확하고 세밀한 정보에 접근할 권한을 얻어 이들이 파괴하고 싶었던 테러자금 연결망의 지도를 제작할 수 있었다는 사실로 추측된다. 이들이 SWIFT의 기록을 손에 넣었기 때문이다.

"세계 금융업의 신경 중추"였던 SWIFT의 데이터는 송금의 주체, 장소, 시간을 나타내는 지도에 가장 근접한 형태로 제공되었다. 나중에 한 익명의 미국 관리가 말한 대로, SWIFT 데이터가 "로제타석"* 역할을 한 덕분에, 미국은 의미 없는 소음 같은 거래들을 분석 가능하고 적대적 활동의 추적을 위해 찾을 수 있는 명료한 지식 체계로 변환할 수 있었다.

그러나 과거 SWIFT는—신중한 정책에 따라—데이터를 입수하려는 미국의 시도에 저항했었다. 1990년대에는 로버트 뮬러

---

* 이집트 상형 문자 해독의 실마리가 된 비석.

(Robert Muller)가 지휘하는 미국 공무원들과 어느 국제자금세탁 방지 협력단이 데이터를 얻어내려 시도한 적이 있다. 이들의 요청은 정중히 묵살당했다. SWIFT는 미국이 자료제출명령을 시도하면 데이터를 해외로 이전해버리겠다고 엄포를 놓았다. 그러나 당시 SWIFT 최고경영자였던 레니 슈랑크(Lenny Schrank)에 따르면, "우리는…미국 당국이 필요로 하는 데이터가 정말 우리에게 있을지도 모른다는, 그리고 SWIFT 데이터를 내준다는, 지금껏 생각도 못해본 것들을 생각하기 시작했다."

SWIFT는 은행이 각 거래를 시작한 최초 당사자를 밝히도록 메시징 표준을 변경했다. 그러나 그 이상의 협조는 거부했다. 슈랑크의 말대로 "제출명령에는 따르지 않았다."

하지만, 9/11 이후 SWIFT는 확실히 '제출명령을 이행'하게 되었다. 다른 선택지가 없었다. SWIFT의 본사는 벨기에에 있었지만 미국의 법적, 정치적 압력에 취약했다. 전 세계의 글로벌 정보를 모두 미러링할 수 있는 SWIFT의 주요 데이터센터 한 곳은 버지니아주의 컬페퍼(Culpeper)라는 도시 외곽의 열린문침례교회(Open Door Baptist Church)와 에퀴닉스의 경비가 삼엄한 시설 사이에 끼어 있었다. SWIFT의 컬페퍼 캠퍼스가 높이 3미터에 달하는 울타리와 화학무기 검사까지 가능한 "제임스 본드급 보안"을 갖추고 있어도, 재무부의 요구를 쉽게 거절할 수는 없었다. SWIFT가 데이터를 해외로 이전하겠다고 위협하면 재무부는 해외 은행들이 함께 운영하는 SWIFT의 이사진을 규제 조치로 겁박할 수 있었다. 재무부는 미국의 국가안보 시스템으로부터 금융기관들을 보호하는 업무에서 손을 떼고는 금융기관을 국가안보에 동원하는 데 열을 올렸다.

미국 정부는 과거 CIA를 통해 SWIFT의 정보를 몰래 훔치는 것에만 관심이 있었지만, 재무부 관리들은 정부의 다른 부처들을 설득하여 몰래 훔치지 말고 SWIFT에 대한 정보 접근 권한만 당당하게 요청하도록 만들었다. 그리고 이들은 권한을 따냈다(다만 국가안보국은 독자적으로 SWIFT의 시스템을 해킹하기도 했던 것 같다). SWIFT의 공식 기록을 보면 그들의 의사에 반해 자료제출명령을 받은 뒤 마지못해 비자발적으로 협력한 것으로 그려진다. 하지만 후안 자라테(Juan Zarate) 전 미 재무부 관리와 시민적 자유 전문기자 에릭 리히트블라우(Eric Lichtblau)는 전혀 다르게 이야기한다. 재무부에게 데이터 제공 요청을 받았을 때 SWIFT의 CEO 슈랑크가 즉각적으로 보인 반응은 "왜 이렇게 늦게 오셨냐"라는 것이다.

그러나 이후 몇 년 동안 SWIFT는 미 재무부에 협력하는 과정에서 겁을 먹곤 했다. 두 기관의 관계는 비밀로 유지되어야 했다. SWIFT 본사는 브뤼셀에 있었고, 벨기에 개인보호정보법에 따르면 공개되지 않은 정보의 공유는 불법이었다. SWIFT 운영자들이 초조해하자 재무부 장관과 딕 체니 부통령, 콘돌리자 라이스 국가안보보좌관, 로버트 뮬러 FBI 국장, 포터 고스 CIA 국장을 포함한 미국의 고위 관계자들이 직접 나서서 이들을 달래야 했다.

그 결과 가치 있는 성과를 올렸다. 이후 재무부 테러 및 금융 정보 담당 초대 차관이 된 스튜어트 레비(Stuart Levey)는 SWIFT의 데이터를 "테러리스트 조직의 운영을 들여다볼 수 있는 유일무이의 강력한 창문"으로 묘사했다. 또 자라테는 SWIFT의 데이터가 "전례 없는 돈의 흐름을 밝히는 수단, 즉 다음에 벌어질 음모를 밝혀낼 주요 단서를 파헤치거나 음모 가담 네트워크의 전모를 드러내고 교란할 정보를 미국 정부에게" 제공했다고 말했다.

양측의 협력은 여러 해 동안 비밀로 유지되었다. 어느 정도는 SWIFT를 담당하는 유럽 은행감독기관들이 너무 많은 것을 알려고 하지 않았기 때문에 가능했던 일이다. 어느 중앙은행의 총재는 케네스 담 미국 재무부 부장관이 프로그램 관련 브리핑을 하려 하자 "그만 하세요"라고 말했고, 다른 은행 총재는 재무부 관계자에게 "방금 말씀하신 내용, 하나도 알고 싶지 않습니다"라고 말하고 일어나면서 회의를 끝낸 적이 있다. 일부 유럽 안보 관계자들은 상황을 알고 있었겠지만, 이들도 미국 안보 관계자들만큼 유럽의 개인정보보호법을 싫어했다.

마침내 리히트블라우와 제임스 라이즌(James Risen)의 뉴욕타임스 기사로 프로그램의 실체가 밝혀졌을 때, 유럽 관리들은 미국의 감시행위를 막고 싶지 않았다는 뜻을 침착하지만 분명하게 밝혔다. 유럽 정보기관과 각국 안보 부처에게도 이익이 되었기 때문이다. 유럽과 미국은 협상을 거쳐 타협에 이르렀다. 미국은 새로운 안전장치를 갖추어 SWIFT에게 데이터를 계속 요구했고, 엄격한 자국의 개인정보보호법때문에 직접 정보를 수집할 수 없었던 유럽 정부들에게 해당 데이터를 공유해주었다. 결국 유럽은 금융 데이터와 그것의 분석에 있어서 미국에 크게 의존하게 되었다.

대중문화도 마침내 이러한 시대변화를 따라잡기 시작했다. 톰 클랜시(Tom Clancy)의 스릴러 소설 잭 라이언 시리즈를 원작으로 한 아마존 TV 시리즈는 원전을 각색하여 역사학자 겸 해군 정보 분석가였던 주인공을 SWIFT의 금융 거래 데이터를 파헤쳐 테러리스트의 음모를 밝혀내는 데이터 마니아로 바꿨다.

은행을 정부 규제로부터 보호해야 하는 SWIFT는 과거에는 정치적으로 독립된 기관이었지만 이제는 미국에게 모든 것을 보여주는 하수인이 되었고, 미국은 SWIFT에서 얻은 지식을 이용하여 숨겨져 있던 해외 금융 거래의 세계 지도를 그려냈다. 슈랑크와 동료들이 자료제출명령을 두려워한 것은 옳았다. SWIFT가 정치적인 요구에 따라 열어준 문은 그 이후로 닫히지 않았다.

❊

금융 시스템의 지도만 바뀐 것은 아니었다. 새로운 세상에서 미국이 할 수 있는 일과 할 수 없는 일에 대한 미국의 생각도 바뀌었다. 후안 자라테의 말처럼, 돌이켜 보면 "새로운 금융전쟁의 시대가…도래한 이유는 우리가 전임자들과 다른 시각으로 세상을 바라볼 수 있었기 때문이고", "세계화와 미국이 가진 금융 권력과 영향력의 중심적 위치 덕분에 새로운 접근이 가능했기 때문이다." 재무부가 이 새로운 기회의 지도를 그리는 데도 시간이 걸렸다. 처음에는 일부 관리들이 9/11 이후 미국의 테러 대응을 지원하려고 애쓰는 동맹국들과 협력하는 것이 좋겠다고 주장했다. 하지만 재무부는 동맹국의 도움이 그다지 필요하지 않으며 손쉽게 독자 활동이 가능하다는 것을 조금씩 깨달아갔다.

2001년 9월 24일, 조지 W. 부시 대통령은 미국이 "모든 법 집행 수단, 모든 재정적 영향력"을 동원해서 "테러리스트의 자금을 차단"하겠다고 선언했다. 재무부의 법률가들은 테러리스트와 거래한 자는 미국에서 비즈니스가 금지된다고 은행에 통보하는 부시의 행정명령 "EO 13224" 초안 작성을 도왔다. 얼마 지나지 않아 부시가 서명해서 법으로 제정한 미국 애국자법(USA PATRIOT Act)은 자금세탁 방지에 더 큰 힘을 부여했다.

재무부를 전시체제로 전환하기까지 많은 노력을 들여야 했다. 존 테일러(John Taylor) 재무부 국제업무 차관은 한참 뒤에 자신의 "국제 금융에 대한 전반적인 접근방식이 자금 순환을 장려하는 것"이었기에 "자금 흐름의 차단에 대해 아는 게 거의 없었다"고 인정했다. 그러나 부시가 천명한 대로, "악인의 자금줄을 끊고…자산을 추적해서 동결"하는 것이 새로운 미국 정부의 임무였다. 9월 17일, 케네스 담은 재무부의 테일러 국제 담당 차관과 지미 구룰레(Jimmy Gurulé) 법집행 차관을 포함한 재무부 고위 관계자가 참석한 자리에서 효과적인 테러 대응을 위한 재무부 개편을 주제로 회의를 주재했다.

실행 방식에 관해서는 견해 차이가 있었다. 테일러는 다른 나라 정부와 공통의 위협에 맞서 협력하는 국제 동맹의 구축을 지지했다. 그는 테러자금 대책본부를 설립하고 "워룸(War Room)"이라는 별명을 붙였다. 이곳의 주요 목적은 다른 국가를 설득하여 테러리스트 자산을 동결하는 것이었다.

조직표만 본다면, 구룰레가 지휘하는 법집행 조직은 이 개편을 통해 약해진 것으로 보였다. 재무부는 세관, 주류·담배·화기·폭발물 단속국, 비밀경호국 등 기존의 법집행 기능을 포기할 예정이었다. 그러나 아직 재무부에게는 해외자산통제국(OFAC)이 있었다. 해외자산통제국은 잘 알려지지 않았으나 제재 정책 운영을

전담하는 기관이다. 9/11 이전의 세계에서 재무부 해외자산통제국
(이 기구의 전신은 1940년대에 미국이 통제하는 자산을 나치가 약탈하지
못하게 막을 목적으로 설립되었다)은 아는 사람만 아는, 너무 전문적
인 여러 연방정부 기관 중 하나에 불과했다. 그리고 이제 이 기관
은 테일러 같은 국제주의자들이 불편해하더라도 새롭고 더 강력
한 역할을 맡고자 했다.

해외자산통제국은 9/11 이후 갑작스럽게 존재감을 드러내고
중요해졌다. 이 기관은 단독으로 자산을 동결하고 미국이 미국 경
제에서 배제하고 싶은 외국 행위자를 '지정'할 수 있는 법적 권한
을 가졌다. 부시의 새 행정명령은 테러와 '관련된' 해외 은행 및
금융 행위자를 지정할 수 있는 해외자산통제국의 권한을 확대했
다. 금융은 평판에 기반한 산업이기 때문에 특정 은행이 지정된다
는 것은 곧 배제대상이라는 신호였다. 외국 은행이 테러리스트를
적극적으로 지원했다는 것을 증명해야 한다는 법적 요건이 없었
고, 아우프하우저가 불평한 '선의의 방관'이라는 혐의만으로 충분
했다. 원칙적으로는 지정된 은행이 미국 법원을 통해 지정 결정을
번복할 수도 있었다. 하지만 현실에서는 운이 좋아 고객들과 다른
환거래은행들의 이탈로 파산하지는 않았다 하더라도, 미국 법원
에서는 담당 판사가 국가안보를 수호하고 테러에 맞서는 구체적
방식에 대한 미국 행정부의 결정을 존중한다는 점만 확인하게 될
것이다.

재무부는 해외자산통제국 덕분에 해외에 있는 자산을 동결하
고자 할 때 다른 나라와의 국제 금융외교 활동에 고된 노력을 들
일 필요가 없었다. 대신 재무부는 현지 정부가 동의하지 않거나

증거가 충분하다고 판단되지 않는 경우에도 외국의 은행, 기업, 기관을 일방적으로 제재대상으로 지정할 수 있었다. 자금세탁 방지 조치를 외국 정부에서 새로 도입하기를 바랄 때는 해외자산통제국을 통해 압박했다. 다자주의에 그다지 관심이 없는 대통령에게는 해외자산통제국의 수단들이 매력적이었다. 테일러를 위시한 국제주의자들은 "(재무부 내) 영역 싸움"에서는 짧게 승리했을지 모르지만, 해외자산통제국의 더욱 무자비한 논리에 천천히, 속절없이 굴복하고 말았다.

해외자산통제국이 두려움의 대상이 된 이유는 간단했다. 해외자산통제국이 외국 은행을 제재대상으로 지정하면, 해당 은행의 미국 내 운영만 차단되는 것이 아니었다. 씨티은행과 J. P. 모건처럼 미국 규제 하에 달러화 결제 시스템을 운영하는 은행과의 거래도 차단될 가능성이 있었다. 제재대상으로 지정된 해외 은행은 미국 외 고객을 대신해서 미국 달러를 거래할 때 필요한 환거래 계좌를 보유할 수 없었다. 문제는 여기서 끝나지 않는다. 미국 달러를 이용해야 하는 다른 외국 은행은 달러 이용 권한을 상실할 것이 우려되어 지정 은행과 연관되기를 바라지 않을 것이었다.

해외자산통제국의 제재대상이 되는 금융 외 분야의 기업과 개인에게도 비슷한 앞날이 기다리고 있었다. 이들도 제재대상으로 지정되면 국제 금융 시스템 이용 권한을 상실했다. 미국 소재 은행과 아무 관련이 없어도, 제재대상이 되면 국제 시장에서 손쉽게 자금을 대출받거나 미국 기업과 거래하는 것이 불가능했다. 이런 기업과 개인은 미국이 아닌 공급처를 찾거나 다른 곳에서 자금을 빌릴 수 있기 때문에 은행만큼 생존의 위협을 겪지는 않았다.

하지만 미국이 장악한 금융계를 중심으로 형성된 세계 경제에서 사업을 할 때 여전히 큰 어려움을 겪었다.

미국은 방코델타아시아(Banco Delta Asia)를 추적하던 중 우연히 이 "달러 일방주의"의 잠재적 효과를 확인했다. 중국 마카오 특별행정구에 본사를 둔 이 은행은 북한 정부와 글로벌 금융 시장 간 거래를 은밀히 도왔다. 이미 데이비드 애셔(David Asher)와 윌리엄 뉴컴(William Newcomb) 국무부 자문관이 재무부가 개입하기 전에 "북한 정권과 세계 각국의 금융 및 사업 관계도를 그리기" 시작했다. 두 사람은 방코델타아시아가 북한의 핵심 "금융 허브"인 것을 발견했다.

재무부의 후안 자라테가 직접 의뢰한 "금융 전투 지도"에도 방코델타아시아가 중심지로 부각되어 있었다. 그는 국무부 프로그램을 보고받은 뒤 재무부의 "중성자탄"급 금융 무기로 불리는 애국자법 제311조에 따라 국무부가 델타아시아은행을 '주요 자금세탁 우려 대상'으로 지정할 것을 제안했다. 미국은 2005년 9월 15일에 이 제안을 실행에 옮겨 방코델타아시아가 미국 은행의 환거래계좌를 사용하지 못하게 막았다. 이 조치는 다른 외국 은행에게 확실한 메시지를 전했다. 방코델타아시아와 거래를 한다면 미국의 심기를 크게 거스를 위험이 있다는 것이다.

놀라운 결과가 즉각적으로 나타났다. 방코델타아시아의 예금주들이 뱅크런에 나섰다. 마카오 당국은 예금을 차단하고 북한의 각 기관이 소유한 자산 2500만 달러를 동결했다. 북한의 돈이 유해하다는 소문이 금융계에 급속히 퍼졌다. 당시 미국 국가안전보장회의 아시아 담당 국장이었던 빅터 차(Victor Cha)에 따르면 "입

언더그라운드 엠파이어

에 주먹을 날리고 뺨까지 때리는 격이다. 북한 측에서는 처음 이 조치에 대한 소식을 듣고 평소와 비슷한 제재가 하나 더 추가된 것 정도로 여겼지만, 4주 후 이 조치의 실체를 알게 되었다. 북한은 자산 동결 후 긴장하면서 이 조치가 예전에 본 적 없는 수단이라는 것을 깨달았다. 솔직히 겁에 질려버렸다." 북한 당국은 처음으로 빅터 차에게 직접 연락해서 대화를 원한다는 의사를 밝혔다. 이들이 동결된 2500만 달러의 해제에 절실했던 이유는 이 돈이 거액이어서가 아니라 북한과 거래를 해도 문제가 없다는 것을 은행업계에 증명하고 싶어서였다. 그러나 국무부가 북한과 외교적 합의에 도달했을 때, 예상과 달리 돈을 돌려주기가 무척 어려웠다. 미국이 타협을 한 뒤에도 해외 은행들은 북한의 자금과 얽히려고 하지 않았다. 그렇게 하기에는 위험 부담이 너무 컸던 것이다.

빅터 차를 비롯한 관료들은 "이 정도로 영향을 미칠 것이라 예상"하지 못했다. 분명 성과가 있기를 바랐지만 그들이 취한 조치가 북한, 아시아의 은행들, 글로벌 뱅킹 시스템에 가한 충격은 예상 밖이었다.

미국의 제재 조치는 중국에게도 신호를 보냈다. 국무부와 재무부가 의도적으로 방코델타아시아를 제재대상으로 선택한 이유는 이 은행이 중요한 곳이지만 중국 경제에 심각한 위협이 될 만큼 규모가 크지는 않기 때문이었다. 중국은 메시지를 정확히 받았다. 중국이 자금세탁에 단호한 조치를 취하지 않으면 마카오가 글로벌 금융 시스템에서 배제될 위험을 감수해야 했던 것이다. 중국이 취한 조치를 보면 중국은 미국이 보낸 메시지를 분명히 받아들였던 것 같다.

방코델타아시아 작전은 향후 해외자산통제국이 취할 제재조치의 청사진을 제시했다. 재무부의 지도 제작자들이 분주해졌다. 금융 전문기자 안나 유카나노프(Anna Yukhananov)가 설명한 대로 해외자산통제국에서 "제재대상을 지정하는 사람들은 기밀 정보 보고서, 재정 기록, 기업 등기를 이 잡듯이 뒤진다. 이들이 제작하는 차트는 금융 노드가 다른 노드에 미치는 놀라운 영향을 보여준다." 자라테 또한 강조한 것처럼 미국은 "초크포인트"나 "노드 은행"을 찾는 데 주력했다. 목표를 찾으면, 미국은 공격을 개시했다.

미국 정부의 다른 부처도 경우에 따라 재무부와 협력하거나 경쟁하면서 이 각본을 따라하기 시작했다. 미국 법무부는 미국의 제재를 위반한 외국은행 기소에 착수했다. 뉴욕 남부 지방검찰은 월스트리트를 관할했고 대중의 이목을 끌만한 기소건을 알아보는 능력이 있었다. 검찰도 외국은행을 기소 대상으로 삼기 시작했다. 외국 금융기관을 상대로 테러 지원 혐의를 제기한 변호사들은 미국 법원에 거액이 걸린 재판을 청구했다.

세월이 흘러 미국은 학자인 브라이언 얼리(Bryan Early)와 케빈 프레블(Kevin Preble)의 표현대로 제재를 위반한 대상에 대해 "낚시로 물고기 잡는" 수준에서 "고래 사냥"하는 수준으로 방향을 바꿔 대형 외국은행에 거액의 벌금을 부과해 다른 금융기관에게 충격과 두려움을 자아냈다. HSBC(옛 이름은 홍콩상하이은행)는 2012년 자금세탁 혐의로 20억 달러에 달하는 벌금을 물어야 했다. BNP 파리바은행은 2014년 이란, 쿠바, 수단에 대한 제재를 위반한 혐의로 유죄 판결을 받고 90억 달러 가까이 벌금을 냈다. 두 은행은 벌금을 납부할 수밖에 없었다. 미국 법원의 벌금형 판결을 뒤집을 수 있다는 기대는 거의 없었고 미국의 은행업 인가와 달러화 결제 시스템 접근 권한을 철회당할 위험을 감수할 수도 없었다. 이 은행들은 시스템 이용 권한을 철회하겠다는 위협만으로 빠르게 무너질 수 있었다.

그 결과 최근 들어 은행 준법감시 부서의 힘이 막강해졌다. 당국의 이목을 끌 우려가 있었기 때문에, 아무도 제재대상으로 지정된 은행과 기업, 개인과 접촉하려고 하지 않았다. 레비의 말처럼 미국법 준수 의무가 없는 은행도 "테러리스트나 핵확산국으로 판명된 소수의 고객을 유지하는 것이…미국이나 책임이 있는 국제 금융계와의 거래에 타격을 줄 수 있는 조치를 감수할 정도로 가치 있는 것은 아니다"라고 판단했다. 테러리스트나 미국의 적대국과 간접적으로 연관되기만 해도 은행 평판에 오점을 남기거나 파산으로 이어질 수 있었다.

피에르-위그 베르디에(Pierre-Hugues Verdier) 버지니아대 법학 교수가 지적한 대로, 제재 정책은 중요한 부수적 이점이 있었다. 평론가 대부분이 대형 은행들이 지불했던 엄청난 벌금에 주목했다. 그런데 미국이 BNP파리바, HSBC 등의 은행에 향후 준법 여부를 확인할 수 있는 광범위한 내부 감시 체계를 도입할 것을 요구했다는 사실에 주목하는 이는 거의 없었다. BNP파리바는 해외 자산통제국 지시를 따르는 준법감시실을 미국 안에 두었는데 이 부서는 "미국 규제기관의 감독을 직접 받으면서" BNP파리바은행의 전 세계적 미국법 준수 여부를 점검했다. HSBC도 "미국의 직접 감독 하에" 뉴욕에 비슷한 부서를 설치했다. 한때는 고객이 미국의 제재를 피하거나 자금세탁 규제를 우회하도록 도와주던 주요 은행들은 스스로 비용을 들여 광범위한 내부 감시 체계를 운영했고, 이를 맡은 부서는 미국 당국에 가치 있는 정보를 제공했다. 후에 중국의 통신 대기업 화웨이가 발견했듯이, 미국의 요구는 예상 외로 엄청난 파급효과를 불러올 수 있었다.

⁂

미국은 이렇게 축적된 성공을 토대로 점차 야심을 키워갔다. 미국은 10여 년에 걸쳐 한때는 상상도 할 수 없던, '미국이 힘을 행사해서 특정 국가를 지도에서 배제할 수 있다면 어떻게 될까'라는 문제에 서서히 답을 내놓기 시작했다.

　시험 대상은 이란이 되었다. 미국은 수십 년간 이란을 상대로 지극히 제한적인 상황을 제외하면 미국 기업들이 이란과 경제 관계를 맺는 것을 금지하는 엄중 제재를 가했다. 그런데 이 제재는 이란에게 생존을 위협하는 것이라기보다 단지 귀찮은 골칫거리에 가까웠다. 이란은 주요 산유국이었고, 이란을 찾는 고객은 전 세계에 넘쳐났다. 법학 교수 아누 브래드포드(Anu Bradford)와 옴리 벤 샤하르(Omri Ben-Shahar)는 미국의 대(對)이란 무역제재는 "다른 나라가 이란에 지속적으로 비슷한 제품을 비슷한 가격으로 공급한다면 소용없는 일"이라고 주장했다. 하지만 정치학자 피터 피버(Peter Feaver)와 에릭 로버(Eric Lorber)의 지적대로 제재와 미국 달러의 힘이 결합하면 판도를 바꿀 수 있었다.

　조지 W. 부시 행정부가 이라크를 침공하려고 했을 때, 여기에는 신속한 움직임으로 이란 정부를 전복하려는 목적도 있었다. 하지만 상황이 원하는 대로 풀리지 않았다. 2006년 1월, 스튜어트 레비에게 새 아이디어가 떠올랐다. 그는 바레인 여행 중 스위스의 어느 대형 은행이 이란과의 관계를 끊었다는 신문 기사를 읽고 다른 외국 은행들도 이란과의 관계를 끊도록 미 재무부가 유도할 수 있을지 궁금해졌다. 2월, 레비는 미국 정부 전용기 안에서 콘돌리자 라이스 국무장관에게 이런 아이디어를 제안했고, 라이스는 마음에 들어했다. 이미 "주요 기업이 미국 달러를 이용하지 못하면 제 기능을 할 수 없다"는 사실을 알고 있던 재무부는 이제는 주요 국가에 대한 달러 접근을 차단하면 무슨 일이 일어날지 파악하려고 했다.

레비는 우선 이란 은행들이 달러화 결제 시스템에 비공식 경로로 접근하는 것부터 차단했다. 이란의 석유는 달러로 책정되었기 때문에, 예컨대 독일이나 프랑스의 어느 구매자가 이란으로부터 석유를 구입하면 그 구매자의 자국 은행이 미국에 소재한 환거래 은행을 통해 결제했다. 과거 미국의 대이란 제재는 이란 기업이 달러화 결제 시스템을 통해 미국 밖 은행에서 다른 미국 밖 은행으로 자금을 이체하는 '유턴 거래'를 예외적으로 허용했다. 이러한 예외적 허용은 글로벌 금융 거래에서 미국 달러가 갖는 중추적 역할을 인정하는 것이었고, 미국 역시 달러화 결제 시스템이 너무 정치화되는 경우 다른 국가들이 달러화 결제 시스템 이용을 중단하지 않을까 우려했던 것이다. 그러나 상황이 바뀌면 이 예외 허용도 철회될 수 있었다.

2006년 미국 재무부는 이란의 대형 은행인 사데라트은행(Bank Saderat)이 헤즈볼라에 자금을 이체했다고 주장하며 유턴 거래를 못하게 막았다. 이후 2년에 걸쳐 이란의 다른 은행들에게도 제재를 가했고, 2008년 말까지 이란 은행 전체를 달러화 결제 시스템으로부터 차단해버렸다. 2012년 이란 중앙은행이나 다른 제재 대상 은행과 거래한 외국 은행에 미국 은행이 환거래 계좌를 제공할 수 없도록 규정하는 법안이 의회를 통과했다. 연루된 다른 나라 중앙은행들도 환계좌 보유가 금지되었다. 새 법안에 따라 재무부는 이란의 에너지, 해상 운송, 조선 부문에 도움이 되는 "주요" 거래를 허용한 외국 은행에 조치를 취해야 했다. 미국이 한때 우려했던 다른 나라의 반발이 일어나지 않자, 재무부는 계속 압박의 수위를 높였다. 오바마가 테러금융범죄 담당 차관에 임명한 애덤 주빈(Adam Szubin)은 2015년 의회 청문회에서 이렇게 주장했다. "어떤 이란 은행도 미국 금융 시스템에 접근할 수 없고…어느 뉴욕 결제은행에서도 평소라면 순식간에 이뤄지는 달러화 거래를 실행할 수 없습니다."

이 법적 조치는 새로운 유형의 국제 외교와 연계되었다. 레비를 비롯한 미 재무부 관리들은 전 세계 여러 국가를 다니면서도 정부나 정치권 관계자들만 만나지 않았다. 대신 이들은 은행에 직접 찾아갔다. 재무부 관리들이 전한 메시지는 간접적이었지만 단호했다. 미국법에서 명목상 합법일지라도, 은행이 이란과 거래 관계를 맺는다면 미국 규제기관 전체에게 낙인이 찍힐 위험을 감수해야 할 것이라는 메시지였다. HSBC의 준법감시 책임자 데이비드 배글리(David Bagley)는 스튜어트 레비가 2007년 6월에 열린 회의에서 HSBC를 심문한 내용을 HSBC CEO에게 설명하는 내부 문건을 작성했다. 레비는 특정 HSBC 고객이 이란에게 파이프라인을 제공했다고 주장했는데, 배글리가 작성한 문건에 따르면 "레비는 HSBC가 [삭제됨]과의 거래관계를 끊지 않으면 우리(HSBC)가 미국의 제재조치 대상이 될 수도 있다는 사실상의 위협을 가했다." 미국에 본사를 둔 한 로펌은 이란과의 금융 관계를 규제하는 규칙이 "가끔 의도적으로 모호하게 작성된 듯하다"고 지적했다. 규칙이 모호할수록 나중에 모호한 규칙이 자신에게 불리하게 해석될 것을 지레 우려한 외국 은행이 이란과의 접촉을 피할 가능성이 높아지는 것이다.

2009년 초 부시의 뒤를 이어 취임한 오바마는 이란과 우호적인 관계를 구축하려고 했다. 그러나 이러한 노력은 2009년 이란 정부가 정권에 반대하는 대규모 시위를 가혹하게 탄압하고 핵무기 개발을 계속 진행하면서 좌절되었다. 주빈을 포함한 후속 세대 재무부 관리들은 공화당 소속 전임자들의 성과를 더욱 발전시켜 제재와 달러 권력을 이용해서 이란 정권이 핵무기 프로그램을 포기하게 만들었다.

이들은 SWIFT도 이란에 대항하는 무기로 만들 수 있다는 것을 알아차렸다. 2008년 초, 리처드 홀브룩(Richard Holbrooke)과 데니스 로스(Dennis Ross) 대사가 이끄는 미국의 저명한 정책입안자 그룹이 이란 정권에 대한 압박을 강화할 목적으로 이란핵반대연합(United Against Nuclear Iran, UANI)이라는 비정부기구를 설립했다. 이 단체는 SWIFT를 겨냥하여 이란이 글로벌 시장에 접근하는 통로를 제공하는 데 가담하고 있다고 주장했다. 2010년 SWIFT 연간 보고서의 내용에 따르면, 이란의 19개 은행과 기타 25개 기관이 SWIFT 시스템에 접속했다.

이란핵반대연합은 2012년 1월 SWIFT에 서신을 보내 "이란이 전 세계 SWIFT 시스템을 이용해서 핵무기 프로그램과 테러 활동 그리고 이란 국민에 대한 가혹한 탄압에 필요한 자금을 마련할 수 있었다"고 주장했다. 그로부터 얼마 후, 미국 의회는 (국제사회의 혹시나 모를 반향을 우려했던) 오바마 행정부의 반대의사를 무시하고 SWIFT에게 이란 은행들을 SWIFT 시스템에서 쫓아내도록 강제하는 법안을 만장일치로 통과시켰다. 오바마 행정부의 우려와 달리 EU는 이에 화답했고, 미국의 압력과 이란 핵 프로그램에 관한 유럽 내 불안에 응하는 차원에서 SWIFT로 하여금 제재대상 기관과 협력을 금지하는 유럽 자체 규정을 통과시켰다. SWIFT는 유럽의 새 규정을 따랐고, 당시 CEO의 말처럼 "특별하고 전례 없는 조치"로 이란 은행들을 사실상 글로벌 결제 시스템에서 배제했다.

미국의 이란 제재와 SWIFT의 차단 조치는 이란 정권에게 가혹한 경제적 피해를 가했다. 이란 정부는 석유 판매대금을 받지 못했다. 석유를 "인도산 밀가루와 차, 우루과이산 쌀, 중국산 지퍼와 벽돌"로 직접 물물교환할 수밖에 없었고, 이에 따라 약 300만 배럴에 달했던 1일 수출량이 무려 75만 배럴까지 추락했다. 미국의 제재와 SWIFT 조치 완화가 이란 핵 협상에서 중요 쟁점이 되었다. 미국과 다른 강대국이 공식적인 협상을 개시하자 자바드 자리프(Javad Zarif) 이란 외무장관은 "협상의 성사 여부"는 "미국이 제재를 철회하려는지, 유지하려는지"에 달려 있음을 분명히 했다.

미국이 적대국을 상대로 달러화 결제 시스템을 무기화할 수 있는 엄청난 힘을 새롭게 찾아내지 못했다면, 이란이 핵무기 개발 프로그램을 대대적으로 양보하는 데 동의하지 않았을 것이다. 미국을 비롯한 강대국들은 '포괄적 공동행동계획(이란핵합의)'에서 이란 석유와 은행을 상대로 한 제재를 중단하고, 주요 제재대상 지정을 철회하고, 이란에 다시 SWIFT 접근 권한을 부여하는 데 합의했다. 그러나 미국은 국내 제재 철회에는 동의하지 않았다.

국제적 조치들의 결과는 되돌리기가 거의 불가능했다. 두려움과 경외감, 공포에 기반한 정책은 수도꼭지처럼 내키는 대로 틀었다 잠글 수 없다. 오바마 행정부는 유럽 은행에는 이란에 다시 돈을 빌려주기를, 기업에는 이란에 다시 투자하기를 촉구했지만 그 누구도 이런 요구에 응하려고 하지 않는다는 것을 알게 되었다. 은행과 기업들은 미국 당국의 마음이 또 바뀌어서, 해외자산통제국의 결정과 규정의 모호한 부분을 이용하여 그들을 제재 위반 기관으로 규정하고 엄벌하지 않을지 우려했던 것이다.

미국은 스스로를 너무 강하게 만드는 바람에 신뢰를 얻을 수 없었고, 행정부가 바뀌거나 규칙의 해석이 달라지더라도 이미 한 약속을 어기지 않겠다고 기업들에게 확실히 보장할 수 없었다. 정계 은퇴 후 HSBC 최고법률책임자가 된 스튜어트 레비는 오바마 행정부가 "미국 은행에게는 여전히 불법인 행위를 미국 밖 은행들에게 강권한다"고 월스트리트저널을 통해 불만을 표했다. 나아가 레비는 미국 규제기관이 지금도 그리고 앞으로 언제든 이란 시장에 진출하는 은행을 처벌하려 할 수 있을 것이라고 강하게 시사했다. 북한 핵 프로그램에 관한 6자회담에서 미국 측 수석대표를 지낸 크리스토퍼 힐(Christopher Hill)은 이 문제를 두고 재무부가 "돌이킬 수 없는 파멸적 제재"를 세상에 풀어놓았다는 직설적인 말로 풀이했다.

그리고 다른 문제도 있었다. 조지 W. 부시 행정부 관리였던 레이첼 뢰플러(Rachel Loeffler)는 공직에서 물러난 후 새로운 금융 무기를 과도하게 사용하면 "효력을 상실"할 것이며, 미국의 신뢰도가 하락하고, 이 무기를 휘둘러야 할 은행들을 멀어지게 만들 수 있다고 경고했다.

오바마 대통령 시절 재무장관 잭 루(Jacob "Jack" Lew)는 한발 더 나아갔다. 루는 공직 사임 직전인 2016년 3월에 한 연설에서 미국이 가진 놀라운 금융 권력과 이 권력이 결국에는 어떻게 미국 스스로의 힘을 훼손할지 이야기했다. 루는 금융 제재가 "명확히 규정되고 잘 조율된 외교 정책 목표를 위한 강력한 힘"이 되었음을 인정하면서 "미국의 제재가 미치는 힘은 세계에서 미국이 맡은 리더 역할과 불가분하게 연결되어 있다"고 주장했다. 그에 따르면, 미국이 "세계 최대 경제국가"가 아니고 미국의 금융 시스템이 "국제무역을…수도하는 역할"을 하지 못한다면, 미국의 제재는 유명무실해질 것이다. 하지만 이 제재에는 보이지 않는 유혹과 함께 비용이 따른다. 금융 제재는 그 효과가 확실히 커 보였기 때문에, 정책입안자들이 새로운 위기에 직면하면 첫 단계부터 이 제재에 의존하고 싶은 유혹을 느낄 것이다.

루는 이런 방식이 계속되다 보면 효력을 잃어갈 뿐 아니라 미국이 세계 경제에 가진 지배력을 약화시킬 가능성이 있다고 주장했다. 이 방식을 과도하게 사용한다면 "결국 기업들로 하여금 미국 금융 시스템을 이용하지 않도록 만들 것이다." 물론 미국이 더 이상 중심을 차지하지 않는 글로벌 금융 시스템으로 개편하기에는 어려움이 있었다. 게다가 런던 금융권이 브렉시트로 인한 손해를 감당하고 있고, 홍콩은 중국에 의해 자치 기반이 약해지면서, 이들이 미국을 대신해 금융 허브가 될 가능성도 희미해졌다. 그러나 미국의 "중심적 역할"을 "서서히 깎아내"려는 "금융 배관공사가 진행 중"이라고 표현한 루의 2019년 경고는 러시아와 튀르키예 같은 국가들이 피라미드 꼭대기에서 쉴 틈 없이 감시의 눈을 피해 금융 관계를 몰래 형성하려는 노력, 그리고 중국이 조용하면서도 거침없이 대체적 글로벌 금융 시스템을 구축하려는 노력을 정확하게 설명한다.

⁂

다른 분야와 마찬가지로, 미국은 세계 지도를 그리고 그 지도에 따라 세계를 다시 만들어내는 데 성공했다. 하지만 자신이 가진 힘이 더 잘 보일수록 미국은 이 힘을 더 많이 사용하려 했고, 다른 나라 정부와 기업들이 미국의 지도를 대체할 그들만의 지도를 제작할 동기도 커졌다. 어쩌면 다른 나라 정부와 기업들은 탈중앙화되어 미국의 권력에 취약하지 않은 네트워크를 다시 만들려 할지도 모른다. 어쩌면 네트워크의 복잡한 구조 속에 어디 있는지도 모르게 숨어버리거나 전체 네트워크에 마구잡이로 연결된 자신들만의 별채를 만들 수도 있다. 아니면 미국의 권력과 권위에 대안이 되는 자신들의 중앙집중 네트워크를 구축함으로써 미국의 권력을 흉내내려 할 수도 있다.

3

포연 없는 전쟁

- 미 상무부의 힘 -

멍완저우(孟晚舟)가 선전(深圳) 시에 위치한 자기네 회사의 본사로 돌아왔을 때, 주체할 수 없이 기쁨에 들뜬 직원들이 모여들어 그녀를 맞이했다. 멍완저우와 직원들은 주먹을 흔들고, 휴대전화로 동영상을 찍고, 손을 흔들고, 미소지으며 엄지손가락을 치켜세웠다. 직원들만 열광한 것은 아니었다. "멍완저우 업무 복귀"라는 검색어가 중국을 대표하는 소셜미디어 플랫폼 웨이보의 인기 순위 1위를 장식했다.

멍완저우는 중국의 거대 정보통신기업 화웨이의 최고재무책임자이며, 창립자 런정페이(任正非)의 딸이다.* 그녀는 금융사기

---

* 멍완저우는 부모의 이혼 후 어머니인 멍쥔(孟軍)의 성을 따라 개명했다.

혐의로 미국에 범죄인인도되는 것에 반발해 밴쿠버 자택에서 3년간 가택연금되면서 "해외에서 3년간 고초를 겪었다." 멍완저우의 변호인단은 미국 당국과 그녀의 중국 귀환을 허용하기로 합의했다. 그녀가 중국 국경절을 며칠 앞두고 본토에 도착하자 공항의 군중들은 "노래하자 조국(歌唱祖国)"을 부르며 환호했다. 붉은 드레스를 입고 애국심을 휘감은 모습으로 나타난 멍완저우는 선언했다. "신념에 색이 있다면, 바로 중국의 홍(紅)색일 것입니다."

화웨이는 여느 중국 기업과는 달랐다. 초창기 화웨이는 어느 정보통신무역박람회의 인적 드문 홍보 진열대에 오성홍기를 휘날렸고, 회사가 성장하면서 오히려 중국이 화웨이의 깃발을 두르게 되었다. 중국의 한 기업이 세계 최고 기업들을 상대로 경쟁하고 심지어 쓰러뜨리고 있었다.

그러나 공항에서의 요란한 환영 행사 뒤에는 불편한 진실이 숨어 있었다. 멍완저우는 승리에 도취되어 돌아온 것이 아니었다. 그녀가 떠나던 당시 세계 최대 통신장비 제조업체였던 화웨이는 세계 최대 스마트폰 브랜드 자리까지도 오를 기세였다. 가장 중요한 사실은 화웨이가 차세대 인터넷 기반시설을 구축하고 있다는 것이었다. 미국 정부는 멍완저우가 캐나다에 구금되어 있던 기간에 화웨이의 야심을 체계적으로 해체하기 위해 유례없는 작전에 나섰다. 화웨이의 첨단 반도체 구입을 차단하고 휴대전화 사업을 무력화한 것이다. 미국 관리들은 핵심 정보 접근을 차단할 수도 있다며 동맹국을 위협해 화웨이 통신장비 설치를 막았다.

사실 화웨이는 곤란한 상황에 놓여 있었고, 스마트 자동차와 서버 팜과 함께 최신 반도체도 필요하지 않고 미국의 보복에 직접 노출되지도 않는 제품을 주로 생산하는 기업으로 다시 태어나기 위해 필사적으로 애쓰고 있었다. 오래 전 화웨이는 수익을 낼 수 있다면 무엇이든 사고 팔 기회를 노리던 작은 무역회사였는데, 전 세계에 직원만 20만 명 가까이 보유한 거대 기업이 된 지금 또 다시 이것저것 가리지 않고 뒤져서 새로운 시장을 찾아내야 할 상황에 처했다.

멍완저우 체포 사건은 미국과 중화인민공화국의 관계가 대대적으로 변했다는 신호였다. 20년 동안 중국과 깊은 상호관계를 유지하던 미국 정부는 중국 기업 전체, 특히 화웨이를 조금씩 의심하게 되었다. 끝내 미국은 의심가는 대로 조치를 취하기 시작했다. 미국 정부는 화웨이를 압박하기 위해 전 세계의 금융과 정보, 기술을 장악한 지배력을 이용했다. 그렇게 하지 않으면 중국이 가진 영향력과 지배력으로 제국을 건설하는 일을 화웨이가 돕지 않을까 우려되었기 때문이다.

금융 부문이 미국의 대응책 강행에 법적 근거를 제공했다. 멍완저우가 곤경에 처해진 것은 화웨이가 위법 행위를 하면서 어느 글로벌 은행을 관여하게 만들었기 때문이다. 정보가 미국에게 기회를 주었다. 화웨이가 이용했던 HSBC는 멍완저우가 불법행위에 연루되었다는 증거를 제시하는 자료를 미국에게 넘겨줄 수밖에 없었다. 그리고 미국이 지배하는 반도체 공급망은 화웨이가 최대 수익을 올리던 시장에서 이 기업을 쫓아내는 무기가 되었다.

런정페이는 "중미(中美) 무역전쟁이라는 거대한 배경에서, [멍완저우]는 두 초강대국의 충돌에 피해를 본 작은 개미 한 마리에 불과하다"라고 주장하면서 자기 딸을 훨씬 커다란 분쟁 중에 발생한 불의의 피해자로 묘사한다. 미국 정책입안자들의 생각은 달랐다. 미국은 화웨이가 중국이 통제하는 해저케이블, 기지국, 라우팅 스위치를 포함한 체계를 구축하여 미국이 인터넷에 행사하는 영향력을 꺾을 것을 우려했다. 미국의 목표는 화웨이의 군용 기술 이용을 제한하거나 교역의 흐름을 바꾸는 것에 그치지 않고 화웨이가 미국의 지배력을 약화시키지 못하게 막는 일이었다.

화웨이의 전 지구적인 세력 확장이 중국 정부의 계획에 따른 것이 아닐지라도(사실이라고 믿는 미국 정치인들이 많았다), 미국은 상업적 성공이 제국의 권력으로 급격히 변모할 수 있다는 것을 스스로 얻은 경험 덕분에 잘 알고 있었다. 중국과 화웨이는 스스로를 약체로 여기고 굳건히 자리잡은 상대방을 이기기 위해 싸웠다. 중국 정부는 중국 정치와 사회를 탈바꿈하려는 미국의 시도에 맞서 방어하는 "포연(砲煙) 없는 전쟁"을 시사했다. 중국의 정치인과 안보 전문가들은 "살수간(殺手鐧)"*처럼 날카로운 표현을 써가며 미국의 힘에 맞서는 비밀전략을 설명했다. 화웨이도 시장 지배라는 자신의 임무는 곧 지배 세력에 힘겹게 맞서 싸우는 것이라 생각했다. 화웨이는 중국 내 성장 과정에서 게릴라전에 관한 마오쩌둥의 금언을 본보기로 삼아 우선 농촌 지역을 장악한 다음 도시를 서서히 포위해서 손에 넣었다.

화웨이를 두고 벌어진 싸움은 휴대전화나 기지국을 둘러싼 사소한 경제적 갈등으로 그치지 않았다. 세계 경제의 심장부를 움켜

---

* 약자가 강자에 맞서기 위해 사용했다는 고대 무기

쥔 제국과 자신을 제국의 희생자로 여기는 신흥 세력의 무자비한 투쟁이 새로운 국면에 접어든 것이었다. 미국의 제국 건설은 반쯤은 우연의 결과물이었다. 제국을 손에 쥔 미국 입장에서는 이를 지키기 위해 필요하다면 무엇이든 하려고 했다. 한편 중국은 미 제국의 공격으로부터 자국을 방어하건, 직접 제국을 건설하건, 아니면 두 가지를 병행하건 간에 자국을 지키고 미국의 지배에 도전할 수 있는 유리한 입지를 다지기 위해 할 수 있는 일을 하려고 했다.

✵

순탄했던 시절의 화웨이는 자사를 군대에 즐겨 비유했다. 화웨이는 전략과 가차없는 행보를 통해 경쟁이 치열하기로 악명 높은 중국 정보통신 시장에서 최고의 자리에 올랐다. 런정페이가 내부 연설에서 경고한 것처럼, 통신 분야는 "제일 힘들고 위태로운" 경제 분야였다. 하지만 "시장에서는…용기 있는 자만 존경받는다. 화웨이가 살아남으려면, 스스로 피투성이의 길을 개척해야 한다."

이렇게 지독한 은유에 담긴 의미가 그만큼 무겁지는 않았다. 영어 사용자에게는 낯선 용어일지라도, 축구 해설자가 팀의 패배를 대학살이나 피바다에 비유하는 것보다 악의가 담기지는 않았다. 그럼에도 런정페이는 누구보다 냉혹했다. 그는 1998년 화웨이 대학을 설립해서 회사 간부들에게 "군대식 사업 태도"를 주입했다. 경영 교육은 '군대식 정훈교육'에 가까웠다. 이곳의 핵심 테마는 "시장은 전쟁터"였다. 교육 과정에서 다룬 주제로는 "전쟁법의 특수성과 전쟁의 본질", "전쟁 지침 및 전략", "손자병법 다시 읽기"가 있었으며 불교철학과 서양미술을 절충적으로 혼합하기도 했다.

런정페이는 정공법을 벗어난 전략으로 중국을 정복한 마오쩌둥에게서 사업 전략 구상을 차용했다. 마오쩌둥은 아일랜드의 마이클 콜린스(Michael Collins) 같이 20세기 초에 변종처럼 나타난 군 지휘자들에게서 얻은 교훈을 바탕으로 겉보기에 불가능해 보였던 권력 쟁취에 성공했다. 그 전략은 바로 누구도 주목하지 않는 시골, 내륙지방에서 시작한 다음 힘을 키우고, 도시를 포위해 제압하는 것이었다.

화웨이도 시골에서 시작되었다. 런정페이는 본인이 중국의 빈곤하고 외진 곳에서 성장한 과정을 자주 언급했다. 그가 충칭건축공정학원에서 수학하던 문화대혁명 시기에 마오쩌둥을 추앙하던 학생 간부들이 중국을 혁명 유산으로 되돌리려고 했다. 이들은 지식인들을 '땅으로 돌려'보내 가혹한 환경에서 농민과 함께 노동하게 만들었다. 하지만 런정페이는 지식인이 아니었다. 그는 위험을 피해 중국 인민해방군 공병대에 입대해서 10년간 복무했다.

런정페이는 퇴역하고 몇 년 후 당시 해안 소도시였던 선전에 회사를 세웠다. 마오쩌둥은 사망했다. 마오쩌둥의 뒤를 이어받은 덩샤오핑은 서둘러 현대적인 중국 경제의 발전을 원했고, 선전 시는 경제성장을 촉진하는 발판이었다. 덩샤오핑이 경쟁자를 꺾고 중국의 공식 지도자가 되기 직전이었던 1978년, 중국은 새로운 특구 정책을 실험했고, 그 결과 지금의 선전 경제특구가 탄생했다. 덩샤오핑은 마오쩌둥의 조야하고 야만적인 마르크스주의의 대안으로 중국보다 시장친화적이었던 유고슬라비아식 공산주의를 이념적으로 구미에 맞게 활용하며 조심스럽게 권력을 강화했다. 이

언더그라운드 엠파이어

과정에서 선전 경제특구는 점진적으로 공산주의 국가의 시장경제를 선도했다.

런정페이도 처음에는 새로운 중국에서 돈은 벌고 싶지만 방법을 모르는 무수한 기업가들 중 한 명에 불과했다. 중국공산당 제12차 전국대표대회에 대표로 참석한 것을 볼 때, 그의 정치적 인맥은 다른 기업가들보다 월등히 좋았을 것이다. 하지만 확실한 사업 기회를 발견하기까지는 시간이 걸렸다. 초창기 화웨이는 어린이용 풍선과 화재경보기를 사고 파는 단순한 무역 회사였다. 런정페이는 회사가 우연히 전화 스위치(교환기) 사업에 뛰어들게 되면서 기회를 찾았다. 중국이 농촌 빈곤의 덫을 벗어난다면, 신식 전화 시스템이 필요해질 것이다. 그러면 전화망에 화웨이가 수입해서 판매할 수 있는 스위치가 필요해지고, 결국 화웨이는 스위치 자체 생산 방식을 습득해야 했다. 이후 화웨이는 수년에 걸쳐 통신 제조업체로 전환하여 경쟁 끝에 경쟁사를 물리치고 소비자를 끌어모으며 네트워크를 구축했다.

화웨이는 시골을 점령해 "도시를 포위한다"는 마오쩌둥의 말로 초기 전략을 설명했다. 더 큰 상대와 직접 싸우는 일은 피했다. 런정페이는 대도시를 대상으로 판매하는 대신, 대기업 경쟁사가 무시하는 농촌 지역에 주력하여 "대상을 정확히 겨냥한 전쟁계획의 진행순서"를 정했다. 화웨이는 보다 광범위한 네트워크를 연결하여 농촌 고객과 깊은 관계를 쌓고, 중국 대도시에 자리잡은 화웨이의 적수들에 맞설 수 있는 자원과 힘을 조금씩 비축했다.

런정페이를 찬양하는 어떤 책에서 화웨이는 늑대 무리처럼 묘사되었다. (화웨이라는) 늑대들은 큰 사자를 쓰러뜨릴 때 "각종 독특한 수단을 [동원하고]…타의 추종을 불허하는 적응 능력과 시장에 대한 이해를 통해 주변부터 중심 방향으로 사자의 영역을 잠식해서 사자가 가진 기술적 이점을 무용한 것으로 만들어버린다." 당시 중국 통신 업계를 지배하던 사자들—상하이벨(上海貝爾, Shanghai Bell), 쥐룽(巨龍, Great Dragon), 미국 제조업체 루슨트(Lucent)—이 하나씩 쓰러지거나, 인수되거나, 중국 시장에서 퇴출당했다.

중국의 다른 기업도 미국이 만들어 놓은 세계의 영토를 헤쳐나가야 했다. 이 신생 기업들은 돈 때문만이 아니라 자금에 수반되는 기술과 지식 때문에 해외로부터의 투자가 절실했다. 중국 정부가 도와주는 방식은 역설적으로 해외 기업을 유치하는 것이었다. 중국 공급업체는 우선 서방 기업에 납품할 부품을 생산하거나이 기업들의 첨단 기술을 복제하면서 시작할 수 있었지만, 이들은 서방 경쟁사와 경쟁하고, 가능하다면 서방 기업을 능가하기를 바랐다. 결국 중국 기업은 주변부에서 시작해서 미국 경쟁사의 기술적 이점을 서서히 약화하는 적응 전략을 쓸 수 있었다. 이 전략이우연의 부산물인 중국의 힘을 강화했을 것이다. 대부분의 기업가들은 스스로 애국심을 공언했음에도 돈 버는 일을 더욱 중시했다.

미국은 따라할 모형과 공략할 대상을 동시에 제공했다. 런정페이도 그의 뒤를 이어 등장한 여러 테크기업가와 마찬가지로 미국에 매료되었다. 그는 누구에게 가장 많은 영향을 받았는지 질문을 받으면 마오쩌둥과 루 거스너(Lou Gerstner) IBM 최고경영자라고 대답했다. 중국 기업이 세계에서 제대로 한 자리를 차지하려면미국 테크기업의 성공방식을 이해하고, 여기서 얻은 교훈을 중국의 상황에 맞게 수정하는 일을 모두 해야 했다.

화웨이는 큰 비용을 들여 IBM의 경영 자문을 받고 빅 블루(Big Blue)*가 강조하는 기업에 대한 충성과 마오쩌둥식 자아비판 시간을 결합하여 내부 문화를 공고히 다졌다. 1995년 기업 테마로 작곡한 "화웨이의 노래(華爲之歌)"는 중국의 부흥을 노래하면서 직원들에게 "미국에서 첨단 기술을 배우자"고 촉구하는 내용을 담고 있다.

런정페이는 화웨이의 성장으로 중국 고위층의 환심을 샀다. 1994년, 그는 장쩌민 중국공산당 총서기를 만났다. 런정페이가 언급한 당시 회담의 내용은 훗날 불행한 결과를 가져왔다. "나는 교환(스위치) 설비 기술이 국가안보와 연결되며, 자체 교환 설비를 갖추지 못한 국가는 군대가 없는 국가와 같다고 말했습니다. 장쩌민 총서기께서 '옳은 말씀이오'라고 대답하셨습니다."

런정페이의 회사는 다른 형태의 지원도 받았던 듯하다. 화웨이의 한 전직 고위 임원은 파이낸셜타임스에 이렇게 말했다. "처음 10년 동안은 사업이 단조롭게 운영되다가 갑자기 미친듯이 도약하기 시작했습니다. 사람들은 무엇인가가 도움을 줬다고 생각은 했지만 회사 내부에도 알려진 바가 없어요."

2000년대 들어 글로벌 통신업이 추락함에 따라 화웨이는 인원을 감축하고 휴대전화 부문으로 사업을 다각화했다. 특이하게도 화웨이는 위기를 이용해서 해외 시장에 총공격을 개시했다. 중

---

* IBM의 애칭.

국에서처럼 중심부를 공략하기 전에 주변부 함락부터 시도하여, 세계적인 통신 대기업이 도외시했던 동남아, 남미, 아프리카 남부 시장을 겨냥했다. 화웨이는 최저가에 탄탄한 기술력을 공급하는 업체로 빠르게 명성을 얻었다.

런정페이의 추진력과 냉철함이 성공 요인으로 꼽히지만, 화웨이는 중국 산업 발전 모델의 덕을 보기도 했다. 줄리언 거워츠(Julian Gewirtz)가 바이든 정부의 국가안전보장회의 중국 담당 국장으로 취임하기 전 발표한 글에 따르면, 덩샤오핑을 위시한 지도자들은 "미국과의 교류에 대한 중국의 개방성과 자본주의 초강대국에 대한 과도한 의존에 제동을 걸었다." 중국 지도부는 중국이 너무 활발하게 세계화를 받아들이면 체제가 전복될 것을 두려워했다. 중국은 외국 기업이 중국 시장에 진입할 때 더욱 성가신 조건을 내세워 현지 협력업체와 기술을 공유하는 동시에 화웨이 같은 수출 기업을 원조하도록 요구했다.

중국의 이런 조건은 세계화로 얻은 경제적 기회를 이용하면서 정치적 위험 요소를 관리하는 정부 전략의 일부였다. 중국의 군 해커는 종종 비밀리에 기업에서 일하면서 해당 기업에게 해외 경쟁사의 핵심 기술에 관한 전략 정보를 제공했다. 1세기 전 미국 기업이 영국과 독일의 가치 있는 기술을 도용할 수 있게 하는 관대한 지적 재산권법을 고안한 전력이 있는 나라가 바로 미국인데도, 미국 정치인들은 정작 중국이 외국의 기술을 도용해 제조업 강자로 변신한 것에 격노했다.

미국 정책입안자들은 중국 경제를 단 하나의 목적에 따라 행동하는 위협적인 괴물로 묘사하곤 했다. 그러나 중국도 관료들의 내분, 정부와 기업의 보이지 않는 충돌, 기업 간의 치열한 경쟁 때문에 분열되어 있었다. 그럼에도 그런 묘사가 완전히 틀리지는 않았다. 미국의 경우와 마찬가지로, 중국 기업들의 야망과 국가의 정치적 힘은 때에 따라 서로 도와주는 관계였다.

미국은 대체로 세계 경제의 유리한 고지에 서서 미국 밖으로, 그리고 언더그라운드를 향해 권력을 드러냈다. 반면 중국은 점진적으로, 아주 힘들게, 위를 향해, 내부로 파고들면서 세계 경제의 변두리로부터 중심부를 향해 전진했다. 중국은 태양전지판과 배터리 제조 같은 일부 전략적인 경제 부문에서 외국 경쟁사들을 앞질렀다. 그러나 다른 부문에서는 정부의 대대적인 투자를 받으면서도 뒤처졌다. 첨단 반도체칩 생산이 가능한 국내 반도체 산업을 키우겠다는 중국 정부의 야심 찬 계획도 국내 공학 지식과 역량 부족으로 좌절되었다. 이처럼 중국의 웅대한 야심과 한정된 능력의 괴리를 이용한 수상한 기업가들이 첨단 반도체 팹을 건설하겠다고 약속하고 중국의 지방 정부로부터 수십억 위안을 뜯어내기도 했다.

비록 차용한 아이디어를 기반으로 했지만, 화웨이의 성공은 실체가 분명했다. 상당 부분 타 기업의 제품을 역설계하는 데 투입되었지만, 화웨이는 연구개발에 많은 투자를 했다. 화웨이와 협업한 경험이 있는 어느 평론가는 "그들이 만드는 제품 중에 기술적인 면에서 독창적인 것을 한 번도 본 적이 없다"고 밝혔다. 결국 화웨이는 지적 재산을 도용했다는 이유로 네트워크 장비 제조업체 시스코(Cisco)에게 고소당했다. 2007년에는 미국 정부가 화웨이의 쓰리컴(3Com) 인수를 막았다. 그럼에도 화웨이는 이런 공격을 이겨내고 사업 규모를 키워갔다.

⁂

2012년, 존 챔버스(John Chambers) 시스코 최고경영자는 화웨이가 지적 재산과 관련된 "규칙을 따르지" 않을 때가 있다고 주장하면서 화웨이를 향한 공격을 개시했다. 챔버스의 주장은 미국 관리들이 행동에 나설 수 있는 자극제가 되었다. 그러나 미국 정치권의 우려는 화웨이가 미국의 노하우를 훔치고 있다는 점에 그치지 않았다. 이들은 화웨이가 중국 정부와 긴밀하게 연결되어 있고, 미국의 안보를 위태롭게 한다고 생각했다.

화웨이가 미국 시장 진출을 시도하면서 이들의 두려움은 커져갔다. 농촌의 일부 중소 통신사업자가 이미 화웨이 설비를 구입한 상황에서 화웨이가 스프린트 넥스텔(Sprint Nextel)의 전화망 개선 사업에 응찰하자 존 카일(Jon Kyl) 애리조나주 공화당 상원의원은 목청 높여 반대하고 나섰다. 그는 다른 상원의원들과 공동 서명한 서한에서 화웨이와 ZTE가 수출금융과 보조금 방식으로 중국 정부의 자금 지원을 받고 있으며, 중국군이 "통신을 교란하고, 엿듣고, 조작하거나 고의로 잘못된 경로로 전송할" 수 있는 스위치나 라우터, 소프트웨어를 미국의 네트워크에 심어둘 수도 있다고 경고했다.

화웨이는 C. A. "더치" 루퍼스버거("Dutch" Ruppersberger) 하원 정보위원회 소수당(민주당) 간사를 홍콩으로 초대해 런정페이와 만나는 자리를 마련하여 이러한 비난에서 벗어나려고 했다. 그

언더그라운드 엠파이어

러나 이 만남은 처참한 역효과만 일으켰다. 루퍼스버거 의원과 마이크 로저스(Mike Rogers) 위원장이 화웨이와 ZTE를 미국 국가안보를 위협하는 기업으로 지칭한 보고서에 공동 저자로 이름을 올린 것이다. 두 의원은 중국이 "악의적인 목적으로" 화웨이와 ZTE 설비를 이용할 수 있으며 기술 보호만으로는 중국의 위협을 완전히 억제할 수 없다고 주장했다. 두 사람은 독자적인 길을 통해 20년 전 장쩌민 총서기와 같은 결론에 도달했다. 즉, 통신 스위치는 군대와 같아서, 이를 통제하지 않는다면 국가안보를 통제하지 않는 것과 같다.

어느 전직 통신사 임원은 자기네 회사가 화웨이에게 계약 입찰 참가를 요청했지만 이들과 실제로 거래할 생각은 전혀 없었다고 필자에게 밝힌 적이 있다. 이 회사는 화웨이의 저가 입찰을 유도해 에릭슨(Ericsson)과 노키아(Nokia)에게 압력을 가할 수 있었지만, 회사 임원들은 화웨이와 실제로 거래를 한다면 사업 가치보다 훨씬 큰 고초를 겪게 될 것임을 알고 있었다. 화웨이의 미국 진출은 절대 허용될 수 없었다.

미국 관리들은 미국 외 지역에서 화웨이가 보이는 행보에 대해서도 우려했다. 화웨이는 개발도상국에서 다진 기반을 확장하여 부유한 국가에 제품을 공급했는데, 여기에는 미국의 동맹국도 다수 포함되어 있었다. 미국은 화웨이가 판매하는 장비의 대안을 제시할 수는 없었다. 미국의 대형 통신 제조업체는 글로벌 경쟁 체제의 희생자로 전락하여 파산하거나 매각되었다. 전 세계에 주요 통신장비 공급업체는 에릭슨과 노키아, 화웨이 세 곳뿐이었고, 이들이 글로벌 시장에서 각각 약 15~30%의 지분을 차지했다.

미국 관리들은 화웨이가 앞뒤가 다른 행동을 하는 게 아닐지 염려했다. 화웨이 임원들에 따르면, 런정페이는 직원들에게 "중국에서는 화웨이가 중국공산당을 전적으로 지지한다고 말하고, 중국 밖에서는 화웨이가 항상 글로벌 트렌드를 따른다고 [말할 것]"을 지시했다. 워싱턴포스트에 유출된 화웨이의 기밀 마케팅 자료를 보면 중국의 국가안보와 국방을 위해 인터넷과 모바일 기기를 샅샅이 뒤지는 정교한 감청 기기와 더불어 성문(聲紋) 식별 및 위치 추적 시스템을 상술하고 있다. 마이클 헤이든이 언급한 국내와 해외를 구분하는 선은 중국 정부에게는 없었다. 국내 안보를 위해선 해외에서도 정권의 적을 추적할 수 있어야 한다는 것이다.

미국은 자신들이 예전에 중국과 세계에 한 일을 중국이 미국을 대상으로 되풀이하도록 화웨이가 지원할까 우려했다. 주변부에서 시작된 화웨이의 행군이 성과를 보이고 있었다. 화웨이가 생산한 기지국과 네트워크 기기 가격이 너무 저렴해서 에릭슨과 노키아를 비롯한 유럽 기업은 미국 밖에서는 계약 수주에 애를 먹었다. 모두가 광대역 무선 통신망에 대비한 새로운 통신 표준인 5세대 이동통신, 즉 5G 실현을 지향할 때, 화웨이는 세계 통신 시스템 재편을 위한 준비를 마친 것으로 보였다.

미국 관리들은 화웨이의 행보를 미국 안보에 심각한 위협으로 간주했다. 프리(Pre)-5G* 휴대전화 기지국은 기저 통신망에 추

---

* 5세대 네트워크 사전 기술 또는 4.5세대(4.5G) 통신기술. 5G 표준이 정해지기 이전에 통신 속도를 끌어올리기 위해 도입된 각종 기술을 통칭하는 용어로, 이종망동시전송기술(MP TCP), 다중입출력(Massive MIMO), 주파수 통합(CA) 등이 있다.

가로 연결될 수 있는 장비다. 5G가 완전히 구현되면 이 기지국은 글로벌 통신 기반시설의 일부분으로 통합될 것이다. 5G를 옹호하는 진영에서는 모든 것이 다른 모든 것과 소통할 수 있다고 예언한다. 즉, 화웨이가 만든 기지국을 통해 퍼진, 여러 가닥의 보이지 않는 네트워크를 통해 냉장고, 자동차, 보안 카메라, 심박 조율기, 로봇이 서로 소통할 수 있다는 것이다. 그러면 화웨이는 세계의 핵심 통신 시스템에서 필수 구성요소가 되어 상상할 수 있는 모든 장치와 연결되어 끊임없이 업데이트를 전송하고 수신할 수 있다. 정보와 돈, 물류까지, 모든 것이 중국산 장비를 통해 흐르게 되는 것이다.

미국 관리들은 눈앞에 닥친 감청 위험을 논의했다. 진정으로 두려운 것은 화웨이가 세계의 5G 네트워크 기반시설을 구축해서 미국이 세워 놓은 언더그라운드 제국에 대항하고 서서히 잠식해 들어가 중국의 목적에 맞게 바꿔놓을 수도 있다는 점이었다. 화웨이의 자체 마케팅 자료는 "요주의 정치인사"를 추적하는 능력을 강조했다. 화웨이는 권위주의 국가에 자국민을 수월하게 감시할 수 있게 해줄 새로운 글로벌 표준을 제안하여 인터넷 자체를 재구성하는 일에 적극적으로 나섰다. 화웨이가 미국의 가치보다 중국의 가치에 적합한 인터넷을 만드는 데 기여한다는 가정도 지나친 비약은 아니었다. 중대한 사안일 경우, 화웨이가 중국 정권의 적을 추적, 감시하거나 중국이 원하지 않는 일을 하려 하는 국가의 통신 시스템 전체를 무너뜨릴지도 모를 일이었다.

오바마 정부에서 기술수출통제 담당 차관보로 일했던 케빈 울프(Kevin Wolf)는 필자와의 인터뷰에서 이렇게 말했다. "중국은 항상 제가 중국을 봉쇄하려 한다고 저를 비난하고, 우리가 경제 분야에서 중국을 차별하고, 중국을 끌어내리려 [한다고] [말하곤 했습니다].” 그러나 울프는 자신의 일이 경제적 사안과 전혀 관련이 없으며, 전적으로 국가안보와 관련이 있다고 생각했다. 그가 보기에 화웨이는 단순히 전화기와 교환기를 판매하는 평범한 중국 기업이 아니었다. 화웨이가 “엄청난 규모로 세상 곳곳에 존재한다는 점, 그리고 중국 정부와의 가까운 관계를 유지해 왔음”을 볼 때, 문제는 회사가 현재 보이는 몇몇 행태 보다는 회사가 지금껏 “존재해 왔고 누군가로부터 기회를 부여받아 왔던 점” 그 자체임을 알 수 있다.

그러나 때로 원론적으로 보이는 안보 위협보다 값싼 통신 인프라 확보에 더 많은 관심을 보이던 미국 동맹국에게 이런 사실을 전달하기란 쉽지 않은 일이었다. 트럼프 행정부는 미국의 동맹국에게 화웨이 장비를 사용하지 말 것을 촉구하기 시작했다. 이미 호주 같은 나라에서는 화웨이를 의심하고 있었기에 이 요구를 기꺼이 받아들였다. 하지만 영국을 포함한 일부 국가는 미국의 요구에 회의적이었다.

필립 해먼드(Philip Hammond) 영국 재무장관은 긴장감이 감돌던 영국 국가안전보장위원회 회의에서 화웨이가 영국에 5G 기술을 계속 지원하도록 허용하면 수십억 파운드를 절감할 수 있다고 동료 각료들을 설득했다. 해먼드의 동료인 개빈 윌리엄슨(Gavin Williamson) 국방장관이 강력하게 반대했지만, 그는 회의의 중요한 내용을 언론에 유출했다는 의혹을 받고 해임되었다. 미국 관리들은 화웨이 도입 결정에 경악하며 영국이 화웨이에게 “실탄이 장

언더그라운드 엠파이어

전된 총"을 쥐여주고 "중국이 미래의 인터넷을 장악하게" 했다고 평했다.

미국 관리들은 중국의 감청 위험성이 관리 가능하다는 영국 측 주장에 그다지 주목하지 않았다. 미국 정보기관이 화웨이 기술을 뚫고 들여다본 적이 있었는데, 화웨이 기술에는 외부로부터 침투할 수 있는 취약점이 많았다. 하지만 미국은 실제로 중국이 화웨이 덕분에 중국 중심의 네트워크 제국을 건설하여 미국을 밀쳐버릴 것을 걱정했다. 중국이 미국을 제외한 세계 전 지역에 5G 네트워크를 구축한다면 화웨이를 미국에서만 내쫓아봤자 큰 소용이 없었다. 중국은 미국을 외부에서 서서히, 거침없이 포위한 후 결국 미국이라는 메트로폴리스를 굴복시킬 것이기 때문이다. 미국 관리들은 미국이 현재의 유리한 고지에서 어떻게 화웨이를 선제공격할 것인가를 묻기 시작했다.

※

스티브 스테클로(Steve Stecklow)는 중국과 이란의 비즈니스 거래를 보도하기 시작할 때 자신이 국제적 위기를 촉발할 것이라고는 전혀 예상하지 못했다. 스테클로는 월스트리트저널 감청 기술 보도팀의 일원이었다. 이 보도팀은 한 기사에서 화웨이가 이란의 최대 휴대전화 사업자에게 휴대전화를 이용해 경찰이 사람들의 동선 추적을 가능하게 하는 시스템을 판매했다는 내용을 다뤘다. 스테클로가 가지고 있던 출처는 확실히 대단했다. 그는 로이터로 옮긴 후 쓴 기사에서 중국 내 화웨이의 경쟁사인 ZTE가 이란의 국영 정보통신 사업자를 위해 인터넷 감청 시스템을 설치했다는 사실을 자세히 보도했다. 유출된 제품 목록에서는 ZTE가 공급하는 기본 장비 일부가 미국에서 생산되었다는 사실이 드러났다.

9개월 후, 스테클로는 또 다른 기사에서 화웨이와 관련이 없다는 스카이컴(Skycom)이 미국에서 생산한 장비를 이란에 판매했다고 밝혔다. 그런데 이상하게도 스카이컴 직원 다수가 링크드인(LinkedIn)에 "화웨이-스카이컴"에서 일한다고 자신을 소개했으며 직원들이 모두 화웨이 회사 배지를 달고 있었다. 그로부터 몇 주 후, 스테클로는 세 번째 기사에서 법인 뒤에 법인이 숨어 있는 이상한 소유구조를 폭로했다. 이 복잡한 위장 구조 안에서 멍완저우가 스카이컴 지분 모두를 보유하는 지주회사의 비서였다는 것이다.

스테클로가 낸 기사는 멍완저우를 궁지로 몰아넣었다. 하지만 미국이 가진 금융 시상의 우위가 압박 도구로 바뀌었기 때문에, 미국은 이 기사의 내용에 따라 행동하는 것만 가능했다.

ZTE를 다룬 스테클로의 기사가 보도된 후, 미 법무부와 상무부는 조사에 박차를 가했다. 두 부처가 찾아야 할 것이 매우 많았다. ZTE는 미국의 수출 규정을 견고한 법적 제약이 아닌 성가신 장애물로 여겼다. 이란은 중간소득 국가로서 새로운 전화망 구축이 시급했고 서방 기업 대부분의 진출이 금지되어 있었기에 매력적인 상업적 기회를 제시하는 시장이었다. 걸림돌이라면 ZTE의 주요 제품이 미국산 부품에 의존하거나 미국산 장비와 함께 배치해야 최고의 성능을 발휘한다는 것이었다. ZTE가 미국의 기술 수출 규정을 위반한다면, 거액의 벌금을 물거나 앞으로 미국산 장비 이용이 금지될 위험이 있었다.

대형 다국적 기업이 007 시리즈의 악당이라도 된 듯 그 불온한 영웅담을 상세히 풀어놓는 일은 매우 흔치 않다. 그런데 ZTE가 정확히 이렇게 했다. "일급비밀", "극비"라고 표시된 내부 문서에 따르면 ZTE는 미국이 '테러 지원국'으로 규정한 국가에서 "대규모 사업"을 진행하고 있었다. ZTE가 미국으로부터 이런 국가를 대상으로 한 수출 허가를 얻기란 "불가능에 가까웠기"에 "엄청난 법적 위험"이 있었다.

ZTE는 해결책을 찾아냈다. "일급비밀" 문서에는 복잡하고 번거로운 미국 규정을 피해가는 방법이 안내되어 있었다. 우선 베이징, 홍콩, 두바이에 유령 회사 조직을 만들고 운영은 모두 중국 국적자가 담당한다. 그런 다음 회사 한 곳이 미국 장비를 구입해서 다른 회사에 판매하고 세 번째 회사에 전달하면, 세 번째 회사가 문제의 국가에 있는 현지 자회사와 계약을 체결한다. 이 정교한 상업적 원형 교차로를 거치고 나면 ZTE가 이란이나 기타 미국이 차단한 국가와의 금지된 거래를 하지 않는 것처럼 보인다. ZTE의 실무 지침이 설명한 것처럼, 이렇게 회사가 연결되어 있으면 "수출통제 상품의 실제 유통을…미국 정부가 추적하거나 조사하기가 어려워진다."

하지만 이 원대한 마스터플랜은 끔찍하게 틀어졌다. 2014년, ZTE의 최고재무책임자가 보스턴 로건 공항에 입국하던 중 제지당한 일이 있었다. 그의 비서가 소지한 노트북에는 "일급비밀" 문서를 포함하여 ZTE와 이란의 불법 거래 관련 문서가 "보물 창고"처럼 보관되어 있었다. 미국 상무부는 수출 규정을 무려 380건이나 위반했다는 이유로 ZTE를 기소하면서 이 문서를 회사 경영진의 의도를 보여주는 증거로 제시했다. ZTE는 벌금 4억 3000만 달러(유예 과징금 3억 달러 추가)를 납부하고, 외부 독립 기관의 준법 감시 모니터링을 받고, 관련 직원의 징계를 약속해야 했다. 이후 이 약속을 지키지 않았음이 드러났을 때 ZTE는 회사를 망가뜨리는 수준의 미국 벌금형에 처할 위험에 직면했다가 겨우 살아날 수 있었다.

그런데 진짜 표적은 ZTE가 아니었다. 케빈 울프가 필자에게 밝힌 대로, "ZTE를 추적한 이유 중에는 입수하기 어려웠던 화웨이 관련 정보를 얻으려던 것도 있었다." 비서의 노트북에는 ZTE 수뇌부와 법무팀 책임자에 한해서 열람 가능한 두 번째 ZTE 극비 문서도 저장되어 있었다. 이 문서는 코드명 "F7"인 또 다른 기업을 짧게 언급하면서 이 기업이 미국 기술을 은밀하게 이란에 판매하는 방법의 원형을 제시했다고 주장한다. 통신시장을 잘 아는 이들에게는 F7이 화웨이라는 것이 뻔히 보였다.

하지만 F7 문서 내용은 들은 것을 기술한 전문(傳聞) 증거로, 화웨이가 미국 법을 위반했다는 명백한 증거가 되지는 못했다. 스테클로의 보도도 마찬가지였다. 그 역시 자신이 "화웨이가 미국 제재를 위반했음을 하나도 증명하지 못했다"고 인정했다. 불과 몇 년 후, 스테클로는 기사 내용을 "거의 다 잊어버렸다"고 말했다. 그렇지만 그의 보도와 F7 문서는 명완저우의 체포와 유리한 위치에 있던 화웨이의 추락으로 이어진 일련의 사건을 최초로 이어주는 연결고리였다.

언더그라운드 엠파이어

멍완저우는 1990년대 초 런정페이가 갓 출범시킨 통신회사에서 세 명의 회사 비서[*] 중 한 명으로 경력을 쌓기 시작했다. 화웨이가 성장할수록 그녀의 역할도 커졌다. 런정페이는 가족에게 회사를 물려줄 계획이 없다고 단언하고 복잡한 순환 대표 체제를 도입했다. 그럼에도 많은 이들이 멍완저우를 다음 후계자로 생각했고, 그녀는 회사의 최고재무책임자 자리까지 올랐다. 멍완저우는 이 위치에서 회사의 다른 임원들과 마찬가지로 미국이 자국의 기술을 사용하는 외국 기업에 부과하는 복잡한 규칙의 준수 여부와 방식을 고민해야 했다.

루퍼스버거와 로저스가 작성한 의회 보고서는 화웨이가 미국의 대이란 제재 규정을 이행하는지에 관해 날카로운 질문을 던졌다. 멍완저우와 런정페이 두 사람 모두 규정 이행에 대해 만감이 교차한 듯했다. 사우스차이나모닝포스트 기사에 따르면, 이 부녀는 내부 질의응답 시간에 직원들에게 "회사가 비용을 따져보고 규칙을 따르지 않는 위험을 감수할 시나리오"가 있었다고 밝혔다.

2018년 12월 1일, 멍완저우는 업무 회의 참석을 위해 홍콩에서 멕시코시티로 가던 중 브리티시컬럼비아 주 밴쿠버 국제공항에서 내렸다. 밴쿠버는 멍완저우(캐나다인 친구들에게는 '사브리나'나 '캐

---

[*]　회사 비서(company secretary)는 회사 운영의 중요한 축으로 회사의 거버넌스 체계를 관리하는 핵심적 역할을 수행한다.

시'로 불렸다)와 그녀의 남편에게 제2의 고향이었다. 그녀의 아이들은 밴쿠버에서 학교를 다녔고, '카를로스'로 불렸던 남편은 이 지역 대학의 석사학위 과정에 입학한 적이 있다. 부부는 10년 전 400만 달러짜리 주택을 구입했다. 이들은 1200만 달러가 넘는 저택으로 이주할 만큼 밴쿠버 생활이 마음에 들었다.

하지만 멍완저우는 집으로 가지도 못하고 환승해서 캐나다를 떠나지도 못했다. 밴쿠버 국제공항 65번 게이트에서 내린 그녀를 기다린 것은 파견된 캐나다 출입국관리 경찰대였다. 이들은 그녀를 취조실로 데려갔고, 통신을 차단하도록 설계된 가방 안에 멍완저우의 모든 전자기기를 넣어두게 하고 전자기기의 비밀번호를 넘겨받았다. 심문이 세 시간쯤 지난 오후 2시경, 멍완저우는 미국의 송환 영장을 이행하는 캐나다 연방경찰에 금융사기 혐의로 체포되었다.

이란에 금지된 기술을 판매했다는 의혹을 받은 사람에게 금융사기 혐의는 의외였을 것이다. 그런데 이 혐의를 적용한 이유가 있다. 미 국가안보국 해커들도 화웨이에 관한 비밀 정보를 다량 수집했다. 다만 정보의 출처와 수집 방식을 공개하고 싶지 않았던 미국은 이 정보를 법정에서 쉽게 활용할 수 없었다. 심지어 미국이 멍완저우를 캐나다에서 미국으로 송환하기를 원한다는 것이 더 큰 문제였다. 미국 제재 위반은 캐나다에서 범죄 행위가 아니지만 금융사기는 확실한 범죄였다. 미국 검찰이 송환을 시행하려면 멍완저우가 은행을 속였다는 최초 증거를 제출해야 했다. 다행히 검찰은 화웨이의 해외 거래 은행이고 미국의 언더그라운드 제국에 얽혀 있던 HSBC를 이용할 수 있었다.

몇 년 전, 미국 법무부는 미국 금융 시스템을 통해 시날로아 (Sinaloa) 마약 카르텔의 마약 밀매 수익 8억 8100만 달러 세탁을 도왔다는 명목으로 HSBC를 기소했다. HSBC는 벌금 19억 달러를 지급하기로 합의했고 다년 "기소 유예" 합의에도 도달했다. 이 약정에 따라 회사에 속하지 않지만 의혹이 있는 고객과 회사의 거래, 자금세탁법 준수 여부를 면밀히 조사할 권한이 있는 모니터링 기관에 협력한다면 HSBC는 형사소송을 (그리고 회사가 문을 닫을 가능성을) 피할 수 있었다.

HSBC 임원진은 감독받는 것이 달갑지 않았다. 감사기관이 작성한 비밀 보고서에 따르면, 이들은 HSBC 장부를 조사해서 잠재적 범법 행위를 밝히려는 감사관을 방해하기 위해 "불신, 부정, 회피, 지연" 등의 방법을 총동원했다. 얼마 후 HSBC의 외환 부서가 부적절한 거래에 관여했고, HSBC 경영진이 거래 담당자 징계를 원하지 않았다는 사실이 드러났다. 미국 검찰은 HSBC의 해당 부서에 대한 형사 기소도 검토하기 시작했다. 기소될 경우 기소 유예 합의가 해제되어 HSBC가 붕괴될 수도 있었다.

로이터 기사에 따르면, HSBC는 화웨이와의 거래 정보를 제공하여 미국 정부가 기소 위협을 중단하도록 설득하려 했다. HSBC는 일류 로펌을 고용해 100여 건의 면담을 실시하고 수십만 개 이메일과 수년 간의 금융 거래를 파헤쳐 화웨이와의 이전 거래내역을 조사했다. 이 조사 결과는 2017년 미 법무부와 진행한 일련의 회의에서 전달되었다.

이 회의에서 HSBC가 내부를 재정비하고 있고 과거의 잘못들을 기록해 두었다는 점을 미국 검찰에게 납득시킨 것으로 알려진다. 나아가 HSBC는 고의로든, 우연에 의해서든, 화웨이를 빛나는 접시 위에 올려놓고 검찰에게 포크와 날을 갈아둔 고기용 나이프까지 쥐여주었다.

스테클로의 기사가 나온 당시, HSBC는 멍완저우에게 거래의 자초지종을 해명하기를 요청했다. 미국 발표에 따르면 멍완저우는 HSBC에게 스카이컴이 화웨이의 수많은 사업 파트너 중 하나에 불과하다는 내용의 파워포인트 프레젠테이션을 하고 은행 관계자들에게 화웨이는 미국 법과 규정을 철저히 준수한다고 안심시켰다. 미국 법무부 검사들은 이 발표에서 필요했던 것을 얻었다. 멍완저우의 말이 거짓이라면, 그녀는 화웨이가 "미국 달러화 결제를 포함한…국제 금융서비스"에 대한 접근을 유지할 수 있도록 화웨이의 거래 은행에게 거짓말을 했다고 주장할 수 있게 된 것이다. 이 부분이 '사기'로 해석될 수 있었다. 검찰은 HSBC(화웨이 기소 건에서는 "1번 금융기관"으로 기재됨)가 "1억 달러가 넘는 스카이컴 관련 거래를 미국을 통해 결제"했기 때문에 "(미국의) 민사 또는 형사 처벌" 대상이 되었다고 주장했다. 미국은 이 거래에서 HSBC 편에 섰다. 기소된 것은 HSBC가 아닌 멍완저우였다.

기소된 후, 멍완저우의 변호인은 도주 우려가 없다고 주장했다. 그럼에도 윌리엄 어크 판사는 조건부 석방에 700만 달러가 넘는 보석금을 책정했다. 보석금을 납부한 후, 멍완저우는 보안요원에게 계속 감시를 받고 밤 11시부터 아침 6시까지 통행금지명령 이행을 강제하는 전자팔찌를 착용해야 했다. 이 조치 때문에 그녀가 명품 쇼핑을 위한 외출과 고급 레스토랑 식사를 포함한 부유층의 여러 특권을 누리지 못한 것은 아니었다. 단지 캐나다를 떠날 수 없을 뿐이었다.

미국의 글로벌 금융 제국은 멍완저우 체포의 근거 역할을 했을 뿐 아니라, 그 수단이기도 했다. 이 제국이 없었다면 HSBC 같은 외국 은행이 미국의 요구에 기꺼이 응하려고 하지 않았을 것이다. 이 제국이 존재하기 때문에 외국 은행들은 생존하려면 달러화 결제 시스템에 접근할 수 있어야 했다. HSBC는 소멸 위험에 처하자 미국 검찰을 진정시키기 위해 무엇이든 하려고 했다. 미국에게 이러한 권력이 없거나 있어도 그 권력을 행사하지 않는 세상이라면, 멍완저우는 미국이 자신의 여행을 감히 막을 것이라고 상상도 하지 않은 채 휴가를 즐기고 여행 일정을 이어 나갔을 것이다.

✳

멍완저우 체포 후, 중국 언론은 HSBC가 고의로 미국 법무부와 "공모"해서 화웨이에게 "덫"을 놓았다고 주장했다. 중국 관영신문들은 멍완저우 기소 건을 미국과 HSBC가 오랫동안 꾸민 길고 지루한 음모의 정점을 보여주는 사례로 규정하는 글을 게재하면서 미국과 HSBC가 최소 2012년부터 중국에서 가장 중요한 이 통신기업을 함정에 빠뜨리려 했다고 주장했다.

미국 정부 고위층이 확실히 화웨이를 쓰러뜨리고 싶었던 것을 보면, HSBC도 공모했다는 내용은 오보지만, 미국의 의중에 대한 중국 내 보도는 옳았다. 하지만 신중한 장기 계획이 있었다는 내용은 완전히 틀렸다. 미국 관리들은 자국 정부 한가운데에 생긴 형체 없는 혼란과 씨름하느라 이전보다 훨씬 즉흥적으로 대처할 수밖에 없었다. 대통령이 도널드 J. 트럼프였고, 트럼프가 중국을 대하는 태도는 그의 일시적 기분과 짜증, 마지막으로 대화한 상대방에 따라 급변했다. 혼란스럽고 예측 불가능한 행정부 내에서 견디려는 관리들의 간절한 노력이 제국의 새로운 무기를 만들어냈다는 점이 흥미롭다. 월터 리스턴이 한때 기업을 정부로부터 해방해 주기를 바랐던 지적 재산이 족쇄와 쇠고랑으로 다시 만들어진 것이다.

트럼프는 원할 때면 언제든 인정사정없이 미국의 안보 이익을 방어할 수 있었다. 2020년 2월, 트럼프는 보리스 존슨 영국 총리와의 통화에서 존슨 수상이 영국 통신기업의 화웨이 설비 구입 중단을 거절하자 "졸도 직전까지" 격분하며 그를 맹비난했다. 트럼프의 분노는 언성을 높이는 수준을 넘어섰다. 트럼프를 대신해 비공식적으로 유럽에서 악역을 도맡았던 리처드 그레넬(Richard Grenell) 독일주재 미국대사는 트럼프가 "공군1호기에서 전화를 걸어 신뢰할 수 없는 5G 판매기업을 이용하려는 모든 국가는 최고 등급의 정보와 첩보를 공유하는 우리의 능력을 위험에 빠트릴 것임을 분명히 하라고 지시했다"는 트윗을 올렸다. 이 트윗에는 영국이 화웨이 설비 구입을 고집한다면, 미국이 최고 수준의 비밀정보를 공유할 의향이 있는 국가들로 구성된 배타적인 조직 '파이브 아이즈(Five Eyes)'에서 퇴출당한다는 의미가 분명히 내포되어 있었다.

하지만 트럼프에게는 일관성이 없었다. 그는 중국에게 처벌을 가하고 싶어하면서도 미국 유권자들에게 자신이 구사할 수 있는 거래의 기술을 보여주기 위해 무역 협정 체결을 간절히 원했다. 트럼프 정부의 강경 매파인 존 볼턴 국가안보보좌관은 후에 중국과 무역 협상을 타결하려는 트럼프의 욕망을 화웨이를 비롯해 "주변의 다른 모든 이슈를 뒤틀어버리는" "블랙홀"에 비유했다.

트럼프는 화웨이를 대상으로 한 미국의 조치를 무역에서 양보를 얻어내기 위한 협상카드로 본다는 의견을 끊임없이 내비쳤다. 그러면서도 공개적으로 바보 취급받기는 원하지 않았다. 보리스 존슨처럼 트럼프가 개인적으로 좋아하는 지도자가 동맹국의 수장이어도, 이들이 미국의 노선을 따르지 않으면 가혹하게 다룰 수도 있었다. 볼턴 같은 매파가 성급하고, 과시하기 좋아하며, 충동적인 트럼프의 성격을 이용해서 화웨이를 억압하고 미국의 국가안보 이익을 보호하려는 정책을 지향하도록 그를 움직일 수도 있었지만, 다른 한편으로는 그 성격 때문에 트럼프가 목표를 일관되게 유지하도록 만들기가 어려웠다.

트럼프는 처음 멍완저우 체포 소식을 듣고 마냥 기쁘지만은 않았다. 그는 2018년 백악관 성탄절 만찬에서 볼턴에게 하필 중국 최대 통신사인 화웨이를 잡았냐고 불평하면서 멍완저우를 "중국의 이방카 트럼프"라고 칭했다. 볼턴에 따르면, 트럼프는 화웨이가 무역협상에서 유용한 협상카드가 될 것이라고 반복적으로 말했다.

2019년 5월, 미국 상무부 산업안보국은 화웨이 본사와 여러 계열사를 수출통제명단에 등재하는 중대 조치를 취했다. 케빈 울프가 전해 들은 바로는 "트럼프가 중국이 네브라스카산 곡물 등을 구입하도록 압박할 수 있는 추가 수단을 원했기" 때문에 "중국과의 무역 협상에서…일어난 일"이었다고 한다. 화웨이의 수출통제명단 등재는 여파가 컸다. 수출통제명단은 미국이 국가안보에 위험하다고 간주하는 외국 기업을 명시한다. 명단에 오른 기업에게 미국 기업이 미국산 기술과 제품을 판매하려면 정부의 특별 허가를 받아야 한다.

이 정책은 미국의 지적 재산에 의존해서 무선전화기를 생산하던 화웨이에게 큰 타격을 줄 가능성이 있었다. 트럼프 정부의 윌버 로스 상무장관은 보도자료에서 "외국 법인이 미국 기술을 사용하여 미국의 국가안보나 외교 정책의 이익을 약화시킬 수 있는 가능성을 차단하는 것"이 목표라고 밝혔다. 이 모든 것이 대통령에게 잘 먹혀들었다. 볼턴은 트럼프가 보도자료를 두고 참모들에게 "끝내주는 내용이었어, 훌륭해"라고 말했다고 회상한다.

그러나 트럼프는 중국과의 무역협정 체결을 위한 노력을 멈추지 않았다. 일본 오사카에서 열린 G20 정상회담에서 트럼프와 시진핑 중국 주석이 만났을 때, 두 정상은 화웨이 관련 문제에서 타협점을 찾은 듯했다. 트럼프 대통령은 중국 제품을 대상으로 한 추가 관세 부과를 연기하고 "중국 기업 화웨이가 미국의 국기안보에 영향을 미치지 않는 [미국 첨단 기업]의 제품 구입을 허가하기로 합의했다"는 트윗을 올렸다. 다만 합의를 이행할 수 있을 정도로 트럼프의 주의력이 오래 유지되지 않았기 때문에, 로스와 볼턴 같은 관리들은 트럼프의 "고삐 풀린 발언"을 대부분 "뒤집을" 수 있었다.

매파는 화웨이를 상대로 수출통제명단을 무기화하는 과정에서 계속 한계에 부딪혔다. 이 명단은 미국 제품과 미국 지적 재산에만 적용되었기 때문이다. 벤 새스 네브라스카 주 연방상원의원은 "화웨이 공급망은 미국 기업들과의 계약에 의존하기" 때문에, 이 상무부 명단이 "미국의 적대국에 실질적인 혼란을 안겨줄 수"

있음을 증명하려고 했다. 하지만 문제는 화웨이가 다른 외국 공급 업체를 찾을 수도 있다는 것이었다.

케빈 울프가 밝힌 대로, 트럼프 행정부는 "주로 숨겨둔 다른 목적을 위해 개별 기업에 제재를 가하기 위해 수출통제 시스템을 끌어들이려 했다."(직접 제재대상과 거래하는 자에 대한) 재무부의 2차 (금융)제재, 즉 간접 제재는 달러가 전 세계에 가진 힘을 등에 업고 미국 밖에서 작용했기 때문에 그 효과가 매우 컸다. 반면 상무부의 수출통제는 "미국 기술을 이용하거나 미국 기업이 생산했더라도, (미국 밖) 외국산 제품에는 법적으로 효력이" 없었다. 그 결과 만들어진 "시스템은 미국 기업의 경쟁사에게 [유리했고], 화웨이에게는 아무런 타격도 줄 수 [없었다]."

나중에야 알게 된 사실인데, 우리 필자 두 사람이 고안한 아이디어가 우연히 해결책을 찾는 길을 제시했다. 우리는 2019년에 「상호의존의 무기화(Weaponized Interdependence)」라는 제목의 학술논문을 작성했다. 이 논문은 미국이 어떻게 상호의존적인 글로벌 금융 네트워크를 압박의 도구로 전환했는지를 다룬다. 이 논문을 쓰면서 이 아이디어에 살을 붙여 이후에 이 책을 낼 수 있었는데, 우리 논문을 통해 자신의 아이디어를 구체화했던 다른 학자들도 있었다.

이 책의 저술이 끝나갈 즈음, 터프츠대학교의 역사학자 크리스 밀러(Chris Miller)가 반도체와 미국 패권의 역사를 정리한 결정판이라 할 수 있는 『칩 워(Chip War)』를 출간했다. 필자 두 사람 중하나가 출간일에 책을 구입해서 읽기 시작했는데, 우리가 줄곧 말하던 이야기와 겹친다는 사실을 알고 깜짝 놀랐다. 밀러는 우리의 논문이 미국이 세계 경제를 무기화했을 때 초래될 수 있는 위험한 결과를 경고한다고 설명했다. 동시에 트럼프 행정부의 한 고위 관계자가 이 내용을 완전히 다른 방식으로 받아들였다는 내용도 기술했다.

미국은 규제를 더 엄격하게 강화할 때 '초크포인트 하나면 적대국을 상대할 수 있다'는 우리 논문의 핵심 아이디어를 활용했다. 밀러는 필자에게 보낸 이메일에서 이렇게 말했다. "제가 인터뷰한 한 분이 제게 두 분의 「상호의존의 무기화」를 읽고는 실행하면 아주 좋을 전략이라고 생각했다는 말에 의자에서 떨어질 뻔했습니다." 그는 본인 책에 그 관계자가 읊조렸다던 혼잣말을 옮겨적었다. "상호의존의 무기화라. 멋지군."

트럼프 정부 관계자들은 우리가 쓴 논문이 아니었어도 초크포인트의 가치를 다분히 이해했을 것이다. 어쨌든 더 중요한 것은 그들이 발견한 초크포인트인데, 이는 수출통제가 막 시작될 때 사용된 당시로선 눈에 띄지 않던 조치로, 미국 정부는 미국의 지적 재산을 마치 달러화 결제 시스템 같은 힘으로 바꾸어 화웨이를 겨냥해 반도체 공급망을 무기화할 수 있었던 것이다. 미국은 수십 년 동안 미국 달러를 취급하는 외국 은행에 대한 관할권을 주장하고 달러화 결제 지배력을 이용해서 이 은행들을 규제해 왔다. 이제 미국은 간접적으로라도 미국의 지적 재산을 상당한 수준으로 취급하는 외국계 테크기업에 대해서 관할권을 행사한다.

이미 상무부는 자체 규칙에 따라 지적 재산의 25% 이상이 미국에 속한다면 외국 제품의 수출을 차단할 수 있었다. 2020년에는 '해외직접생산품(foreign-produced direct product, FPDP)' 규칙이라는 길고 복잡한 제목의 규칙을 이용해서 이 규제 범위를 훨씬 크게 확대하기도 했다. 상무부는 미국의 지적 재산이 포함된 제품뿐만 아니라 미국 지적 재산에 의존한 제품이나 공정을 이용해 생산한 제품에 대해서도 관할권을 주장했다. 케빈 울프의 말처럼, "자그마치 수조 달러어치의 거래"가 "320페이지에 달하는 수출통제 명단 하단에 9포인트로 작성된 주석에 묻힌" 규칙의 적용 대상이 되었다.

이 난해한 주석은 반도체에 확실한 영향을 미쳤다. 실제로는 미국이 1990년대 규모로 반도체를 생산하지 않아도, 외국인과 다국적 기업의 반도체 생산에 필요한 지적 재산에 대한 미국의 지배력은 그대로였다. 케이던스처럼 미국의 통제를 받는 기업이 반도체 설계를 장악하고 반도체 생산에서 미국의 기술이 핵심적인 역할을 하는 상황에서, 화웨이는 미국 정부의 허가 없이 첨단 반도체를 구입하기가 매우 어려웠다.

트럼프의 무질서한 정책 접근이 참모들의 기발한 능력과 만나 새로운 경제적 무기를 만들어냈다. 동시에 이 무기의 사용은 복잡해졌다. 시진핑을 만난 후 올린 트럼프의 트윗은 분명히 미국 정부의 정책이었다. 상무부는 화웨이에게 일부 미국 기술을 공식 허가하는 법을 고민하다가 결국에는 수십억 달러 가치가 있는 라이선스를 제공하고 말았다. 기업들이 미국 정부의 허가를 받고는 5G와 클라우드 컴퓨팅을 향한 화웨이의 야심을 돕지 않는 한, 이들은 화웨이에 자사 제품을 판매할 수 있었다. 그래서 화웨이의 생존은 가능했지만 번창은 불가능했다. 이제 온 세계에 걸친 대안 네트워크를 구축함으로써 세계의 기술 경제에서 유리한 고지를 점하기를 바라는 화웨이의 꿈은 실현이 어려워졌다.

화웨이가 택한 방어 조치는 금지령이 내려지기 전에 반도체를 엄청나게 비축하는 일이었다. 특별 화물 전세 수송기까지 동원해서 최종 기한 전 마지막 수송일에 반도체를 자국으로 공수했다. 하지만 신형 칩 재고가 고갈되면서 화웨이 휴대전화는 경쟁사에 뒤처지기 시작했다. 최고 20%를 기록하던 화웨이의 글로벌 휴대전화 시장 점유율은 2021년 1분기에 4%로 폭락했다.

화웨이는 퀄컴 등의 기업이 설계한 구형 칩을 구매할 수 있었지만, 이마저도 미국 정부가 용인해야 가능했다. TSMC도 새 규칙에 끌려들어왔다. 미국 정부는 2019년 내내 TSMC가 화웨이에게 반도체를 팔지 못하도록 대만 정부와 협의했다. 미국은 새 규칙을 통해 세계 반도체 시장의 50% 이상을 장악하고 있으며 가장 근접한 경쟁자인 한국의 삼성보다도 한 세대는 앞서가는 이 대만 기업을 직접 강력하게 규제할 수 있었나. TSMC는 거의 독점 수준으로 전 세계 최첨단 칩(10나노미터 이하) 생산의 90% 이상을 차지하고 있었다. 2019년 TSMC가 화웨이를 대상으로 올린 매출은 54억 달러로, 화웨이는 애플의 뒤를 이어 두 번째로 큰 TSMC의 고객이 되었다. 미국이 새 규칙을 발표한 후, TSMC는 최첨단 칩을 화웨이에 판매할지, 아니면 칩 개발 및 생산에 필요한 미국 기술에 접근 권한을 계속 가질 것인지 양자택일해야 했다. 선택은 괴로웠지만 어렵지는 않았다.

TSMC가 미국에 동조하자, 영국 정부도 화웨이를 계약 대상에서 배제할 명분이 생겼다. 이언 레비(Ian Levy) 영국 국가사이버보안센터 기술 국장은 이렇게 경고했다. "[미 상무부 규칙]에 맞추어 변경된 화웨이 제품은 엄청난 공학적 난제에 직면한 상황에서 더 큰 보안과 신뢰성 문제에 봉착할 것이며, 영국 입장에서 화웨이 제품 사용에 확신을 가지기가 더욱 어려워질 것으로 생각된다."

멍완저우가 체포된 지 3년 가까이 지난 시점에서, 미국 법무부는 그녀의 변호인단과 합의에 도달했다고 발표했다. 멍완저우는 화웨이가 스카이컴을 사실상 소유했고, 스카이컴이 "금수 조치된" 장비를 이란에 판매했으며, HSBC에 "허위 진술"을 한 사실을 인정했다. 미국 법무부는 그 대가로 향후 4년 동안 법을 계속 준수한다면 기소를 유예하고 소를 기각하겠다고 합의했다.

미국은 화웨이에게 수억 달러의 벌금을 부과하지도, 장기 모니터링 합의를 요구하지도 않았다. 그래봐야 아무 의미가 없었을 것이다. 화웨이는 멍완저우가 선전 시에 도착한 시기에 이미 가혹한 규제를 받고 있었다. 기술 면에서 기적이 일어나거나 미국의 압박이 누그러지지 않는 이상, 세계를 향한 화웨이의 야망은 꽃을 피우지 못할 것이었다.

화웨이는 미국의 태도 변화보다 기적이 일어날 가능성에 베팅하는 것이 좋겠다고 생각했다. 런정페이는 2021년 8월 화웨이 연구자들과의 대화에서 "특히 화합물반도체와 재료공학 분야에서 더 많은 이론적 돌파구"가 필요하다고 힘주어 말했다. 중국은 반도체 신소재를 개발하는 새 연구 사업에 착수하면서 신소재가 업계에 혁명을 일으키고 미국과 그 동맹국을 앞지르기를 바랐다. 고위험 전략이었지만, 런정페이는 "눈앞의 실용적인 것만 추구한다면 영원히 뒤처질 수 있다"고 말했다.

아직 세계의 주변부에 제품을 판매할 수 있던 화웨이는 서양에서 등한시하는 신흥 시장에 더욱 공을 들였다. 미국과 영국 중 어디에도 밀접한 관계를 맺지 않은 국가에서는 아직도 화웨이가 생산한 통신기지국을 구입하려고 했다. 화웨이 제품을 선호하는 곳도 있었다. 러시아의 어느 "정부 내부 소식통"은 이렇게 말했다. "미국이든 중국이든 우리를 감청할 것이기 때문에, 우리는 차악을 선택해야 합니다." 하지만 화웨이에게는 메트로폴리스, 즉 세계의 중심부를 공략하는 데 필요한 시장에서의 강점을 축적할 뚜렷한 방도가 없었다. 유럽의 라이벌 기업 노키아와 에릭슨이 5G 계약을 늘려갈 때, 화웨이의 시도는 연달아 좌절되었다.

1980년대에 월터 리스턴은 지적 재산이 전 세계로 보급되어 국경 안에 기업을 가둬버린 규제를 완화하기를 바랐다. 하지만 미국의 지적 재산은 외국 기업이 덥석 물어 삼킬 반짝이는 미끼를 바늘에 걸어놓은, 길다랗고 보이지 않는 낚싯줄이었다. 미국이 그 낚싯줄을 되감기 시작하자 화웨이와 중국은 갈수록 적대적으로 변해가는 세력이 그들의 운명을 좌우한다는 것을 깨달았다. 사자가 늑대를 습격해서 영토 밖으로 쫓아버리고 있었다.

＊

몇 년 전만 해도 화웨이는 중국의 세계를 향한 기술적 야망의 중심에 있었다. 이제 화웨이는 중국의 약점을 경고하는 대표 사례가 되어버렸다. 미국은 글로벌 통신과 금융, 기술 유통 채널을 틀어쥐고 중국에서 가장 영향력 있는 기업마저도 인질로 붙잡을 수 있었다.

중국도 스스로가 포위되고 위태롭다고 판단했다. 시진핑 주석도 2018년의 어느 연설에서 "다른 국가가 주요 핵심 기술을 통제하는 현 상황은 근본적으로 바뀐 게 없다"고 말한 바 있다. 시 주석은 "처음부터 다시 시작해서" 새로운 경제의 유리한 고지 꼭대기 요새 뒤에 웅크리고 있는 오래된 제국에 중국이 맞서는 데 필요한 힘을 키우는 새로운 대장정을 요구했다. 중국 정부는 중국 기업을 압박하는 데 활용될 수 있는 기술적 "초크포인트"를 알아내려고 했다. 중국 상무부는 중국의 국가안보를 위협한 기업의 시장 진출을 제한하는, '신뢰할 수 없는 기업 리스트 규정(不可靠實體淸單規定)'을 자체적으로 발표했다. 비밀 위원회가 외국 기술을 조사해서 미국산 제품을 중국산 제품으로 대체할 기회를 모색하기 시작했다. 시진핑은 중국의 과학 기술 시스템 재건, "기술 자급자족과 자기 역량강화" 증진을 위한 3개년 계획과 핵심 목표를 위한 기술적 자립성을 키우고 주요 기술 확보를 위한 "힘찬 투쟁"을 약속하는 5개년 경제계획을 승인했다. 중국 정부는 총 1180억 달러의 추가 투자 조치들을 발표하며 반도체 생산 지원을 신속히 늘렸다.

하지만 중국이 직접 기술 제국을 건설할 기회를 찾기는커녕 기술 독립이 가능할지조차 확실히 알 수 없었다. 상하이에 본사를 둔 SMIC를 비롯한 중국 반도체 기업은 여전히 정교한 반도체를 대규모로 생산할 능력이 없었다. 미국과 그 동맹국은 중국이 제조 기술의 완전한 숙달에 필요한 서방의 설계 소프트웨어와 장비 접근을 거부했다. 중국 현지 공급업체도 도움이 못 되었다. 닛케이 아시아는 중국의 최대 설계 도구 제작업체 화다주톈(華大九天) 경영진의 불평 섞인 발언을 이렇게 인용했다. "시놉시스와 케이던스를 완벽하게 대체해달라는 요구는 자동차 제조사를 찾아가서 로 켓을 만들어달라고 하는 것과 같다." 그래도 중국은 포기하지 않 는 듯했다. 시진핑 주석은 자신이 신뢰하는 참모인 류허(劉鶴) 부 총리를 자립전략 총괄로 낙점했다. 류허 부총리의 말대로 "중국에 게는 기술과 혁신이 단순한 성장 문제가 아니라, 생존의 문제이기 도 했다."

중국은 간첩 활동과 체제 전복에도 취약했다. 스노든의 폭로 로 미국이 글로벌 통신망의 중심 위치를 이용해서 전략적으로 유 용한 정보를 수집하고 있다는 사실이 드러났다. 이 사실에 크게 놀란 중국 지도부는 외국 기술에 수반되는 약점에 더욱 집중했다. 스노든이 폭로한 감시 프로그램에 대한 기자들의 인식이 높아지 면서 예전보다 국영 신문에 '정보 보안' 같은 용어가 훨씬 많이 등 장했고 『정부조달정보』같은 전문 학술지는 중국의 기관이 "외국 기업과 외세의 영향력을 중국이 스스로 완전히 벗어나"고 "수입 제품과 서비스를 독자적이고 통제 가능한 국내 하드웨어와 소프 트웨어 서비스로 대체하며…국가와 군의 핵심적인 이익을 안전하 게 보호"해야 한다고 주장했다.

시진핑에게 닥친 더 심각한 문제는 미국이 HSBC에게 강제할 수 있었던 금융 시스템이 중국에는 없다는 것이었다. 중국은 미국 의 압력에 큰 피해를 볼 수도 있지만, 미국은 이런 피해를 입을 가 능성이 거의 없다는 점 또한 불리하게 작용했다.

홍콩을 통치하는 공직자이면서 반민주주의적인 탄압의 선봉 장이 된 캐리 람(Carrie Lam) 당시 홍콩 행정장관을 미국이 인권 침해 혐의로 제재하자, 그녀는 중국 은행에서 은행 계좌를 열 수 없게 되었다. 개인과 기업, 기관을 제재대상으로 지정하는 미국의 권력 때문에 중국의 은행들은 캐리 람에 가해진 제재를 위반할 엄두가 나지 않았던 것이다. 캐리 람은 급여를 현금으로 지급받아야 했고, 식민지 시대 저택으로 수영장 두 개가 딸린 관저 예빈부(禮賓府) 주변에 돈 무더기를 여기저기 흩어 놓았다. 하지만 중국이 게일 맨친(Gayle Manchin, 당시 미국국제종교자유위원회 위원장)에게 제재를 가해 보복해도 미국 은행은 사태에 주목할 필요조차 느끼지 않았다. 맨친은 중국의 관심에 "우쭐했다"라고 고백했고, 그녀는 중국 여행 계획이 없었기 때문에 실질적으로 생활에 영향을 받지는 않았다.

이런 이유로 중국 정부는 글로벌 금융인프라로부터 자국을 보호하려고 했다. 러우지웨이(樓繼偉) 전 중국 재정부장은 베이징에서 열린 한 산업포럼 연설에서 급증하는 미국의 내셔널리즘과 달러 지배력 때문에 중국과 미국이 새로운 "금융전쟁"에 돌입하게 될 것이라고 경고했다. 분석가와 전직 금융관료들은 중국 정부에 "미국이 중국을 달러 결제 시스템에서 퇴출한다는" "극단적 선택"에 대비하기를 촉구했다.

일부 중국 지식인들은 중국이 미래에 자국을 지키고, 어쩌면 보복까지 가능한 중국만의 금융 네트워크를 구축하기를 희망했다. 러시아의 우크라이나 침공 후 제재를 피하려 했던 러시아 기업들은 달러보다 위안화로 대금을 지급, 수령했다. 2015년, 중국은 SWIFT와 유사한 CIPS라는 자체 해외 결제 시스템을 개설했다. 2021년에는 당국 관계자들이 CIPS로 12조 6800억 달러 상당의 거래를 처리했다고 주장하기도 했다. 이 수치는 과장된 것으로 보이는데다 SWIFT에서 처리된 금액의 1/10에 미치지 못한다. 그렇지만 중국은행(中國銀行, Bank of China)의 한 부서는 "적에게 제대로 한 방 먹인다면 적에게 수백 번의 공격을 당하지 않게 된다. 우리는 정신적으로, 현실적으로 미리 준비해야 한다"고 경고하면서 중국 내 은행들에게 SWIFT에서 CIPS로의 결제 서비스 전환을 권고했다.

중국은 세계 경제의 파이프라인을 통제하지는 못했지만, '중국시장 접근 허용'이라는 사용 가능한 무기가 아직 하나 남아 있었다. 수억 명 소비자가 전 세계 중산층에 편입되고, 공작기계, 원자재, 석유, 석탄, 무수한 상품에 굶주린 제조사가 있는 중국 국내 시장 진출에 대한 수요가 높아지고 있었다. 세계화를 막기 위해 개발한 정책수단을 활용하면 중국을 불쾌하게 만든 기업, 심지어 국가까지도 선별적으로 징벌할 수 있다. 거기에 대가가 따르더라도 말이다.

노르웨이 의회에서 중국 반체제인사 류샤오보(劉曉波)에게 노벨평화상을 시상하자 중국 정부는 노르웨이산 연어 수입을 제한했다. 오바마 행정부가 중국 군 관계자 다섯 명을 사이버 스파이 혐의로 기소한 후에는 중국 정부의 컴퓨터에 마이크로소프트 윈도우(Windows) 사용을 금지하기도 했다.

하지만 이런 조치가 중국을 스스로 제한한다는 점이 문제였다. 노르웨이산 연어 수입 제한으로 중국이 큰 타격을 입지 않았다고 해도, 노르웨이 입장에서도 다른 나라가 연어를 수입한다면 큰 문제가 없었다. 더 중대한 조치를 취해도 보복 대상으로 삼은 국가에 준 피해만큼 중국이 피해를 볼 수도 있었다. 호주가 코로

나바이러스의 기원에 관한 조사를 요청하자 중국은 중요 호주 상품의 수입을 제한하거나 차단하는 조치로 보복했다. 다만 호주에서 수입하는 품목 중 가장 중요한 철광석은 중국 기업에게 반드시 필요했기 때문에 금수 조치를 철회했다. 중국 정부는 국영 발전소의 호주산 석탄 수입을 금지했다가 중국 경제가 에너지 위기를 겪자 몇 개월 후 조용히 수입을 재개했다. 호주 수출업체가 어렵지 않게 대체 시장을 구할 수 있었기에 다른 품목에 대한 제재도 비교적 실효를 거두지 못했다. 중국 스스로 타격을 감수해야 다른 국가에게 피해를 줄 수 있었고, 그조차 효과가 없을 때도 있었다.

물론 시장의 무기화는 아직 쓸모가 있었다. 대국이 아닌 중간 규모의 국가라면 달라이라마 초청처럼 중국의 심기를 건드릴 행동을 삼가려고 할 것이다. 특히 중국에 의존하는 기업의 경우 자국 정부보다 중국의 불만에 더 취약했다. 중국이 신장 위구르 자치구의 인권침해에 대한 자문에 응했던 런던의 한 변호사 사무실을 비난 대상으로 삼았을 때, 영국의 다른 변호사들은 다음 대상이 될 것이 두려워 침묵을 지켰다. 애덤 실버(Adam Silver) 전미농구협회(NBA) 위원은 중국 TV에서 농구 경기 중계를 중단한 후, NBA가 "상당한" 손해를 보았으며, 그 총액이 4억 달러에 이른다고 추정했다. 중국이 홍콩 민주화 시위를 지지하는 트윗을 남긴 한 농구팀 단장에게 반발하며 보복 조치를 취한 것이다.

하지만 중국은 자국을 해치지 않고서는 호주 같은 중견국가의 경제에도 실질적인 피해를 주지 못했다. 미국과 달리 중국은 세계 경제 언더그라운드에 자리한 핵심 초크포인트를 전혀 통제하지 못했기 때문이다. 인터넷과 글로벌 금융이 도약했던 1990년대 후반, 중국은 세계와의 재접속을 간신히 시작한 상황이었고 세계 기반시설의 진화과정을 파악할 여유도 거의 없었다.

경제 규모를 기준으로 한다면 중국은 대국이었다. 다만 세계 경제 네트워크에 미친 영향으로 본다면 중국은 잘해봤자 어중간한 존재에 불과했다. 미국은 언더그라운드 제국의 힘으로 압박의 성가신 비용을 동맹국과 적국에게 전가할 수 있었다. 미국이 세계 금융 시스템에서 이란을 배제하려고 했을 때, 지시를 따르지 않으면 자금을 빼앗거나, 거액의 벌금을 물리거나, 사실상 파멸에 이르게 하는 미국 법을 이행하는 데 필요한 대가를 치른 곳은 미국이 아닌 미국 외 국가의 은행들이었다. 미국이 화웨이의 반도체 접근을 막기로 결정하자, 화웨이와 중국에게 남은 것은 긴축재정을 실시하고 스스로 기술 자원을 발전시켜 미국의 기술적 이점을 극복할 수 있기를 바라는 일뿐이었다.

화웨이와 중국은 강력한 상대에 맞서 싸우는 마오쩌둥식 비정규전에 다시 한 번 기댈 수밖에 없었다. 화웨이의 한 공급업체가 닛케이아시아에 밝힌 대로, "미국의 탄압이 최첨단 전투기를 이용한 폭격이라면, 화웨이의 맞대응은 확실히 게릴라식 군사 작전이다."

4

깨어나니 겨울 한 가운데

2022년 3월 1일, 예상 밖의 일이 일어났다. EU 집행위원장이 역사에 남을 연설을 한 것이다.

벨기에 브뤼셀에 위치한 EU 집행위원회는 EU의 집행기구이다. 이 기구는 1980-90년대에 서로 갈등하던 유럽 국가들을 단일 시장으로 통합하도록 이끌고 국가 간 경제장벽을 무너뜨리면서 새로운 하나의 유럽으로 엮어내는 데 기여했다. 수년 후 아일랜드 '푼트', 포르투갈 '에스쿠도', 독일 '마르크', 프랑스 '프랑'이 '유로'라는 단일 화폐로 통합되었다. 이는 토머스 프리드먼이 말한 세계화의 축소판을 보여준 것이다. 국가 간의 심한 반목은 상업과 국제법이 승리하는 자유시장과 개방된 국경으로 대체되며, 이 모든 변화를 주도할 주체는 집행위원회의 전문관료들이었다.

하지만, 2022년 즈음 이 비전은 상상하기 힘든 과거가 되어버렸다. 의제를 정하는 주체는 집행위원회가 아닌 독일과 프랑스 같은 큰 나라들이었다. 게다가 유럽은 더 이상 극적인 변혁을 추구할 생각이 없었다.

러시아의 우크라이나 침공은 동화 속 시계가 자정을 알리는 것과 같았다. 유럽이 상거래에서 안전하다는 기분 좋은 환상은 자욱한 포연 속에 사라져버렸다. 전문가들은 우크라이나가 바로 옆에서 잔혹하게 쪼개지고 삼켜져도 유럽은 분개하며 규탄 성명이나 내고 실효성 없는 경제 조치나 몇 가지 발표하며 '나 몰라라' 하는 입장에 계속 머무르리라 예상했다.

그런데 앙겔라 메르켈 전 독일 총리의 측근이자 현 EU 집행위원장인 우르줄라 폰 데어 라이엔(Ursula von der Leyen)이 유럽의 새로운 시작을 알리는 발표를 했다. EU는 "빛의 속도로" "러시아의 금융 시스템과 첨단산업, 부패한 엘리트에 대한 세 가지의 엄중 제재"를 채택하려고 했다. 유럽은 러시아의 주요 은행들을 SWIFT 네트워크에서 차단하고, 러시아 항공사에 에어버스 부품 공급을 중단하고, 러시아 올리가르히*들의 계좌를 동결했다. 러시아 중앙은행이 유럽에 보유한 자금의 접근 권한을 차단하여 러시아 정부가 정치적 간섭으로부터 안전하다고 생각했던 "수십억 달러의 외환보유고"를 쓸 수 없게 만드는 충격적인 조치도 감행했다. 이후 유럽과 미국은 며칠 동안 계속해서 조치를 추가하며 세계 경제의 주요 영역에서 러시아를 배제했다. 유럽은 수십 년간 동면 상태에

---

* 소련 해체 후 민영화를 통해 부를 축적한 러시아 신흥 재벌.

서 권력정치 없는 세상을 꿈꾸다가 이제야 잠에서 깨어났다.

그런데 깨어나는 것과 경제 전쟁은 완전히 별개의 문제였다. EU의 설립 목적은 시장의 무기화가 아닌 시장의 개방이었다. 그리고 EU 자체가 외부에 취약했고 내부적으로 분열되어 있었다. 러시아라는 곰이 유럽의 폐부를 할퀴는 것이 느껴졌지만, 독일 경제는 러시아산 가스에 의존해 있었다. 헝가리도 마찬가지였고, 심지어 헝가리 총리는 블라디미르 푸틴의 팬이었다.

그래도 러시아가 우크라이나를 침공하기 몇 해 전 태동하던 변화 덕분에 유럽이 이만큼이나마 대응할 수 있었다. 유럽의 변화를 이끈 원동력은 놀라운 곳에 있었다. 역사적으로 오랜 무기력 상태에 있던 유럽을 처음으로 일어나게 한 것은 러시아에 대한 공포도, 중국에 대한 우려도 아니었다. 오히려 미합중국의 위협이었다.

꽃

몇 년 전까지만 해도 미국이 위험하다고 생각한 주류 유럽 관리는 아무도 없었을 것이다. EU와 미국의 관계는 너무나 뿌리가 깊기에 의문을 가질 수 없을 정도였다. 미국과 EU가 정책에서 의견 차이가 있거나 일시적으로 다툰 적은 있어도 우호적인 관계 안에서 일어나는 수준이었다. 한쪽이 상대방을 완전히 위협한 적은 없었다.

실제로 현대 유럽은 어느 정도 미국이 만들어낸 것이었다. 제2차 세계대전이라는 재앙을 겪은 뒤, 유럽합중국을 건설하고 싶었던 유럽 연방주의자들의 무모한 야심은 동맹국을 통한 경제 재건을 바라던 미국의 실용적 욕망과 맞아떨어졌다. 이 야심이 일부 연방주의자들의 바람대로 유럽의 통합 초국가로 이어지지는 않았지만, 혼동을 야기하는 약어를 가진 기관이 연이어 창립되었다. 이 기관의 이름은 외우기 어려운 성경의 가부장 계보처럼 ECSC(유럽석탄철강공동체)에서 EEC(유럽경제공동체)가 되고 EC(유럽공동체)가 되었다가 마지막으로 EU가 되었다.

이니셜은 바뀌었지만 유럽을 괴롭히는 갈등의 대안으로 경제협력을 이룩하자는 꿈은 그대로였다. EU 공동창설국 중 가장 큰 두 나라인 독일과 프랑스는 잔혹한 전쟁 상태와 서로 경계하는 평화 상태를 오가며 1세기 가까이 지독하게 적대하는 관계였다. 이랬던 두 나라가 공동으로 EU를 만들면서, 전쟁이란 상상조차 불가능한 것이 되었다. 두 나라는 다른 공동창설국과 함께 전쟁으로 갈라진 대륙을 시장으로 연결된 평화지역으로 탈바꿈하며 "계속 긴밀해지는 연합"을 단단히 구축했다.

EU는 '시장을 통한 평화'라는 내러티브를 토대로 설립되었다. 주요 회원국이 NATO(북대서양조약기구) 회원국이기도 했고, 미국의 핵우산 아래에 숨을 수 있기 때문에 전쟁을 걱정할 필요가 없었다. 무역도 고유의 방식으로 안보를 보장했다. 다른 국가가 왜 무역 상대국을 대상으로 전쟁을 일으켜 자국 경제에 타격을 입히려고 하겠는가?

가끔 미국의 보호 의욕은 무역에 대한 유럽의 열의와 상충했다. 냉전 중 레이건 행정부는 소련의 경화(硬貨)* 접근을 차단하려

---

* 달러 등 국제화폐.

고 했다. 하지만 독일을 비롯한 유럽 국가는 안정적인 에너지 공급이 필요했고 소련에서 생산되는 천연가스와 석유의 구입을 원했다. 이들은 소련의 가스회사 가스프롬(Gazprom)이 시베리아산 가스를 서유럽으로 운송하는 수송관 건설도 지원하려고 했다.

또래에 비해 명석했던 하버드 학부생 앤토니(토니) J. 블링컨은 제출 후 얼마 지나지 않아 책으로까지 발행한 졸업논문에서, 유럽은 가스 수송관이 평화의 가능성을 높인다고 주장하고, 이에 반해 미국은 어떤 맥락에서 가스 수송관이 적국에 도움이 된다고 믿었는지 설명했다. 미국은 "경제 전쟁"을 통한 소련의 붕괴를 원했지만, 주요 유럽 국가는 붕괴 대신 변화를 원했다. 이들은 가스 수송관이 소련의 세계 경제 편입을 도와 소련의 정치를 바꾸고 태도를 온건화할 수 있다고 믿었다.

레이건 행정부는 러시아의 가스 수송관을 제작하는 유럽 기업에 경제제재를 가하는 동시에 유럽 기업이 협조하지 않을 경우 "서유럽에 대한 군사 공약을 재검토"하겠다는 의사를 밝혔다. 그러나 유럽 국가들은 대놓고 미국 제재를 무시하고 미국에게 보복하려면 해보라며 강경하게 대응했다. 이들은 "유럽이 소유하고 운영하는 기업, 심지어 공기업"에까지 미국이 개입하는 것에 격분했다. 레이건은 움찔했고, 제재를 가하면 유럽의 제재위반자보다 미국 기업이 더 큰 피해를 볼까 두려워졌다. 수송관은 예정보다 불과 몇 개월 늦춰져 완성되었다.

냉전 시대가 끝나자 이 모든 일이 잊혔고, EU는 개방 무역이라는 새로운 세계 경제의 질서를 적극적으로 받아들였다. 유럽은 경제적 상호의존에 의지해 평화를 이뤄냈고, 미국의 지속적인 보호를 당연시하면서 유럽의 이익과 세계 경제 개방은 완전히 일치한다고 여겼다. 독일인들이 말하는 대로, 이 기저에는 '무역을 통한 변화(Wandel durch Handel)'라는 발상이 깔려 있었다.

신념과 이윤은 긴밀한 관계가 있었다. 표면적으로는 무역이 중국 경제를 서구 모형에 가깝게 끌어당겼다. 하지만 이와 함께 독일 자동차 회사와 기계 제조업체의 지갑도 두둑해졌다. 가스프롬의 수송관도 러시아를 서구 경제로 가까이 끌어들였지만, 독일의 거대 화학기업 바스프(BASF) 같은 제조업체에게 저가의 에너지와 원자재를 공급하기도 했다. EU의 두 주요 국가인 독일과 프랑스는 가스프롬과 러시아의 거대 석유 기업 로스네프트(Rosneft)에게 유럽 에너지 기반시설의 소유권을 일부 제공하는 것이 합리적이라고 판단하고 이에 반대하는 폴란드와 우크라이나의 목소리를 무시했다. 공동의 이익은 러시아와 유럽을 한층 더 밀접하게 묶어줄 것이었다. 유럽이 러시아에 의존한 이유가 가스 때문이었다면, 러시아는 돈 때문에 유럽에 의존했다. 러시아가 유럽으로 가는 가스 공급을 중단하기라도 하면, 러시아도 수익과 고가의 기반시설을 포기하며 피해를 볼 수 있었다.

거칠고 위협적인 야수가 무역이라는 마법을 통해 정말 예의 바른 궁정 관리처럼 변신할지도 모를 일이었다. 그러나 이 동화 같은 이야기의 이면에는 금을 향한 지저분한 욕망을 다루는, 다소 교훈적이지 못한 이야기가 도사리고 있었다. 냉전 시기에 무역과 정치적 연계를 통해 러시아와 동유럽의 점진적 변혁을 목표로 한 동방정책(Ostpolitik)은 인맥이 좋은 유럽 정치인들을 부유하게 만드는 타산적 관계로 변질될 때가 많았다. 게르하르트 슈뢰더 전 독일 사회민주당(SPD) 총리는 러시아 기업의 유럽 에너지 기반시설 구축을 열성적으로 도왔던 것으로 악명이 자자했다. 총리직에서 내려오기 1년 전, 그는 정계를 은퇴하면 "돈을 좀 벌고" 싶다고 전기 작가에게 고백했다. 가스프롬과 로스네프트를 비롯한 러시아의 에너지 대기업들은 그가 인맥을 연결시켜준 데 대해 넉넉히 돈을 지불하여 기꺼이 슈뢰더가 자신의 야망을 이루는 데 보탬이 되었다.

EU는 미국에 안보를, 러시아에 에너지를, 중국에는 무역을 맡겼다. 이러한 의존성 때문에 유럽이 심각한 곤경에 처하지는 않았다. 유럽 관료들의 눈에는 평화로운 상업적 교류가 2차원으로 무한히 이어지는 평평한 세상만 보였다. 이들에게는 지면 아래에 있는 모든 것들—미국의 언더그라운드 제국, 비밀리에 부활한 러시아의 영토적 야심, 중국의 커져가는 권위주의—이 눈에 보이지 않는, 마치 존재의 다른 평면에서 일어나는 일처럼 느껴졌다.

유럽 정치권에서 실리콘밸리의 지배력을 염려한 이유는 EU 기업이 시장에서 밀려나고 있었기 때문이다. 유럽 정치인들은 유로화가 결국 달러화의 자리를 차지하기를 바라면서도 달러화 결제 시스템을 중대한 전략적 위협으로 보지 않았다. 미국이 왜 달러화 결제 시스템을 유럽에게 불리하게 사용하겠는가? 유럽은 글로벌 무역과 공급망을 걱정할 상황이 되자 안보 위험이 아닌 경제에 초점을 맞췄다. EU 관리들은 러시아산 가스에 의존했을 때 초래될 지정학적 위험은 개의치 않았다. 대신 그들은 에너지 공급업체의 시장 집중이 경제적 경쟁을 해칠 것을 우려했다. 에너지 기업 간의 경쟁 관리 같은 일은 더는 새로운 유럽을 만들지 못해도 빛바랜 벽지에 칙칙하고 밋밋한 그림이나 걸린 사무실에서 식물검역규정(그게 무엇인지 묻지 마라)에 대해 시시한 변경 명령이나 내리고 있는 EU 집행위원회에 넘기면 될 일이었다. 집행위원회의 실제 힘은 여전히 강했지만, 이 힘은 주로 브뤼셀 밖에서는 거의 주목하지 않는 따분한 일에만 작용했다. 어쨌건 에너지 시장은 중요했다.

EU는 유럽 전체의 안보이익을 생각조차 하기 어려웠다. EU의 '공동외교안보정책'은 마지못해 회원국 각각의 이익과 정책을 (선제적으로 고안한 것이 아니라) 사후적으로 생각한 것들이 담겨 있었다. 집행위원회는 자신들의 관할 사항인 무역과 단일시장을 위험한 '외교정책' 문제로부터 분리하기 위해 거침없이 움직였다. 외교정책 문제로 분류되면 프랑스 같은 큰 나라들이 그것을 빌미로 경제에 개입할 가능성이 있기 때문이다. EU 관리들은 2000년대 들어 미 국가안보국의 에셜론 감시 시스템에 관한 추문 등의 안보 문제가 생겨도 대수롭지 않게 반응했다. 오스트리아의 개인정보보호 활동가 막스 슈렘스(Max Schrems)는 2016년 필자에게 "EU가 국가안보에 대한 관할권이 없다는 것"이 "근본적인 문제"라고 말했다. EU에는 미국 재무부의 해외자산통제국 같은 기구가 없었다. 제재 결정은 27개 회원국 전원 만장일치로 내려야 했고, 시행 주체는 (이를 제대로 시행할 자원이 부족한 경우가 많은) 각국 정부였다. 상대 국가들이 무역을 무기로 삼거나 공급망을 가지고 공격해 EU의 안보를 약화시키자, 유럽은 본능적으로 저항하거나 방어하는 대신 WTO(세계무역기구)에 문제 시정을 청원했을 뿐이다.

최악의 경우, EU는 세계화에 대한 믿음에 눈이 멀어 생존의 위험 자체를 간과하기도 했다. 그러나 최선의 경우에는 2013년 EU의 중재 하에 이루어진 협상에서 이란이 핵을 향한 야심에 제동을 거는 데 동의했던 사례처럼, 격렬히 지속되던 분쟁에서 독소를 제거해내려는 전향적 움직임을 이끌어내기도 했다. EU 관리들은 협정을 통해 미국-이란 관계라는 곪아가는 상처에서 지혈을 할 수 있기를 바랐다. 그러면 유럽 기업이 미국 제재에 대한 걱정 없이 매장을 차릴 수 있고, 어쩌면 미국과 이란의 잠정적 평화를 위한 기반 정도는 만들어낼 수도 있었다. 이 일을 잘 해내면 EU에게도 도움이 될 것이었다. 유럽 국가들은 주변부에서 돕는 역할에 멈추지 않았다. 존 케리 국무장관이 "끈기 있고 집요한" 협상가로 평가한 캐서린 애쉬턴 EU 외교안보정책 고위대표는 '포괄적 공동행동계획(JCPOA)'이라는 최종 합의를 이끌어내는 "결정적 역할"을 했다.

JCPOA는 무역을 통한 평화 구축을 훌륭하게 시도한 최후의 성과였다. 이란은 JCPOA에 따라 SWIFT를 다시 이용할 수 있게 되었고, UN은 이란에 가했던 규제를 해제했다. 미국은 여전히 자국 기업의 이란 진출을 허용하지 않으려고 했지만 외국 기업을 상대로 한 '2차 경제제재'는 철회하기로 합의했다. 그 대가로 이란은 몇 년 후 핵 제한을 완화하는 "일몰조항"을 고집하면서도, 핵연료 농축을 제한하는 데 합의했다.

EU는 JCPOA가 미국을 이란과 건전한 관계로 이끌고 이란이 적에게서위협을 덜 느끼게 됨에 따라 줄어들면 핵무기를 개발의 필요성이 줄기를 바랐다. 이 합의는 유럽의 외교 수완과 새롭게 발견한 EU의 글로벌 역할을 상징하게 되었다. EU가 스스로 증명했듯이, 평화와 친선 관계는 무역과 상호의존을 토대로 세워질 수 있었다.

✿

도널드 트럼프가 미국의 제45대 대통령으로 선출되자, 잠자던 유럽이 조바심 내며 동요하기 시작했다. 그러나 피터 비티히(Peter Wittig) 전 주미독일대사가 필자에게 밝힌 대로, 처음에는 사람들이 심각하게 걱정하지 않았다. 지위가 사람을 만든다고 생각했던 것이다. 트럼프는 변덕스러웠지만 아부에 약하기도 했다. 트럼프 행정부 출범 후 처음 몇 달 동안 유럽 지도자들이 존중의 의미로 연달아 워싱턴을 방문했다.

유럽 측에서는 실제로 JCPOA를 둘러싼 갈등을 예상했다. 2015년 티파티 집회에서 트럼프와 그의 대선 후보 경쟁자였던 공화당 테드 크루즈 상원위원은 누가 더 JCPOA를 싫어하는지 겨루고 있었다. 크루즈는 누가 미래에 대통령이 되든 "이 형편없는 합의를 갈기갈기 찢어야" 한다고 선언했고, 트럼프는 "최악", "끔찍한", "나쁜", "소름 돋는", "웃음만 나오는" 같은 갖가지 수식어로 이 협상을 묘사했다.

그러나 막상 대통령에 취임한 트럼프는 바로 협정을 탈퇴하지 않았다. 크루즈를 비롯한 다른 공화당 정치인들과 달리, 트럼프는 원칙적으로 이란과의 합의에 반대하지 않았다. 트럼프가 질색했던 이유는 개인적인 불만 때문이었다. 트럼프가 JCPOA를 직접 협상하지도 않았거니와 그가 독보적으로 통달한 "거래의 기술"이 있으면 더 나은 조건의 협상을 타결할 수 있다는 확신이 있었다. 2018년 1월, 트럼프는 유럽이 "합의의 처참한 결함을 시정"하는 데 동의하지 않으면 120일 내에 합의를 해지하겠다고 위협하면서도 2차 경제제재를 다시 면제해줬다.

유럽과 미국의 비공식 회담은 약 10년 후 이란의 핵농축 재개를 허용하는 일몰조항 때문에 성과를 거두지 못했다. 브라이언 훅 전 국무부 이란 수석대표는 우리 두 필자에게 유럽 측이 합의에 결함이 있다는 점에 동의했음에도 "원작자의 자존심"때문에 문제를 해결하지 못했다고 말했다. 유럽 측은 트럼프 정부의 어느 관리보다도 훅의 의견을 존중했지만, 이 분석에는 동의하지 않았다. 유럽 입장에서는 적어도 실행가능한 합의에 도달했다는 것이 기적과 같았고, 미국이 그렇게 합의를 내팽개칠 의사가 강했다는 사실을 믿기가 어려웠다. 2018년 4월, 워싱턴 D.C.를 방문한 마크롱은 트럼프가 보다 광범위하지만 세부적인 내용은 모호하게 서술한 새 합의안을 수락하도록 설득하려 했지만, 트럼프는 미끼를 물지 않았다.

그로부터 불과 몇 주 후, 트럼프 행정부는 이란협정을 일방적으로 파기했다. 미국의 대(對)이란 제재가 재빠르게 원상복귀되었다. 제재대상은 이란이었지만 유럽 기업 또한 감시대상에 포함되어 있었다. 미국은 외국 기업을 상대로 제재를 재개해서 미국이 직접 협상하고 서명한 합의의 이행을 중단하도록 동맹국에게 강요하고 있었다. 마크롱은 미국이 JCPOA를 탈퇴하면 "판도라의 상자"를 열게 될 것이라고 예견했다. 이후 몇 년 동안 두려움과 공포가 밀려들었지만, 그 뒤에도 희망은 거의 없었다.

이번에는 미국도 물러설 이유가 없었다. 레이건 대통령 이후로 미국의 글로벌 금융 장악력은 엄청나게 성장하여 미국 수출업체의 고충을 유럽 기업에게 넘길 수 있었다. 유럽 국가들은 열성적인 로비 활동을 펼쳤음에도 미국이 유럽 기업에 대한 예외 허용에 동의하도록 설득하지 못했고, 그 결과 프랑스의 에너지 대기업 토탈(Total)이 48억 달러 규모의 이란 사우스파 유전 개발 사업에서 철수하게 되었다. 다른 유럽 기업들도 이란을 떠났다. 프랑스의 카린 베르제르(Karine Berger) 전 의원은 유럽에게 "중대한 문제"가 있음을 분명히 했다. 유럽 기업들이 직면한 난관을 "경제적인 측면에서 해결할 방법이 없다"는 것이다. 이 기업들에게 주어진 선택지는 이란을 포기하는 것이 아니면 미국 달러화와 미국 기업과의 관계를 끊는 것이었다. 결정은 어렵지 않았다. 덴마크의 거대 물류기업 머스크(Maersk)의 책임자는 직설적으로 이렇게 말했다. "미국에서도 사업을 할 경우 제재에 따라 이란에서는 사업을 할 수 없는데, 우리는 미국에서 대규모로 사업을 하고 있습니다."

EU의 법령은 원칙적으로 유럽 기업들이 미국 제재에 응하지 못 하도록 막고 있다. 하지만 실제로 유럽 기업들은 이러한 법을 피할 수 있었다. 기업이 미국의 제재와 무관한 이유로 이란에서 사업을 중단했다고 주장하기만 하면 규제기관은 이 주장이 사실과 다르다는 것을 증명할 엄두를 못 냈다. EU의 한 관리는 이러한 미국 제재를 막는 EU의 법령이 "지침으로서의 가치"는 있지만 결국 무엇을 할지를 결정하는 주체는 기업이라는 점을 인정했다.

2018년 8월, 트럼프 행정부는 크루즈 같은 공화당 상원의원과 민주주의수호재단(Foundation for Defense of Democracies) 같은 반(反)이란 압력 단체의 압박에 답하는 차원에서 이란을 SWIFT에서 다시 퇴출하는 문제를 논의하기 시작했다. 스티븐 므누신 재무장관은 유럽의 동의 없이 사안을 일방적으로 밀어붙이고 싶지

언더그라운드 엠파이어

않았지만, 존 볼턴 국가안보보좌관 같은 관리들은 이란을 상대로 "최대 압박"이라고 이름 붙인 정책을 밀어붙였다. 어느 익명의 행정부 관리는 므누신이 "트럼프를 오바마로 만들고 있다"거나, "유럽이 미국을 가지고 놀고 있"으며 이란과 함께 므누신이 주저하는 꼴을 "고소하다는 표정으로 바라본다"고 주장하면서 그를 비판하는 내용을 흘리기 시작했다. 훗날 볼턴이 회고록에서 므누신을 비방한 것을 보면 아마도 그런 내용을 흘린 사람은 볼턴일 가능성이 높다. 므누신은 결국 제재대상이 된 이란 기관과의 연결을 끊도록 SWIFT에 "권고"했고, SWIFT는 11월에 "중립적인 글로벌 서비스 사업자로서 글로벌 금융 시스템의 회복탄력성과 무결성을 지원한다는 사명"에 따라 이란 은행을 퇴출하겠다고 발표하여 '미국의 요구에 따른 것은 아니'라는 빈약한 법적 허구를 유지했다.

유럽은 미국의 압력에 휘둘리지 않고 이란과 연결될 수 있는 새로운 금융 통로를 만들기 위해 발빠르게 움직였다. 결국 유럽의 주요 3개 국가가 협력하여 이란과의 관계에서 명맥 유지 목적만을 수행하는 완전히 새로운 금융 기관을 설립하기로 합의했다. 독일과 프랑스, 영국(EU에서 탈퇴하는 과정을 밟고 있었다)이 설립한 INSTEX(Instrument in Support of Trade Exchanges, 무역거래지원기구)는 미국 달러화와 직접적인 연계를 피한 복잡한 물물교환 시스템을 통해 이란과의 교역을 지원할 목적으로 설계되었다.

INSTEX를 운영하는 유럽의 정부 관리들에게 제재를 가할 수 있다고 주의를 줬지만, 미국은 제재 부과 같은 수고를 들일 필요조차 없었다. INSTEX는 2020년 3월에 이란으로의 의료용품 수출을 돕는 첫 거래를 체결했지만 그 이후로는 하는 일이 없었다. 어느 금융계 관계자가 2021년 후반 필자들에게 말한 대로, INSTEX 내부에는 "수상한 분위기"가 감돌았고 서로의 탓을 하는 "삿대질"이 오갔을 뿐 진행된 일은 거의 없었다. 유럽 관리들 중에서는 "[INSTEX]를 기묘한 일을 시도해볼 수 있는 실험실로 비유"한 이들도 있었으며, 실제로도 INSTEX는 "금융 시스템의 다른 부분에서 특이한 대안들을" 개발하는 일에 착수했다. 그러나 INSTEX는 독자적으로 할 수 있는 일이 많지 않았고, EU는 미국 달러 권력의 현실성 있는 대안을 제대로 수립해 INSTEX를 변화시킬 의지가 없었다. 페데리카 모게리니 EU 외교안보정책 고위대표가 한탄했듯이, "세계 경제 및 금융 시스템에서 미국이 가진 영향력"은 맞상대하기가 어려웠다. 유럽 산업계가 겪은 "이란에서의 쓰라린 경험"은 EU의 무력함을 상징하게 되었다.

유럽은 조금씩 트럼프의 적의가 단지 이란만을 겨냥하는 것이 아님을 깨달았다. 트럼프 행정부는 이전 행정부와 달리 그저 유럽의 양보만 기대하진 않았다. 트럼프는 자기 기분이 좋은 날이면 유럽을 매질로 복종시켜야 할 하인으로 여겼고, 기분 나쁜 날이면 유럽을 파멸시켜야 할 적으로 보았다.

2018년 여름, 트럼프는 미국의 가장 큰 적이 누구냐는 질문을 받자 이렇게 대답했다. "EU는 고려하지 않으시는 것 같은데, EU는 적입니다." 〈밋 더 프레스(Meet the Press)〉* 인터뷰에서 이란협정에 대한 유럽의 우려에 대한 질문을 받은 트럼프는 퉁명스럽게

---

* NBC의 일요 시사 대담프로그램.

"유럽은 신경 쓰지" 않는다고 딱 잘라 답했다. 사석에서는 미국의 NATO 탈퇴를 원한다고 말한 적도 있다. 트럼프에게 NATO는 미국을 쥐어짜서 유럽에 이익을 바치기 위해 설계된 사기였다.

트럼프가 바꿔놓은 새 미국은 무서운 존재이자 적대적으로 나올 가능성이 있었는데, 이에 대해 유럽이 할 수 있는 일은 거의 없었다. 수십 년 전만 해도 유럽 정부들은 근본적인 경제 이익이 위험에 처했을 때 미국의 양보를 종용할 힘이 있었다. 이제 이들은 애원하거나 듣지도 않을 불평이나 하는 수준으로 위축되었다. 이전에는 미국의 동맹이었던 유럽이 긴 잠에서 깨어나니 거대 제국 변두리에 있는 속주(屬州) 신세가 되어버린 것이다. 유럽의 금융 시스템과 기업들은 제멋대로 막 나가는 미국의 힘에 눌려 하인 신세가 되었다.

❊

유럽 관료들은 이제 긴 잠에서 깨어나 현실을 파악했음에도 그간 있었던 일을 설명할 말을 찾는 데 어려움을 겪었다. 그들끼리만 통하는 세계화 개념은 개방된 세계 경제 안에서 유럽의 이기적인 필요와 욕구를 표현할 때만 적합했다. 이제는 세계 경제의 지배자가 막대기로 가축 몰듯이 제 맘대로 유럽 동맹국들을 이끌고 있었다. 그런데 미국이 도와주지 않는 세상에서 유럽이 도대체 무엇을 할 수 있을까? EU에서 늘 그렇듯, 최초의 해답에는 마치 아폴론 신이 관료들의 몽롱한 캐치프레이즈의 구름을 타고 숭배자들 앞에 강림해서 내려주는 듯한 델포이의 신탁 같은 모호성이 있었다.

"지전략적(地戰略的) 유럽", "전략적 자율성", "전략 주권" 같은 전문 용어가 서로 경쟁하듯 브뤼셀, 파리, 베를린에 전염병처럼 퍼졌고, 싱크탱크 정책 브리핑과 정치인들의 연설에서 재생산되면서 DNA가 뒤바뀌고 신속하게 변이를 일으켰다. 독일 녹색당의 떠오르는 외교정책 전문가 프란치스카 브란트너(Franziska Brantner)의 말처럼, 용어와 관련된 이 모든 싸움은 일각에서 말하는 "독을 품은 말싸움"이 아니라 오히려 "정치 행위자들이 심오하고 실질적인 차이와 그 차이에 따른 결과를 숨기려는 방식"이었다. 관료들이 작성한 백서에도 나름의 이야기가 있었고, 관료들은 어떤 말이 적절한 표현인지를 놓고 논쟁을 벌였다. 유럽이 지닌 의미, 유럽과 미국의 관계, 자유시장을 위한 노력을 고수할지, 아니면 자유시장을 강압의 도구로 사용할지의 문제가 핵심이었다.

"전략적 자율성"이라는 표현은 확실히 귀에 거슬리지 않는 전문 용어인데도 매우 심각한 의견 차이를 불러일으켰다. 이 캐치프레이즈는 2016년 EU의 초기 외교부 역할을 했던 유럽대외관계청(European External Action Service)이 EU는 미국에만 의존하기보다 자체 군사 수단을 개발해야 한다는 주장을 펼치기 위해 고안한 것이다. 이란과의 합의인 JCPOA가 폐기된 후 유럽 관리들은 '전략적 자율성' 개념을 확대해서 경제 문제의 골격을 구성하는데 적용하기도 했다. EU는 자유시장 철학을 고수해야 하는가? EU는 어떻게 해야 갑자기 신뢰할 수 없게 되어버린 미국으로부터 독립적으로 활동할 수 있는가? 유럽의 이해관계상 요구된다면 EU는 어떻게 미국에 반대할 수 있는가?

마크롱 프랑스 대통령은 유럽이 경제와 군사 문제 모두에서

언더그라운드 엠파이어

'전략적 자율성'을 수용할 필요가 있다고 주장했다. 그러나 이 용어는 본능적으로 미국과 탄탄한 관계 구축에 노력해 온 앙겔라 메르켈 독일 총리의 강력한 반발을 샀다. 메르켈과 같은 당 소속인 한 전직 국방 관리는 이렇게 말했다. "독일의 안보 및 국방 기관들은…'전략적 자율성'이라는 말을 전혀 좋아하지 않았습니다." 독일 정부는 마크롱과 프랑스 정부가 "미국 없이 유럽 독자적으로 안보 문제를 다루는" 세상을 원할까 두려웠다. 마크롱은 2017년 소르본대학 연설에서 의도적으로 자극적인 문구는 피했지만 독일의 의심을 누그러뜨릴 말은 조금도 하지 않았다. 그는 EU가 "안보는 유럽이 관여할 바가 아니다. 안보는 미국이 담당하는 일"이라는 원칙에 근거해서 세상으로부터 너무 오랫동안 격리되어 있었다고 주장했다. EU가 유럽인들을 보호하고 유럽인들에게 유의미한 존재가 되기를 원한다면 "유럽의 주권"을 키울 필요가 있었으며 "NATO를 보완할 수 있는" 자주국방이 가능해야 한다는 것이다.

독일에서도 상황이 변하고 있었다. 마크롱 정부의 브뤼노 르메르 경제재정부 장관이 EU의 "경제 주권"을 키우고 "순종하면서 즉각 명령에 따르는 부하"가 되지 않기를 바란 것은 당연한 일이었다. 주목할 만한 점은 메르켈 정부의 주요 장관 한 명이 공개적으로 동의했다는 것이다. 하이코 마스 독일 연방 외무장관은 독일의 한 유력 신문에 트럼프가 집권하기 한참 전부터 미국과 유럽이 서로 멀어지기 시작했다고 주장하는 글을 기고했다. 이 기고문에서 마스 장관은 "미국으로부터 독립된 금융 결제 경로와 독립적인 SWIFT 시스템"을 갖추어 독립성이 강화된 EU를 세울 때라고 주장했다. 이를 통해 유럽은 미국을 견제하는 "균형추" 역할과 새로운 국제질서의 "기둥" 역할을 할 수 있을 것이라고 주장했다.

이런 구상이 너무 급진적이라고 생각한 메르켈은 재빨리 마스의 기고문이 "개인적 의견 표명"에 불과하다고 일축했다. 그녀는 자신과 상의한 내용이 아니며 특히 SWIFT 개편 제안에 대해서는 자신이 강력히 반대한다고 주장했다.

그러나 마스는 즉흥적으로 말하는 사람이 아니었다. 그의 제안은 독일연방공화국 최초의 "미국 전략"을 수립하기 위해 독일 외무부 내에서 조용히 소집된 대책위원회의 결과물을 반영한 것이었다. 전후 독일에게는 이런 전략이 전혀 필요하지 않았는데, 그때는 미국 대통령 중에서 독일을 적으로 간주하는 이가 없었다. 어느 독일 외무부 고위 관리의 말대로, 대책위원회가 다룬 일은 다름 아닌 "독일 외교정책에 대한 전면적 점검이었으며, 미국과의 우호 관계에 대한 전면적 의존이라는 기본 전제를 재검토했다."

메르켈의 반대 의견이 나온 후에도 독일 외무부는 생각할 수 없는 것을 계속 생각했다. 외무부는 용의주도하게 의도를 숨겨야 했다. 독일 외무부는 프랑스 외무부의 지원을 받아 저명한 싱크탱크인 유럽외교협회(European Council on Foreign Relations)에 유럽이 미국의 금융 억압에 어떻게 대응할 수 있을지에 대한 보고서 작성을 의뢰했다. 이 보고서의 두 공동 저자는 엘리 게란마예(Ellie Geranmayeh)와 마뉘엘 라퐁 랍누이(Manuel Lafont Rapnouil, 보고서 작성 직후 프랑스 외무부 기획실로 옮김)라는 젊은 정책 전문가였다. 독일의 한 전직 고위 관리가 필자에게 말한 바에 따르면, 독일과 프랑스의 양 외무부는 "직접적인 흔적은 남기고 싶지 않았"지만 유럽의 자율성이라는 주제를 "의제로" 올리고 싶어했다.

「2차 경제제재 문제 대응」이라는 보고서는 제목은 밋밋했지만 담고 있는 내용에서 논쟁이 발생할 소지가 다분했다. 게란마예와 랍누이는 미국이 분명히 유럽의 이익을 약화시킬 경제적 공격을 계속 진행할 것이며, 유럽도 미국의 금융 권력에 맞설 수 있는 압박 수단을 개발해서 적극적으로 대응할 준비를 해야 한다고 주장했다. 이들이 보기에 EU는 글로벌 금융 네트워크에서 미국이 차지하는 지배적인 역할을 이해하는 데 머물지 않고, 이러한 이해를 바탕으로 EU의 약점을 줄이고, "유럽의 이익을 위해" 스스로 가진 힘을 "활용할 결단력을 보여줄" 필요가 있었다. INSTEX는 "미국에 연결된 기존 경로와 별개로 [운영되는] 유럽 무역시스템의 초석"이 되어 유럽 기업들을 다시금 미국의 간섭으로부터 격리시켜줄 것으로 보였다.

블록체인 기술과 유로화의 강화가 EU로 하여금 미국의 압박에 더 효과적으로 저항할 수 있도록 도와줄지도 모른다. EU가 미국 은행과 기업을 겨냥하여 이들의 자산을 동결하거나 EU에서의 영업 허가를 거부하는 방식으로 미국의 압박에 맞서 보복할 채비를 하는 것이 중요하다. 이런 제안들은 급진적이었고, 게란마예와 랍누이는 제시된 수단들의 존재만으로 미국의 과도한 세력확장이 억제되어 그것들을 사용할 일이 전혀 없기를 바랐다.

이 보고서는 EU 집행위원회가 자신의 역할을 다시 생각해보도록 자극을 줬다. 집행위원회는 오랫동안 스스로가 자유시장의 수호자라고 생각했다. EU 설립 조약에서 약속한 "4대 자유", 즉 상품, 서비스, 자본, 인간의 자유로운 이동은 DNA를 구성하는 아데닌, 티민, 구아닌, 사이토신처럼 EU의 태생적 구성 요소였으며, 이 요소들의 조합으로 더 큰 유기적 조직의 규약이 만들어졌다. 그런데 게란마예-랍누이 보고서가 발행되고 몇 개월 후, 우르줄라 폰데어 라이엔이 새 집행위원장 자리에 올랐다. 그녀는 전임자들과 달리 개방 무역을 위한 노력과 국가안보에도 새롭게 주목하는 태도의 균형을 찾아, 어쩌면 유럽만의 경제 무기 개발도 가능할 정도로 EU가 변모하기를 원했다.

폰 데어 라이엔은 이전 독일 국방장관 시절 성공적으로 업무를 수행하지는 못했다(독일 국방장관은 "독일 장관들의 무덤"으로 악명이 자자했다). 그러나 그녀는 진정한 유럽의 안보 전략이 필요하다는 확신에 도달했다. 폰 데어 라이엔은 브뤼셀 출신으로, 집행위원회 고위 관리의 딸이었다. 그녀는 국방장관 시절 여러 유럽 국가의 수도를 돌며 유럽의 안보협력 강화와 유럽 통합군이 필요하다고 주장했다. 그녀가 훌륭한 집행위원장이 될 것이라고 제안한 사람은 마크롱이었다. 그 또한 EU가 국방 문제를 진지하게 고민하기를 원했고, 폰 데어 라이엔이 독일의 지지를 얻어 보다 강력하고 정치적으로 독립한 집행위원회를 만들 수 있기를 바랐다. (독일에서 폰 데어 라이엔의 정치적 후원자였던) 메르켈이 그녀를 집행위원장으로 지명하는 데 동의하면서, 그녀에게는 브뤼셀로 돌아가 유럽을 재편하고 자신의 경력도 재편할 수 있는 기회가 열렸다.

폰 데어 라이엔은 지명된 후 "지정학 위원회"의 필요성을 천명했다. 하지만 그녀는 "지정학"의 의미를 제대로 설명하지 않았고, 수십 년 동안 무역과 단일 시장이라는 핵심 책무를 금과옥조로 여겨온 다른 집행위원회 관리들과의 논쟁을 피했다.

프랑스의 정치학자 피에르 아로슈(Pierre Haroche)가 설명한 대로, 이 집행위원회 관리들은 지정학과 전략적 자율성에 대한 수사가 자신들이 수십 년간 막아냈던 경제 보호주의와 국가 개입의 힘을 트로이 목마처럼 숨기고 있는 것은 아닐까 우려했다. 방어선을 넘어 들여보낸 구조물이 활짝 열려서 적이 몰려와 방어 세력을 압도해버릴지 모를 일이었다. 이 관리들은 이 오랜 적에 맞서기 위해 가능한 모든 방법을 구사했다. 필 호건 EU 집행위원회 통상담당 집행위원은 널리 알려진 한 연설에서 이제부터 글로벌 무역시스템의 규칙 안에서 더욱 강력하고 단호하게 행동하여 트럼프의 맹공격으로부터 유럽을 최대한 보호한다는 "개방된 전략적 자율성" 개념에 따라 EU의 통상 정책을 이끌어 갈 것이라고 발표했다. 호건이 덧붙인 형용사 하나 때문에 전략적 자율성 개념은 희석되었고, 결과적으로 무역을 국가안보 아래에 두는 대신 국가안보가 무역에 종속되고 말았다. 참으로 모호했던 그의 캐치프레이즈는 즉시 비웃음을 샀다. 파이낸셜타임스의 통상 전문 기자 앨런 비티(Alan Beattie)는 발빠르게 '통상 철학 명칭 생성기(표 형태)'를 만들어 독자들이 무작위로 정책 키워드를 조합해서 새로운 통상 철학의 명칭을 만들어낼 수 있도록 했다. 동시에 이 표는 자유 무역 세력이 적에 맞서 싸울 수 있는 기치를 제공했다.

표현을 둘러싼 싸움은 정책을 둘러싼 전투로 전환되었다. 개방 무역이 유럽 문제를 해결할 수 있는 보편적인 해결책이라고 진지하게 주장하기가 점점 어려워졌다. 코로나19 팬데믹이 닥치자 EU 회원국들은 중국 제조업체들에게는 다양한 개인보호장비(PPE)를, 미국 제약회사에게는 백신을 의존하고 있었다는 것을 깨달았다. 유럽이 의존한 적시생산(just-in-time)* 공급망은 존립이 걸린 취약점이 되었다. 모두가 사재기를 시작했고, EU 회원국들은 의료용 마스크와 산소호흡기처럼 부족한 자원을 두고 서로 다퉜다. 몇 주에 걸쳐 혼란과 상호 비방이 오고 간 후, 이들은 각국의 개인보호장비 수출을 더는 차단하지 않기로 합의했다. 대신 세계 다른 지역으로의 수출을 차단할 권한을 유지하는 집행위원회의 지시를 따르기로 했다.

전략적 자율성은 유럽 관리들이 유럽의 취약성을 논의할 때 사용하는 표현이 되었다. 머지않아 이들이 언급하는 대상은 미국에 그치지 않았다. 집행위원회의 한 고위 관계자는 두 필자에게 이렇게 말했다. "경제적인 측면에서 전략적 자율성은…중국에서 오는…개인보호장비, 특정 재료,…우리 공급망이 기대고 있는 모든 것과 관련된 약점과 관련해 존재했습니다."

집행위원들은 트럼프에 대한 오래된 걱정과 중국에 대한 새로운 두려움 때문에 지정학위원회가 무엇을 할 수 있을지 더욱 현실적으로 고민하기 시작했다. 이들은 유럽외교협회에서 권장한 대로, 미국이나 중국, 그 외 국가가 가하는 외부의 위협에 "대응조치"를 취할 수 있게 하는 새로운 법 체계, 이른바 통상압박 대응수단(anti-coercion instrument) 개발에 착수했다.

가장 완고한 자유무역 신봉자들도 집행위원회의 권한이 추가되어야 한다는 확신을 갖게 되었다. 트럼프가 WTO의 법적 제소

---

* 재고를 최대한 줄여 필요에 맞춰 생산 공급하는 방식.

절차를 작동불능으로 만들어 WTO에 더는 기댈 수도 없었다. EU 집행위원회의 최고위 통상 전문가 중 한 명인 사비네 바이안트 (Sabine Weyand)는 무역이 어떻게 전쟁을 막는지 본인의 방식대로 이해하고 있었다. 그녀가 자란 곳은 독일과 프랑스의 접경지역이 었다. 그녀는 트럼프 집권 이후 "모든 나라가 자국의 대외 의존을 살펴보고 있으며, 이러한 의존은 통상적 연계가 아닌 약점"이라는 사실을 기꺼이 인정했다. 유럽이 변해야 한다는 뜻이었다. "다른 국가들이 무역을 무기화하는 것을 지켜볼 수만은 없습니다. 우리 도 대응할 능력을 갖춰야 합니다."

바이안트를 비롯한 관리들은 대비만으로도 충분히 균형을 다 시 잡을 수 있기를 바랐다. "이 수단이 억제 효과를 보이면, 사용 할 필요도 없을 겁니다." 다른 집행위원이 필자에게 밝힌 대로, "통상 분쟁을 억제할 수 있을 만큼 강력한 무언가가 있기를" 바라 는 기대가 있었다. 이 관리들도 게란마예와 랍누이처럼 억제 수단 의 존재가 외부의 위협을 무위로 만들고, 나아가 유럽이 오랫동안 수혜를 누렸던 예전의 다자 무역 체계를 되살리는 데 도움이 되기 를 바랐다.

하지만, 게란마예와 랍누이의 한층 급진적인 제안과 함께 유 럽 금융 시스템을 독자적으로 구축하자는 마스의 제안도 조용히 치워져 상황 악화 시 재검토할 대상이 되어버렸다. 유럽은 늘 그 렇듯 최대한 오래 선택을 열어두고 싶었다. 여전히 자유무역을 고 수하던 이들은 표현의 모호성을 이용해서 유럽의 급격한 지정학 적 변혁을 원하던 이들과의 타협점을 찾았다.

그런데 표현만이 관건은 아니었다. 트럼프 등장 이전이었다면 바이안트처럼 집행위원회가 유럽의 대외 취약성을 점검할 뿐만 아니라 "다른 국가가 우리에게 의존하는…역의존성"을 찾기 시작했다고 말할 유럽 관리는 있을 수 없었다. 이제 소수정예의 집행위원회 관리들이 은밀히 선발되어 EU가 필요에 따라 활용할 수 있는 다른 나라들의 경제적 약점을 탐색했다.

유럽은 전략을 고민하고 논의하기 시작했다. 미국이 가하는 제재와 유럽의 취약한 의약용품 공급망 문제의 긴급성은 유럽의 눈에 보였지만, 다른 약점 하나는 너무 크고 방대해 거의 보이지 않을 정도였다. 독일을 비롯한 국가들은 미국의 금융과 중국의 공산품 공급뿐 아니라 러시아의 에너지 공급에도 의존하고 있었다. 러시아와 유럽을 밀착시키는 것으로 여겨지는 가스프롬 수송관이 오히려 유럽 경제를 질식하는 데 사용된다면 어떻게 될까?

※

녹색당 유럽 대변인을 맡았던(이후 독일 연방경제기후보호부 정무차관 취임) 프란치스카 브란트너는 정치를 시작하고 여러 해가 지난 뒤 냉전 후 독일의 정치체제에서 성장하기가 얼마나 '숨막히게' 느껴졌는지 회상한다. 변화를 도모하려는 사람이 아무도 없다는 것만이 문제가 아니었다. 독일의 두 주요 정당, 중도우파 성향의 기독민주연합(CDU)과 중도좌파 성향의 사회민주당이 합의하여 실질적 논의를 억누르고 있었다. 브란트너가 본 대로, 독일인들에게는 재미있는 아이디어가 넘쳤지만 대부분 주류 논의 대상에 오르지 못했다. 이러한 현상을 보면 어떻게 독일이 서서히 러시아산 가스와 석유에 의존하게 되었는지 이해할 수 있다.

현대 독일경제는 러시아 에너지 공급을 등에 업고 형성되었다. 냉전 종식 후 독일과 북유럽 국가들은 러시아산 가스를 얻을 수 있는 새로운 방법을 계속 찾아다녔다. 가스프롬은 시베리아와 서유럽을 연결하는 수송관에서 저렴하게 공급되는 가스를 중간에서 훔치려 했던 우크라이나를 피해 이들에게 가스를 수송할 새로운 방법을 계속해서 찾아다녔다. 발트해 해저를 따라 러시아와 유럽을 연결하는 노르트스트림(Nord Stream) 1 가스관이 첫 번째 방안이었다. 다음으로 흑해 해저를 거쳐갈 예정이었던 사우스스트림(South Stream) 가스관이 있었지만, 실제로 건설되지는 않았다. EU 집행위원회가 2014년에 시장의 경쟁 약화를 우려하여 건설을 막았기 때문이다. 이 문제 때문에 푸틴이 EU-러시아 정상회담에서 화를 내며 소리쳤다는 소문이 돌았다. "경쟁에 대해 한 마디라도 더 하면, 아주 얼어 죽게 해주겠소."

이런 위협은 무시되었다. 독일 제조업체들은 에너지원으로 저렴한 가스가 필요했으며, 독일의 주택도 마찬가지였다. 그것이 누구나 알아야 할 모든 것이었다. 독일 좌우 중도파의 정치적 컨센서스는 무슨 에너지가 독일 제조업을 움직이는지와 그것이 어떻게 무기화될 수 있는지에 대해 널리 퍼져 있는 '의도된 무지'에 기대어 이루어졌다. 푸틴의 미국인 팬을 자처하는 트럼프 대통령마저도 경멸하는 태도로 가스 문제가 독일이 "러시아에 의해 완전히 장악되었다"는 것을 보여준다고 말할 정도였다.

이런 환상에 맞서고 싶었던 독일 녹색당은 활동가들과 야심 많은 정치인들을 끌어들여 에너지뿐 아니라 환경정치, 젠더 문제

등과 관련된 활동을 계속 추진했다. 이 방식은 초기에 시스템 외부에서 컨센서스를 공격하려고 했던 녹색당 정치인들과 시스템 내부에서 뭔가 해보려던 정치인들 사이에 격렬한 내분을 일으켰다. 그러나 녹색당이 1990년대에는 사회민주당의 소수파 연립 정당으로, 이후에는 바덴-뷔르템베르크 주 정부의 제1당으로 원내에 진입하면서 온건파가 녹색당을 장악했다. 이들은 여전히 '탈원전'을 포함한 녹색당의 여러 창당 목표를 고수했지만 이 목표를 달성하기 위해 다른 정당과의 협력에도 적극적이었다.

독일 주류 정치인들이 러시아산 가스를 해결책이라 본 반면, 녹색당은 문제라고 보았다. 러시아산 가스는 독일을 화석 에너지에 중독시켜 무탄소 경제로의 전환을 지연시켰다. 독일과 소수의 부유한 북유럽 국가는 이 러시아산 가스의 혜택을 입었고, 그 탓에 유럽의 다른 나라들은 손해를 봤다. 마지막으로, 러시아산 가스는 독일이 점차 부도덕해지고 있는 독재 국가에 의존하게 만들었다. 녹색당은 '무역을 통해 세상을 바꾼다' 같은 슬로건을 싫어했다. 이 슬로건이 녹색당에게는 이익을 추구하는 과정에서 인권과 민주주의 문제를 제쳐놓기에 편리한 해명으로 보였기 때문이다.

녹색당이 정권을 잡지 못하면, 이들에게는 변화를 일으킬 힘이 거의 없었다. 2015년, 가스프롬은 유력한 유럽 에너지 대기업들과 함께 발트해 해저를 통해 가스를 수송하는 두 번째 가스관인 노르트스트림2 건설을 위한 컨소시엄을 구성했다. 결과는 이미 정해진 듯했다. 슈뢰더의 오래된 측근 중 한 명인 지크마르 가브리엘(Sigmar Gabriel) 당시 독일 연방경제에너지부 장관은 공개적으로 노르트스트림2가 "러시아와 새롭고 더 우호적인 관계"를 형성할 것이라고 주장했다. 그는 사석에서 푸틴에게 사우스스트림의 대참사가 반복되지 않을 것이라고 장담했다. 이번에는 가브리엘이 가스관에 대한 EU 당국의 "간섭"을 막으려고 했으며, 노르트스트림2 계약은 EU 집행위원회의 개입을 차단할 수 있도록 특별히 고안되었다.

메르켈은 노르트스트림2가 순수한 "상업 프로젝트"라 주장했고, 메르켈이 소속된 기독교민주연합과 가브리엘이 소속된 사회민주당이 연합해서 이 프로젝트를 강행했다. 러시아의 저명한 야권 정치인 알렉세이 나발니(Alexei Navalny)가 알 수 없는 이유로 독극물에 중독되자, 녹색당은 의회에 노르트스트림2 건설 중단을 촉구하는 동의안을 제출했다. 그러자 나머지 정당이 모두 단합해서 녹색당에 반대표를 던졌다. 파이낸셜타임스 기사에서 언급한 대로, 모든 당이 합심해 녹색당 요구안에 반대한 것은 "메르켈의 기민/기사연합(CDU/CSU), 사회민주당, 극좌파 성향의 좌파당(Die Linke), 극우파 성향의 독일을위한대안(AfD)이 합의에 도달한" 지극히 희귀한 경우에 속했다. 녹색당을 제외한 독일의 정당들은 노르트스트림2가 "유럽을 분열시켜" 폴란드와 우크라이나 같은 국가들을 소외시킨다는 녹색당의 주장을 전혀 들으려하지 않았다.

우크라이나의 불만도 유럽에서 아무 이목을 끌지 못했다. 월스트리트저널 기사에서 지적한 대로, 우크라이나의 불만에 더 열의를 가지고 귀를 기울인 쪽은 미국 의회였다. 우크라이나의 국영 에너지 기업 나프토가스(Naftogaz)의 바딤 글라마즈딘(Vadym Glamazdin)은 처음에 트럼프 행정부 관리를 상대로 로비를 시도했다. 하지만 그는 자신의 서신에 대한 답장조차 받지 못했다. 이후 미 의회를 찾아간 글라마즈딘은 로비스트와 협력하면서 '[노르트 스트림2 건설에] 꼭 필요하지만 러시아에는 없는 것이 무엇인지' 알아내려고 했다. 그러던 중 한 싱크탱크 연구원이 우연히 숨겨진 약점을 발견했다. 러시아의 어느 에너지 전문가가 온라인 포럼에서 러시아 선박을 이용한 노르트스트림2의 가스관 매설은 어렵다고 인정했던 것이다.

우크라이나인들은 그들 나름대로 초크포인트를 찾아냈다. 이들은 가스프롬에 반감이 강한데다 미국 에너지 기업을 지원하고 싶어하는 미국 상원의원들에게 구체적인 대책을 제안할 수 있었다. "프래킹(fracking, 수압파쇄법)", 즉 '셰일' 혁명 덕분에 미국 천연가스 산출량이 70% 가까이 늘면서 미국은 세계 최대의 가스 생산국이 되었던 것이다. 테드 크루즈 상원의원에게도 도널드 트럼프처럼 러시아의 강건한 문화를 아침하고 칭찬하는 태도와 유럽의 대러시아 정책을 향한 적대적이고 회의적인 태도가 섞여 있었다. 그는 가스가 생산되는 텍사스 주를 대표하는 상원의원이기도 했다. 우크라이나에서 온 글라마즈딘의 구상이 마음에 들었던 크루즈는 러시아가 유럽에 가스관을 추가하지 못하게 막는 정치 연합을 구축하기 시작했다. 그는 유럽이 미국산 "프리덤 가스(freedom gas)"를 구입하고, 이 가스를 냉각, 액화해서 유조선에 싣고 대서양을 건너 운송하는 것을 원했다.

크루즈가 개입한 시점에는 가스관이 완공되기 직전이었다. 그러나 해저 가스관의 마지막 몇 마일이 덴마크 해역 근처의 분지를 가로질러야 했고, 이곳에 제2차 세계대전과 냉전 시기에 만들어진

톤 단위의 화학 무기와 재래식 무기가 버려져 있는 것이 문제였다. 그래서 가스관을 아주 신중하게 배치해야 했다. 스위스-덴마크 엔지니어링 기업 올씨스(Allseas)는 이렇게 위험한 조건에서도 선박이 하루에 가스관 3~5킬로미터(2~3마일)를 매설할 수 있게 하는 원천기술을 개발했다.

크루즈와 그의 동료 정치인들은 법안 초안에서 올씨스를 겨냥했다. 2020년 국방수권법(National Defense Authorization Act)에 통합된 이 법안은 미 국무부와 재무부에게 "노르트스트림2 가스관 건설 사업에서 해수면보다 100피트 이상 낮은 깊이에서 파이프 매설 작업을 수행하는 선박"을 리스트에 올릴 것을 요구한다. 크루즈와 론 존슨 상원의원이 올씨스의 CEO인 에드워드 히에레마에게 의기양양하게 말했듯이, 법률 위반 사실이 밝혀진 모든 기업은 "참담하고, 치명적인 수준에 이를 수 있는 법적, 경제적 제재" 대상이 될 수 있었다. 올씨스는 의도를 빠르게 이해하고 자사 선박을 귀환시켰다. 이후 크루즈와 그의 동료 상원의원들은 다른 대상으로 시선을 돌렸다. 그 중에는 보험회사, 가스관 인증기관 그리고 파이프를 공급하는 독일 무크란 항만 직원들도 포함되어 있었다.

하지만 노르트스트림2에 반대하던 이들도 미국 정치인들이 힘겹게 생계를 꾸려가는 독일 동부 마을의 항만 노동자들에게도 유사한 수준의 "치명적인 법적, 경제적 제재"를 가하겠다고 위협한 것은 선을 넘었다고 생각했다. "이런 방식의 역외 제재에는 찬성하지 않는다"는 메르켈 특유의 절제된 반응과 달리, 녹색당 외교정책 대변인은 이 서한을 "경제 전쟁 선포"로 규정하고 "서부 개척시대처럼 난폭한 미국정부의 방식"으로부터 독일 기업을 보호하기를 촉구했다. 하이코 마스는 "유럽 에너지 정책은 미국이 아니라 유럽에서 결정한다"는 독일의 신념을 명확하게 표현하면서 이 사업이 엄밀히 말해 EU의 감독을 피할 목적으로 고안되었다는 점은 언급하지 않았다. 나아가 그는 "다리를 불태우는 전략"은 러시아를 중국의 품에 안겨줄 것이라고 경고했다.

미국의 탐욕과 협박은 역효과를 낳았던 것 같다. 녹색당 유럽 대변인 브란트너는 "트럼프가 이 사업을 좋아하지 않는다고 판단하기 오래 전부터" "기후 목표 및…유럽의 포부와 연대"에 부합하지 않는다는 이유로 노르트스트림2 건설에 반대했었다. 브란트너는 필자에게 이렇게 말했다. "트럼프도 노르트스트림에 대해 강력하게 반대하면서 상당히 비참한 상황이 되었어요. 그때 우리는 궁지에 몰렸어요…'당신들도 트럼프 편이군요. 그저 당신들도 미국의 액화가스를 얻고 싶었을 뿐이군요'라는 말을 들었죠. 제 생각에는…트럼프가 그렇게 강하게 반대하지 않았다면 노르트스트림2에 대한 논쟁에서 더 수월하게 이겼을 거예요."

트럼프가 재선에 실패한 후 출범한 바이든 행정부 입장에서는 러시아 가스도 걱정이었지만 미국 동맹국과의 관계도 우려의 대상이었다. 오래 전 유럽의 에너지 정치에 대해 저술한 토니 블링컨은 이제 더 이상 하버드의 젊은 수재가 아니었다. 이제 그는 바이든 정부의 국무장관으로 확정되었다. CIA 국장을 비롯한 주요 관료의 인준 청문회를 지연시키는 크루즈의 지속적인 압박을 이겨낸 미국 정부는 우크라이나에 친환경 기술 지원금 1억 7500만 달러를 지원하겠다는 독일의 약속과 러시아가 우크라이나나 유럽을 상대로 가스관을 무기화하려고 하면 러시아를 처벌하겠다는 동의에 대한 대가로 노르트스트림 제재를 보류하는 데 합의했다.

노르트스트림2 가스관은 2021년 9월에 완공되었지만, 독일 관리들이 최종적인 규제 승인 절차를 연기했다. 메르켈은 이미 정계 은퇴 수순을 밟고 있었고, 그녀가 속한 기독교민주연합은 독일 연방의회 선거에서 패배했다. 그리고 새 연립정부를 이끄는 당은 사회민주당이었지만, 녹색당과 친시장 소수 정당인 자유민주당(FDP)도 포함되어 있었다.

새 정부에서 장관에 취임한 녹색당 정치인들은 노르트스트림 가스관을 "지정학적 실수"로 규정하고 우크라이나에 대한 러시아의 적대감이 고조되면 가스관을 통한 가스 수송이 불가능해질 것이라고 경고했다. 이 성명은 러시아인들에게 독일과 EU가 노르트스트림2 완공을 막을 수 있다는 우려를 키웠다.

이미 러시아는 이례적으로 추운 겨울을 경험한 독일이 저장 탱크를 채우지 못하게 막는 방식으로 하절기 가스 공급을 무기화하고 있었다. 러시아의 국영 통신사는 둔감한 이들도 이해할 수 있도록 함축된 메시지를 해설해주었다. "유럽 시장에서의 가스프롬의 활동에 대해 반드시 기억해야 할 한 가지 중요한 사실은 바로 '가스프롬이 노르트스트림2 가스관을 반드시 완공해야 한다'는 것이다." 가스프롬은 가스 공급을 끊어 서구 파트너들의 에너지 안보는 러시아의 협력 여부에 달려 있다는 안타까운 현실에 '익숙해지게' 만들곤 했다.

러시아의 우크라이나 침공이 가까워질 때도 독일의 여러 정치인들은 망상에서 빠져나오지 못했다. 사회민주당 소속 올라프

숄츠 독일 연방총리는 독일이 러시아를 응징하겠다고 경고하면서도 노르트스트림2 사업 중단 여부를 밝히는 것은 계속 거절했고 국방장관은 "[노르트스트림2 문제]를 갈등으로 끌고 가면 안 된다"는 뜻을 밝혔다. 유출된 정부 내부 문서에 따르면 독일은 러시아를 상대로 한 제재에서 에너지 부문은 제외하기를 원했다.

미국은 상반된 주장을 펼쳤다. 어느 정상회담에서 바이든 대통령은 "러시아가 침공하면…노르트스트림2는 더 이상 없을 것이다. 우리가 끝내버릴 것"이라고 위협했다. 며칠 후 녹색당 소속 로베르트 하베크 연방경제기후보호부장관은 "오늘날 에너지 정책은 항상 지정학적 문제"라고 말하면서 러시아가 우크라이나를 침략하면 노르트스트림2가 승인을 받지 못할 것이라는 메시지를 되풀이했다. 러시아가 침략한 지 몇 시간 후, 하베크는 노르트스트림2 인증을 중단하여 사업을 보류해버렸다.

러시아가 우크라이나를 침공하지 않았다면 이 가스관이 어떻게 되었을지는 알 수 없다. 하지만 이 가스관—그리고 유럽과 러시아의 관계—은 여전히 곤경에 처해 있었을 것이다.

유럽 에너지 정책 분야에서 수십 년 경력을 쌓은 어느 외교관이 두 필자에게 전한 바에 따르면, EU는 이전에는 러시아와 대립할 때도 러시아의 가스 공급 중단을 전혀 염려하지 않았다. 러시아는 유럽과 에너지 관계가 유지되어야 수십 년 동안 지속적인 이익을 기대할 수 있었기 때문이다. 그러나 2022년 즈음이 되자 전쟁 위협이 없을 때도 이 관계는 이미 붕괴 직전이었다.

EU는 탈탄소 경제를 지향한다는, 보기 드물게 야심 찬 계획을 개시했다. 이 계획이 성공하면 유럽에게는 더 이상 러시아의 화석

언더그라운드 엠파이어

연료가 필요하지 않을 것이다. 앞에서 언급한 외교관의 말을 빌리면, 러시아와의 교역을 통한 유럽의 평화는 유럽이 가스 구입에 장기적인 관심을 가지고, 러시아는 가스 판매에서 장기적인 이익을 보는 일종의 "반복 게임"에 의존하고 있었다. 이제 이 게임의 양상이 흐트러지기 시작한 듯했다.

그래서 러시아가 노르트스트림2 완공을 그렇게나 고집했던 것이다. 러시아는 유럽을 묶어두어 눈 앞에 놓인 비즈니스의 필요성이 장기적인 기후변화에 대응한다는 모호한 열망을 억누르기를 간절히 바랐다. 물론 우크라이나 침공이 "최초의 기후전쟁"이라는 이 외교관의 주장은 무리가 있다. 푸틴이 전쟁을 일으킨 동기는 에너지 저 너머에 있었다. 푸틴은 우크라이나를 포함한 '대(大)러시아'라는 장황한 망상을 글로 썼고, 우크라이나가 우물쭈물 서유럽에 통합된다면 본인의 권력에 위협이 된다고 생각했다. 우크라이나가 성공적인 민주주의 국가가 되는 위업을 달성하면 러시아 국민들이 자국 지배자에 의문을 갖기 시작할지 모르기 때문이다.

하지만 기후변화로 전쟁이 시작되지는 않았어도 러시아는 기후변화 덕에 가스를 더 저렴하고 쉽게 무기화할 수 있었다. 유럽이 가스와 석탄에서 멀어지고 있다고 해도, 아직 이런 에너지에 의존해 취약한 상태일 때 가스 공급을 무기화하지 않을 이유가 무엇이겠는가? 어차피 유럽은 탈탄소를 지향할 것이기에 러시아의 행동에 따라 끊길 수 있는 장기적이며 무한한 미래 수익은 이제 더 이상 없다. 공급 중단에 따른 러시아의 장기적 기대 손해는 이제 작아졌다. 유럽의 자각 여부에 관계없이, '상호의존을 통한 평화'를 실현했던 '반복 게임' 관계의 사슬은 이미 끊어져버린 것이다.

그리고 유럽인 자신이 러시아산 가스에 얼마나 의존했는지 강제로 깨닫게 되면 항복할지도 모를 일이었다. 오랜 합의는 효력을 잃었다. 러시아산 가스가 유럽의 에너지 수요에 부응하는 단지 상업적 해결책에 불과하다고 믿는 사람은 아무도 없었다. 이제는 누가 승리할지가 관건이었다. 유럽이 더는 화석연료 독재 권력에 의존하지 않는, 녹색당이 상상해 온 미래가 승리할 것인가? 아니면 유럽이 화석연료에 의존하는 현실을 마지못해 인정하고 푸틴이 분명히 바란 대로 러시아의 영향력 아래 더욱 종속될 것인가?

✣

러시아의 우크라이나 침공 며칠 후, 이 난감한 질문에 대한 답은 여전히 불투명했다. 처음에는 무슨 일을 해도 너무 늦어 보였다. 모든 전문가들이 러시아가 전쟁에서 승리할 것이라고 예상했다. 우크라이나의 저항은 실패하고 러시아 탱크가 키이우로 밀려들 것이며, 유럽의 경제적 대응은 기껏해야 지엽적인 수준이고, 최악의 경우에는 큰 낭패로 이어진다고 예상되었다. 그러나 우크라이나는 버텼고, 유럽과 미국의 경제적 대응은 모두의 예상을 훨씬 뛰어넘을 정도로 광범위했다. 기이하게도 이런 대응이 가능했던 것은 어느 정도 트럼프의 공이었다. 트럼프가 4년 전 입맞춤이 아닌 주먹으로 때리는 바람에 유럽이 꿈에서 깨어났던 것이다.

선전포고 전, 토니 블링컨 미 국무장관은 미국은 "과거에 미국이 자제해왔던 다양하고 강력한 경제 조치"를 사용하겠다고 경고하고 동맹국들의 연대에 찬사를 보냈다. 다만 이 연대가 어디까지

갈지는 확실하지 않았다. 독일의 대표 경제일간지 한델스블라트는 독일 정부가 SWIFT의 러시아 배제에 대한 지지를 거부했다고 보도했다.

2022년 2월 24일, 러시아의 십만여 병력이 우크라이나를 침공했을 때, EU는 이 사태가 지정학적으로 심각한 문제인지 판단해야 했다. EU에 군대는 없어도 경제력은 있었다. EU는 실질적 제재를 가해야 할까? 독일이 주도하지 않으면, EU의 다른 회원국도 따르지 않을 것이다. EU가 제재를 가하려면 27개 회원국 전체의 만장일치 지지를 받아야 했다. 한 익명의 관리가 침공 전에 말한 대로, "최대치 합의가 아닌 회원국 모두가 감내할 수 있는 최저치 합의"가 결과로 나올 위험성이 있었다.

미국이 11월부터 EU와 은밀히 협력해서 가능한 제재조치를 조율했다는 사실이 밝혀졌다. 나중에 한 국무부 관리가 파이낸셜타임스에 밝힌 바에 따르면, 미국의 최고위 관리들은 "일주일에 10~15시간씩 EU와 비화(秘話) 통화를 하거나 화상 회의를 했다." EU 집행위원회는 중요한 조정 역할을 하면서 미국과 유럽의 각국 수도를 오가며 천천히, 많은 노력을 기울여 앞으로 할 일에 대한 합의안을 만들었다. 제재를 공표할 당시 미국은 유럽 국가들이 어떤 일을 하고 있었는지 발표하도록 여러 차례 기다려준 다음에 뒤따르는 등, 이례적으로 유럽이 주도할 수 있게 해주었다.

그래서 폰 데어 라이엔의 3월 연설이 역사적인 순간이 된 것이다. 이 제재는 EU가 지금껏 기획한 어느 제재조치보다 훨씬 범위가 넓었다. 노르트스트림2를 "희생"시키려는 독일의 의지는 곧 다른 회원국도 나서야 한다는 의미로 풀이되었다. EU는 평소 같은 타협적 협상을 하지 않았다. 독일 역시 이탈리아 정부가 SWIFT를 이용한 제재를 거부하지 않겠다고 했을 때 반대하지 않았다. 우크라이나 침공 몇 주 전만 해도 거센 논쟁을 불러일으킬 것 같던 조치들은 신속히 채택되었고 한층 극단적으로 보이는 제재에 가려졌다.

유럽과 미국은 가끔 누가 먼저 러시아 은행과 올리가르히들을 제재대상으로 지정할 수 있는지 경쟁하는 듯했다. 러시아가 공산주의를 탈피하는 과정에서 120억 달러의 부를 축적한 푸틴의 절친 로만 아브라모비치는 그가 소유했던 영국 축구 구단 첼시를 매각할 수밖에 없었다. 로스네프트 CEO인 이고르 세친은 전쟁 발발 전인 1월에 자신이 소유한 길이 88미터짜리 요트 '아모레 베로(Amore Vero, '진실된 사랑'이라는 뜻)'를 프랑스 항구도시 라시오타에 보내 수리를 받게 했다. 그런데 전쟁이 발발하자 3월 2일에 선원들이 "수리하지도 않고 급하게 출항 절차를 밟으면서" 도주를 시도했다. 하지만 도주는 실패했고 요트는 압류되었다. 5월에는 이탈리아 당국이 푸틴 소유로 알려진 요트를 압류하기도 했다.

보다 온건한 몇 가지 제재는 이미 예견되어 있었다. 하지만 단 72시간만에 러시아 중앙은행 지급 준비금을 향한 전면 공격이라는 과격한 조치의 대략적 작전을 짜고는 협의 후 실행에 옮기리라고는 누구도 예상하지 못했다. 러시아 중앙은행은 지난 10년간 미국의 제재로부터 자신을 보호하기 위해 약 6000억 달러의 외환 보유액을 모아뒀다. EU와 미국이 조치를 취하자 은행은 갑자기 예상치 못하게 대부분의 자금에 접근할 수 없다는 것을 알게 되었다.

일부 금괴와 별도로 이 비축 자금은 대부분 달러, 유로, 영국 파운드로 표시되어 있었다. 게다가 다른 중앙은행과 국제결제은행(BIS, Bank for International Settlements) 같은 국제 기관의 원장에 있는 항목들처럼 실물로 존재하지도 않았다. 그래서 미국과 EU가 신속하게 대응한다면 이 외환보유고 접근을 차단할 수 있었다. 폰 데어 라이엔 휘하의 집행위원회 관리들은 여기에서도 중요한 역할을 했다. 그녀의 비서실장 비요른 자이베르트(Bjoern Seibert)는 재닛 옐런 미 재무부 장관, 마리오 드라기 전 유럽 중앙은행 총재 같은 유럽 관리들과 장시간 비화 통화를 거친 끝에 러시아의 외화 접근을 방지하기 위한 세부 방안을 도출해내고 월요일 개장 직전에 서둘러 조치를 취했다.

유럽 정치권은 유럽이 마침내 지정학적 세력이 되었다며 떠들썩했다. 페데리카 모게리니와 캐서린 애쉬턴의 뒤를 이은 주제프 보렐(Josep Borrell)은 2022년 5월에 "지금이 EU가…권력의 언어를 이용해서 지정학적 행위자답게 행동해야 할 때"라고 선언했다. 같은 행사에서 알렉산데르 스투브 핀란드 전 총리는 EU가 얼마나 지체없이, 단호하게 행동하는 법을 배워왔는지 설명했다. "EU는 매우 신속하게…강력한 국제 규제기구에서 직접 행위자로 변모했습니다…유럽 경제위기 동안 행위자 역할에 나서기까지 수년이 걸렸고, 코로나19 팬데믹에서도 행위자가 되기까지 몇 개월이 걸렸죠. 전쟁이 닥치자 행위자가 되는 데 단 며칠밖에 걸리지 않았습니다." 이제는 "주제프와 우르줄라 폰 데어 라이엔의 주도 하에…오늘날의 집행위원회는 이전에 약속했던 지정학 위원회가 되었습니다."

*

폰 데어 라이엔 연설이 자아낸 격한 기대감은 그리 오래 가지 못했다. 지정학적 전격전은 EU와 집행위원회가 서둘러 합의한 조치를 이행하는 과정에서 허우적거리는 바람에 순식간에 끝없이 고된 참호전으로 전락해버렸다. 집행위원회는 새 제재조치를 계속 협상하려고 했지만, 유럽이 러시아에 불리한 조치를 취할수록 미국 권력에 대한 의존과 글로벌 무역에서의 취약성만 더 명확하게 드러났다.

유럽은 여전히 자신의 일을 주도할 수 없었다. 유럽인들은 바이든이 미국에 대한 유럽의 의존을 그들을 향한 무기로 전환할 것이라고 걱정하지는 않았다. 하지만 그 의존성이 사라지지는 않았으며, EU가 러시아를 상대로 경제 전쟁을 벌이려 할 때마다 미국에 대한 의존성이 확실해졌다.

EU는 이런 종류의 분쟁에 대한 대비가 부실했다. 이제서야 경제적 압박에 대해 고민하고 적국의 약점을 유리하게 이용하기 시작했다. EU 회원국들이 제재를 이행하려면 미국의 정보가 필요했다. 이들은 누가 어떤 은행계좌를 보유했는지, 어떤 선박이 통제를 피하려고 하는지 알 수 없었다. EU가 자력으로 권력과 권위의 원천을 개발하려고 할수록, 미국이 가진 정보와 조직, 기술적 전문성, 글로벌 시장을 장악한 힘이 필요하다는 사실만 더욱 자각하게 되었다. NATO 사무총장을 지낸 안더스 포 라스무센(Anders Fogh Rasmussen) 전 덴마크 총리는 이러한 한계를 인정한다는 의미에서 "NATO가 안보 영역에서처럼 민주주의 국가들 사이에서 동일한 수준으로 억제와 결속을 실현하려면" 경제적 압박으로부터의 보호방안도 NATO 안전보장 목록에 포함해야 한다고 주장했다. 유럽은 미국을 옆에서 도울 수는 있었지만, 홀로서기는 아직 불가능했다.

머레이드 맥기니스(Mairead McGuinness) 집행위원회 금융서비스 담당 집행위원은 파이낸셜타임스에 회원국 간의 제재이행을 감독하고 정책을 조정할 수 있는 EU판 해외자산통제국설립에 대한 생각이 열려 있다고 밝혔다. 그녀는 "일부 국가에서는 제재를 이행할 기반이 탄탄하지만, 그렇지 못한 국가도 있다"는 완곡한 표현으로 문제를 설명했다. 숄츠 독일 총리는 "주요 강대국이 경쟁하는 세상에서 우리의 목소리를 듣게 하고 싶다면" 유럽은 외교 정책에서 "개별 회원국의 거부권을 더 이상 허용할 수 없다"는 점을 인정했다. 그러나 유럽의 개별 국가들은 자신이 원하지 않는 외교 정책을 막을 권리를 포기하고 싶어하지 않았다.

유럽이 새로운 기구를 창설해도 여전히 남들은 유럽의 의존 상황을 유럽에게 불리한 방향으로 이용할 수 있었다. 정치인들은 2024년 미국 대선 결과에 따라 상황이 어떻게 바뀔지 숨죽여 걱정했다. 한 유럽인이 아놀드 슈워제네거가 주연한 영화 〈터미네이터〉의 용어를 빌려 필자들에게 말한 대로, 트럼프 2기 행정부는 최초 버전보다 더욱 강하고, 파괴적이고, 정교한 "T2"가 될 것이었다. 트럼프나 그와 비슷한 인물이 선거에서 승리하면, 유럽은 다시 급격히 냉랭해지고 암울해진 정세에 적응해야 할 것이다.

러시아는 춥고 매서운 겨울로 유럽을 위협할 수 있기를 바랐다. 2022년 여름, 러시아는 "유지보수"를 이유로 노르트스트림1

가스관의 공급을 차단했다. 노르트스트림이 필요하지도 않고 2010~2012년의 유럽 경제위기때 생긴 부채에 관해 끝없는 훈계를 견뎌 온 남유럽 국가들은 독일의 연대 요청을 참지 못했다. 테레사 리베라 스페인 에너지부 장관은 "다른 나라들과 달리, 스페인은 에너지를 분에 넘치게 소비하며 생활한 적이 없다"고 날카롭게 지적했다.

러시아는 이 긴장 상태를 악화시키려고 했다. 2022년 7월 텔레비전 방송 연설에서, 푸틴은 러시아가 제재로 입는 피해보다 제재를 가하는 국가가 입는 피해가 더 크며, 미국과 유럽이 압박을 강화한다면 "참담한" 결과를 낳게 될 것이라고 주장했다. 분명 푸틴은 가스 금수 조치라는 경제적 트라우마가 그의 반대편에 선 국가들의 연대에 균열을 내기를 기대했다. 헝가리 외교부 장관이 평화를 요구하고 가스를 구할 목적으로 러시아를 방문했을 때, 세르게이 라브로프 러시아 외교장관이 그를 맞이했다. 라브로프는 "전투는 계속되고 있다. EU 관료 체제는 개별 회원국 모두를 통제하에 두려고 한다. 조건을 강요하고 반대의견은 묵살하려고 한다"고 주장했다.

위험 요소가 있는 만큼 기회도 있었다. 녹색당은 이 위기가 탈탄소 경제로의 전환을 더욱 가속화하기를 기대했다. 집행위원회는 "재생에너지의 대규모 확장과 가속화"가 러시아의 강압에 대한 최선의 대응책이라고 주장하면서 태양광 시설과 풍력발전 시설 건설을 지연시켰던 규제를 완화했다. 이러한 변화와 투자는 유럽의 안보를 지키는 동시에 기후변화도 억제할 것이었다.

자유 무역과 열린 시장이 아닌 친환경 에너지와 자급자족이 대안이 될, 달라진 유럽이 가능해질 수 있었다. 유럽은 전쟁 전부터 강철이나 시멘트처럼 탄소 집약도가 높은 제품에 관세를 부과하기 시작했다. 이제 EU 집행위원회는 파리기후협약에 따른 책무를 이행하지 않는 국가에 무역 제재를 가할 권한을 갖고 싶어 했다. 이 제재를 가할 수 있다면 기후변화를 국가안보의 위협으로 보기 시작한 바이든 행정부와 유럽의 관계에 변화를 줄 수도 있었다. 금융 평론가 에도아르도 사라발레(Edoardo Saravalle)의 제안대로, EU가 지구 온난화를 가속화하는 활동을 대상으로 한 "친환경 제재(green sanctions)"를 가할 수도 있다.

그러나 이런 변화가 이루어지려면 수 년이 걸릴 것이고, 유럽은 우선 온기 없는 겨울을 버텨야 했다. 녹색당이 오랫동안 화석연료에 저항했지만, 하베크 장관은 화력발전소 가동을 재개하기 시작했다. 그는 원자력발전소 폐쇄를 연기하면서 시위자는 물론이고 그를 선택한 유권자 다수의 분노를 샀다. 한때 녹색당은 원전 반대를 중심으로 연합했는데, 이제는 녹색당 지도부가 대안이 더 좋지 않다는 이유로 원자력 발전소의 유지를 원했다.

유럽은 러시아 문제를 극복하더라도 중국 문제를 고민하기 시작해야 할 것이다. 폭스바겐을 비롯한 대기업들은 러시아에서 퇴출당하는 것은 견딜 만했지만, 중국 시장에 진출하지 못한 채 사업을 해야 한다는 기미가 보일 때마다 전전긍긍했다. 독일 녹색당 소속 아날레나 베어보크(Annalena Baerbock) 외무장관은 기업들에게 "상호의존은 위험성도 수반한다"고 경고하고 독일 정부도 중국에 대해서는 "비즈니스 우선이라는 원칙"을 재검토하기를 촉구했다. 그러나 중국산 태양전지판과 배터리를 수입하지 못하면

베어보크와 동료 정치인들이 원했던 기후전환은 더 큰 난관에 봉착할 것이며, 어쩌면 불가능할지도 모른다.

이러한 긴장은 미국과 중국의 관계가 더욱 멀어지면서 확실히 커졌다. 유럽은 미국을 만족시키려면 중국 정부와 사업가들이 간절히 원하는 정교한 제품 및 기계류 판매를 거부해야 하고, 이 경우 중국 측의 보복이 뒤따를 위험성이 있다. 하지만 유럽이 중국과 점점 가까워지면, 필연적으로 미국을 적으로 돌리게 된다.

폰 데어 라이엔 위원장 휘하 부위원장인 마르그레테 베스타게르(Margrethe Vestager)는 무뚝뚝한 태도로 유럽이 어떻게 이 딜레마를 자초했는지 설명했다. 그녀의 말처럼 "유럽은 무기화된 상호의존의 시대에 힘겹게 깨어났다." 유럽이 순진해 빠졌다고 말하는 이들도 있는 반면, 베스타게르는 "욕심이 많았을 뿐"이라고 믿었다. 그녀를 포함한 유럽인들은 "이제 저가의 러시아산 에너지와 저가의 중국 노동력에 기반한 산업 모델의 완전한 한계를 확인"했으며 "교훈을 얻어야 한다"는 것이다.

그 교훈을 쉽게 얻을 수는 없을 것이다. 유럽은 열린 시장 대신 공동 안보를 통해 통합의 길을 찾을 수 있을까? 프랑스와 독일, 강한 회원국과 약소 회원국, 북유럽과 남유럽, 동유럽과 서유럽의 내적 갈등이 이렇게 새로운 압박을 받으면 균열로 확대될까? 그리고 중국과 다른 제3의 국가들은 지정학적 세력으로 변모하려는 유럽의 노력에 어떻게 대처할까?

예전의 유럽은 유럽을 보호하는 국가와의 우호적 관계를 누리면서 모두와 동시에 교역하고, 신의 가호를 받아 계속 피해를 입지 않을 수 있기를 꿈꿨다. 그러나 최후에 꿈에서 완전히 깨어

난 곳은 차갑고 외로운 겨울의 헐벗은 산비탈이었다. 쉽게 손에
넣을 수 있는 행복한 결말은 없었다.

5

브라이언 훅의 이메일

2019년 8월 26일, 인도의 한 유조선 선장은 뜻밖의 이메일을 받았다. 간단한 일 하나만 해 주면 수백만 달러를 주겠다고 약속하는 내용이었다. 해당 메일을 작성한 자는 추방된 러시아 올리가르히 흉내를 내며 선장의 은행계좌 정보나 캐내려는 사기꾼 따위가 아니었다. 파이낸셜타임스의 기자 드미트리 세바스토풀로(Demetri Sevastopulo)가 취재한 결과 이 메일의 작성자는 미 국무부의 이란 특별대사인 브라이언 훅(Brian Hook)으로 밝혀졌다.

트럼프 행정부에서 함께 일했던 훅과 그의 동료들은 대이란 제재가 제대로 실행되지 않아서 이란이 석유를 세계 시장에 계속 판매할 수 있다고 생각했다. 훅과 그의 팀원들은 독자적으로 "압박 지점…파악"에 착수했다. 첫 번째 목표는 해상운송이었다. 이란이 고객에게 석유를 운송하려면 이란 밖 국가의 선박회사와 협력해야 할 때가 많았다. 가령 이 회사들이 미국 제재 때문에 해상 운송 보험에 들지 못하면, 배상책임위험 때문에 회사 유조선을 항구에 대지 못할 수도 있다. 이란 석유를 실은 유조선을 댈 수 있게 허용한 항구도 제재대상이 될 수 있었다. 혹은 석유 운송 산업의 지도를 만들고 약한 연결고리를 공격하면 미국이 이란을 더 효과적으로 압박할 수 있다고 믿었다.

혹이 찾아낸 또 다른 압박 지점이 바로 유조선 선장이었다. 그는 메일을 보내 선장이 항로를 돌려 유조선을 압류할 수 있는 항구로 보내 주기만 하면 수백만 달러를 주겠다고 약속했다. 이메일에는 스팸일까 의심될 경우 선장이 확인 전화를 걸 수 있는 국무부 전화번호도 적혀 있었다.

혹은 이어서 더 위협적인 두 번째 메시지를 덧붙였다. 이 메시지는 선장에게 이렇게 말하고 있었다. "이 돈이면 원하는 삶을 살고 노후도 풍족하게 보낼 수 있"지만, "이 쉬운 길을 가지 않는다면, 삶이 훨씬 힘들어질 겁니다." 선장이 혹의 제안을 거절하면, 미국이 직접 제재를 가해 그의 인생과 직업을 무너뜨린다는 말이었다. 그가 제안을 수락한다면 수백만 달러를 벌겠지만, 어떤 대가를 치르게 될까? 이란 정부는 배신자에게 관용을 베풀지 않는 것으로 악명이 높다(이란의 요원들은 자주 해외에 있는 반체제 인사들을 암살한다). 선장과 그가 아끼는 사람들이 새롭게 얻은 부를 오래 누리지 못할 수도 있는 것이다. 선장이 선택을 고민하는 동안, 유조선은 바다 위를 며칠 동안 맴돌았다. 결국 그가 답장을 하지 않자 혹이 대신 결정을 내리고 선장에게 다시 연락해서는 미국 제재법에 따라 그가 제재대상으로 지정되었다고 알렸다.

선장이 겪은 딜레마는 글로벌 비즈니스의 딜레마를 보여주는 축소판이었다. 산업계는 수십 년간 효율성과 수익이라는 미명 아래 세계 곳곳에 시장을 세웠지만 미국 정부는 이 경제 네트워크를 사슬과 족쇄로 바꿔버렸다. 미국의 동맹국과 적국이 자국을 보호하거나 스스로 제국을 건설하려고 시도하면서 기업가들이 징집되어 이 새로운 전투에 끌려가고 있다.

이러한 양상은 기업에게 완전히 새로운 유형의 정치적 위험을 초래한다. 정보와 생산, 자금 등 국제무역을 촉진하는 네트워크 그 자체가 기업이 가진 취약성의 원인이 되었다. 다른 정부들이 압박 지점을 발견하면 기업이 중립을 유지하기가 어렵다. 기업들은 더욱 좁아진 선택의 범위 안에 갇힌 채, 꼬리만 살짝 스쳐도 배를 박살낼 수 있는 거대한 바다괴물 리바이어던들이 서로 다투는 거친 바다를 항해하는 꼴이 되었다.

미국, 중국, 유럽, 러시아까지 서로 충돌하는 강대국들이 자기 이익에 맞게 복무하도록 기업들을 압박하면, 이들은 응답하기 위해 분투한다. 어떤 기업은 한쪽 편을 선택하고, 또 어떤 기업은 상대의 편을 든다. 마지못해 결정하게 될 때까지 바다를 맴돌며 주저하는 기업이 있는 반면, 수십 년 전 월터 리스턴처럼 주권이 미치는 범위를 넘어 해적 왕국 건설을 희망하며 미지의 바다를 항해할 계획을 짜는 기업도 있었다. 기업들은 수십 년 동안 가난한 개발도상국들이 규칙을 다시 쓰거나 기업 자산을 압류하는 것이 가장 큰 정치적 위험이라고 생각했다. 이제 그들은 부강한 나라들이 가장 큰 위험을 야기한다는 것을 알게 되었다. 이를 포착하지 못한 기업들은 침몰할지도 모른다.

ᆇ

2001년, 브래드 스미스는 "이제는 싸움을 끝낼 때"라는 단 하나의 문구만 넣은 슬라이드 한 장짜리 파워포인트 파일을 마이크로소프트 이사진에게 던진 후 회사 법무총책임자로 임명되었다. 이후 스미스와 마이크로소프트는 20년에 걸쳐 이 단순한 슬로건 뒤에 숨어 있는 복잡한 타래를 찾아냈다.

마이크로소프트는 남쪽으로 수백 마일 떨어진 실리콘밸리의 경쟁사보다 훨씬 일찍 정부의 힘을 체감했다. 미 법무부의 반독점 집행자들은 1990년대에 마이크로소프트의 힘이 너무 크다고 판단하고 경쟁 기업 세 개로 분할할 것을 제안했다. 마이크로소프트는 가까스로 이 강제 분할을 피했지만 기업 방침을 속히 수정해야 한다는 것을 깨달았다.

이것이 스미스가 그 슬라이드를 제작한 이유였다. 마이크로소프트의 설립자 빌 게이츠는 "연방정부 관계자들과 거의 대화하지 않은 것"을 자랑스럽게 이야기한 적이 있다. 그러나 이제 마이크로소프트의 지속적인 생존 가능 여부는 적대적인 세력과의 평화 유지에 달려 있었다. 그래서 규제기관에 맞서기보다는 협력할 방법을 찾아야 했다. 그 후 스미스(이후 마이크로소프트 법무총책임자와 최고경영자에도 취임)는 수십 년에 걸쳐 마이크로소프트의 변화를 도모하여 법 위반으로 악명 높은 기업에서 정부와의 협력을 통해 번창한 기업으로 변신시키는 일을 성공적으로 해냈다. 기업 분할 위협은 역사의 기억 속으로 사라졌다.

이렇게 되기까지는 시간과 노력, 돈이 들었다. 마이크로소프

언더그라운드 엠파이어

트는 조금씩 작은 국가 수준의 외교 역량을 축적했다. 중대 사업을 하는 곳마다 정부관계팀을 신설하고, 스미스의 인간적 매력과 결정권자들의 영향력을 이용해서 정부 관료들과 긴밀한 관계를 형성했다. 마이크로소프트는 이런 관계를 자사에는 유리하게, 구글 같은 경쟁사에게는 불리한 방향으로 이용했다. 경쟁사에게 귀속된 기술이라면 정부의 더 강력한 기술 규제를 지지하곤 했던 마이크로소프트의 방식은 자주 성공을 거뒀다.

마이크로소프트는 군소 정부처럼 중립을 유지하면서 영향력을 행사해야 했다. 미국과 EU, 중국처럼 세계의 윤곽을 형성하는 강대국들이 마이크로소프트에게 서로 양립할 수 없는 일들을 하라고 요구하면 무엇을 할 수 있겠는가? 마이크로소프트는 가능하다면 모호한 지점을 능숙하게 이용해서 모든 강대국 진영에게 해당 진영이 원하는 대로 사업을 하고 있다고 납득시키려 했다. 이 전략이 통하지 않으면 강대국들이 분쟁을 해결하도록 설득을 시도할 수도 있었다. 경우에 따라서는 강대국이 서로 화해하도록 돕는 것이 곧 마이크로소프트 입장에서 규제기관과 평화로운 관계를 유지하는 최선의 방법이었다.

미국이 2001년 9/11 테러 이후 정보감시 체계를 개편하면서, 마이크로소프트에게는 마치 한쪽에는 암초가 즐비하고 반대쪽에는 모든 것을 수장시키는 촉수가 득시글거리는 위험천만한 해협과 같았던 EU와 미국의 관계에 대처할 외교 기술이 필요했다. 가끔 국가안보국이 실제로 무슨 일을 하는지 알고 싶어하지 않았던 EU였음에도 마이크로소프트를 비롯한 다국적 기업에게 유럽인들의 개인정보보호권 존중을 공개적으로 요구했다. 미국 정부는 조용히 미국 기업들에게 민감한 정보를 요구하고 있었다. EU가 어떻게 생각할지는 상관없었다. 마이크로소프트의 일부 부서가 다른 부서의 활동을 파악하는 일이 허용되지 않으면서, 회사의 개인정보보호정책은 점차 위태로워졌다. 개인정보보호 정책이 완전히 무너지더라도 놀랄 일은 아니었다.

2014년 12월, 개인정보보호 활동가 캐스파 보우덴(Caspar Bowden)은 함부르크의 한 강연에서 다수의 청중에게 마이크로소프트가 그를 해고한 이유를 밝혔다. 그가 강연한 자리는 다루기 힘들 정도의 큰 조직으로 성장하여 회의마다 1만 명의 참석자를 꾸준히 유치해 온 유명 해커 조직 카오스컴퓨터클럽(Chaos Computer Club) 연례 회의의 메인 연단이었다.

보우덴에게는 스스로 만족할 만한 이유가 분명했다. 여러 해 동안 사람들이 그의 주장에 귀를 기울이도록 절실히 노력한 끝에, 드디어 청중이 생겼다. 그는 다른 이들이 등장하기 한참 전부터 미국 정부가 유럽인들의 대화 내용을 거의 다 엿들을 수 있다는 사실을 알고 있었다. 이전까지 누구에게서도 관심을 끌어내지 못했을 뿐이다.

보우덴은 마이크로소프트의 개인정보보호 총괄고문이 되기 전부터 개인정보보호 활동가이자 독립전문가로 활동하면서 영국 노동당에 기술 문제를 자문했다. 그의 활동은 생계와 큰 관련이 없었다. 보우덴의 한 동료가 두 필자에게 설명한 대로, 영국의 개인정보보호 단체는 술집에서 논쟁을 벌이는 소수의 인원으로 구성되어 있었다. 보우덴은 자기 일을 아주 잘하는 사람이었고, 법정 수준의 엄격성을 갖추고 프라이버시 침해 기술과 규정을 낱낱

이 분석했다. 하지만 그는 쉽게 화를 내는 편이었고, 너무 쉽게, 너무 자주 싸웠다. 친구들은 그의 성마른 성격을 용서해줬다. 이들은 그의 좌절감과 헌신을 서로 떼어놓을 수 없다는 것을 알고 있었다.

그래서 그의 친구들은 보우덴이 2002년 마이크로소프트에 처음 입사했을 때 어리둥절했다. 그가 그런 곳에 취직할 사람으로 보이지 않았기 때문이다. 보우덴이 새로 구한 일에는 마이크로소프트의 여러 '각국기술임원(National Technology Officer, NTO)'—전 세계 정부와 정치인들에게 보낸 마이크로소프트의 비공식 대사(大使)—에게 개인정보보호 관련 문제를 검토하는 방법을 알려주는 것도 포함되었다. 그런데 그는 새 고용주의 기업문화와는 이상한 관계였다. 그는 취직 후 활동가 친구들에게 개인정보보호와 관련해서 마이크로소프트를 "열심히 감시하지" 못하고 있다고 고함을 질러댔다. 미국 정부에 대한 보우덴의 우려가 커질수록, 그는 미국 기업에서 일하기가 점점 어려워졌다.

함부르크에서 연단에 오른 보우덴은 청중에게 자신이 회사 기밀 정보에 접근한 적이 없다고 말했다. 대신 그는 "오픈소스와 미국 법 읽기를 통해" 미국의 거대한 감시장치의 존재를 "추론"해냈다. 유럽 정부와 기업은 클라우드에 의존하면서, 보통 미국 영토에 소재지를 둔 마이크로소프트 같은 미국 기업이 운영하는 서버에 모든 데이터를 넣어두었다. 이로 인해 미국 정부에 잠재적인 법적 접근 권한이 주어졌다.

보우덴에 따르면 그가 2011년 클라우드 컴퓨팅 내부 회의에서 발언했을 때 문제가 정점에 이르렀다. 그는 당시 마이크로소프트의 각국기술임원들에게 이렇게 말했다고 밝혔다. "여러분이 마이크로소프트의 클라우드 컴퓨팅을 여러분이 담당하는 국가의 정부에 판매한다면…미국 국가안보국이 그 데이터를 통째로 무제한 엿볼 수 있습니다." 마이크로소프트는 고객에게 중립적으로 보이고 싶겠지만, 사실은 미국이 회사의 가장 민감한 정보에 손대도록 허용하고 있었다. 보우덴의 말처럼, 그의 발언에 대한 답은 무거운 침묵이었다. 그는 쉬는 시간에 해고하겠다는 협박을 받았다. 2개월 뒤 마이크로소프트는 아무 이유 없이 보우덴을 해고했다. 수년 뒤 마이크로소프트가 "기본적인 개인정보보호권"을 보호할 의지를 천명하자, 보우덴은 그가 어떻게 "해고당했는지" 회상하며 브래드 스미스의 "가식"이 "구역질나는 냉소"라며 비난했다.

이후 보우덴은 약 2년 동안 세계를 누비며 재단과 활동가, 정치인들이 미국의 감시에 주목하게 하려고 노력했다. 그러나 들으려는 이는 아무도 없었다. 2013년 여름 스노든의 폭로가 터지기 직전, 보우덴은 기업이 이 문제를 심각하게 받아들이도록 설득하려고 했다. "기본적으로 그들은 나를 비웃었다"고 그는 이야기한다. 스노든 파일이 공개되자 보우덴의 주장이 대체로 옳았다는 것이 증명되었다. 미국 정보기관들은 정말로 미국 기업에게 데이터를 요구할 수 있었고, 이 과정에서 유럽 시민들의 개인정보는 전혀 보호되지 않았다.

보우덴은 법적, 기술적 세부사항에 집착했고, 결국에는 직장을 잃게 했을지 모를 불편한 질문을 하려고 했다. 그의 집요한 성격은 눈에 띄지 않는 이야기의 조각을 모아 조합하는 데 도움이 되었지만, 한편으로는 다른 이들이 그 이야기의 중요성을 납득하는 데 방해가 되기도 했다. 그는 성난 트윗과 난해한 법 용어가 가득하고 언제 끝날지 알 수 없는 파워포인트 프레젠테이션으로 세상을 바꾸려고 했던 것이다.

그러나 그가 친절한 말로 이야기해도, 여전히 그의 이야기는 사람들을 설득하기 어려웠을 것이다. 마이크로소프트 같은 기업들은 엉망인 상황을 대중 앞에 공개하고 싶지 않았다. 공개를 원했다 하더라도 미국법상 금지되어 있었다. 또한 마이크로소프트의 고객인 유럽 정부들도 강제가 아닌 이상 굳이 마이크로소프트에게 진실을 마주하게 하고 싶지 않았다. 유럽 경제는 미국의 IT 기업들에 의존하고 있었으며 뭔가를 아는 사람들은 거의 전부가 자신들의 이익을 위해서라도 이 사실을 모르는 체할 이유가 확실히 있었다.

마이크로소프트, 구글, 아마존, 그리고 이들의 경쟁사들은 에드워드 스노든이 대량의 비밀 자료를 기자들에게 제공하여 논쟁을 불러일으킨 후에야 마음을 바꿨다. 미국이 얼마나 광범위하게 감시 활동을 해왔는지 스노든이 폭로한 후에는 아무 일도 없는 척하기가 훨씬 힘들었다. 보우덴에게는 여전히 사람들이 그의 대의에 주목하게 할 말솜씨가 부족했다. 그는 불명예는 씻었지만 여느 때처럼 세상에 실망한 채 2015년에 암으로 세상을 떠났다.

다른 이들이 싸움을 이어갔다. 오스트리아 출신의 카리스마 넘치는 젊은 변호사이자 개인정보보호 활동가인 막스 슈렘스는 스노든의 폭로로 자신이 유럽과 미국의 관계를 틀어지게 할 수 있다는 것을 직감했다. 2015년 10월, 그는 페이스북 같은 기업들이 대서양을 건너 개인정보를 전송할 수 있도록 허용한 핵심적 EU-미국 협정이 EU의 개인정보보호법을 위반하고 개인정보 데이터를 미국 정보감시 기관에 넘긴다는 근거를 들어 이 협정을 무효화하는 유럽최고법원의 판결을 이끌어냈다.

이 판결은 유럽 사용자의 데이터를 미국 기반 서버에 저장했던 미국 전자상거래 기업에게는 참담한 결과를 초래할 수 있었다. 구글 지주회사인 알파벳의 CEO 에릭 슈미트는 법원 판결이 "인류 최대의 업적 중 하나"를 망가뜨려 세계의 인터넷이 무너져버릴 것을 우려했다. 마이크로소프트의 브래드 스미스는 적어도 대중 앞에서는 덜 불안해 보였다. 그에 따르면, 이 협정과 "오래된 법적 체계가 붕괴"되었다지만, 사실 그 토대는 이미 오래 전에 허물어졌다. 클라우드 컴퓨팅은 국경을 넘어서는 규모로 운영되고 있는데, 이제는 과거의 법체계가 새로운 현실을 따라잡아야 할 때가 된 것이다.

그러나 스미스는 나중에 법원이 실제로 판결을 선고하자 "지옥문이 열렸다"고 털어났다. 스미스를 비롯한 마이크로소프트의 다른 고위 임원들 입장에서는 스노든의 폭로를 걱정할 이유가 충분했다. 보우덴이 의심한 것처럼, 마이크로소프트는 실제로 미국 정부에 외국인 관련 정보를 제공했다. 미국 정부는 공용 데이터가 유일하게 존재했던 2011년부터 2021년까지 국가의 정보 권력을 이용해서 매년 전 세계 2만 4000~3만 9000개 사용자 계정에 관한 정보 제공을 요구했다. 하지만 마이크로소프트가 이 사실을 대중에게 해명하려면 미국법을 위반해야 가능했다. 미 법무부는 마이크로소프트가 데이터를 제공했다는 사실마저도 기밀 정보라고 판단했다.

에드워드 스노든이 파일을 공개했을 때, 스미스는 생각보다 상황이 좋지 않음을 깨달았다. 미국 국가안보국이 영국 측 상대기관인 정보통신본부(GCHQ)와 협력하여 영국을 가로지르는 마이크로소프트의 광섬유 케이블을 감청했다는 강력한 정황 증거가 나왔다. 분명 미국은 수정헌법 제4조가 미국 국경 밖에는 적용되지 않는다는 논리로 영장도 없이 마이크로소프트의 데이터를 수집하고 있었다.

수년 뒤 스미스는 스노든의 폭로가 "지금까지 정부와 테크 산업 부문의 간극"을 만드는 데 일조했다고 말했다. "정부는 국가처럼 경계가 구획된 지역에 사는 구성원들에게 봉사합니다. 하지만 테크 산업은 국경을 넘어 전 세계에 진출했고, 우리의 고객은 세상 거의 모든 곳에 있습니다."

스노든의 폭로 이전에 존재했던 세계 무역의 평화는 모두가 이 정부와 테크 산업 간의 간극이 존재하지 않는 척하는 것에 기댔다. 하지만 지금은 모두가 알고 있다는 것을 모두가 알기에, 스미스를 비롯한 기업가들은 정부와 국토로 구성된 세상에서 평화를 다시 구축해야 했다.

스미스가 명확하게 밝히지는 않았지만, 가장 큰 걸림돌은 미국이었다. 몇 해 전 마이클 헤이든 국가안보국 국장과 그의 동료들은 정부가 법과 시민권의 제약을 받는 미합중국 안과 미 국가안보국이 마음껏 정보를 수집할 수 있는 미합중국 바깥의 무법지대를 구분하는 경계를 보이지 않게 그어 놓았다. 이제는 해외 테러리스트뿐 아니라 미국의 다국적 기업도 보호구역 밖에 놓이게 되었다.

더구나 마이크로소프트는 사업이 클라우드 서비스를 제공하는 수준으로 진화하면서 점점 많은 부분이 잘못된 방향으로 가고 있다는 것을 깨달았다. 마이크로소프트는 더 이상 플로피 디스크나 CD-ROM 형태로 오피스 소프트웨어를 팔아서 전 세계에 배송하는 공급업체가 아니었다. 마이크로소프트의 비즈니스 서비스에는 가상 액세스와 스토리지가 포함되었고, 그 결과 미국 외 정부, 기업, 조직들이 그들의 모든 작업을 통합할 수 있는 응용프로그램 종합 세트를 이용할 수 있게 되었다. 2021년 12월 기준으로, 마이크로소프트 클라우드 서비스의 분기별 매출은 약 220억 달러로, 회사 총 매출의 절반 가까이를 차지했다.

그러나 '클라우드'가 어디에도 존재하지 않는 동시에 어디에나 존재하는 것처럼 보여도, 마이크로소프트를 비롯한 미국 기업들은 미국 법의 제약을 받고 있었다. 미 당국은 외국인에 대한 자료를 요구했고 이 요구를 따르지 않는 미국 IT 기업에게 가혹한 불이익을 주겠다고 위협하면서 규정 이행은 비밀로 하라고 명령했다. 또한 미 당국은 자신들에게 영장이 없어도, 사용자는커녕 IT 기업에게도 알리지 않고 이 기업들로부터 산업적 규모의 해외 데이터를 다량 압수할 자격이 있다고 믿었다. 이는 마이크로소프트와 경쟁사들을 거의 버티기 힘든 수준으로 몰아갔다. 향후 외국 정부와 기업이 어떻게 마이크로소프트를 믿고 그들의 데이터를 비밀로 보관하도록 맡길 수 있겠는가?

구글과 마찬가지로 자국 정부의 스누핑(snooping), 즉 감청을 막는 것이 마이크로소프트의 첫 대응이었다. 두 회사는 경쟁 관계였지만 해외 사업을 보호하기 위해 미국 정부의 정보감시에 맞대응하는 일이 시급했다. 이들은 자신들의 데이터 센터 간에 연결된 케이블을 타고 쏟아지듯 밀려오는 정보를 암호화하여 미 국가안보국의 감청을 훨씬 어렵게 만들었다.

2015년 슈렘스가 제기한 재판이 승소 판결을 받자, 스미스는 이를 더 영속적이고 합법적인 평화의 시작으로 바꾸려고 했다. 그는 유럽 및 미국 정부의 공직자를 선출한 유권자들의 권리는 클라우드 서비스 고객으로서 그들이 요구하는 바와 일치하는 부분이 있다고 주장했다. 유권자들이 자신의 데이터가 어디에 소재하는지에 관계없이 그들의 개인정보보호권과 시민으로서의 자유가 보호받기를 원하는 것은 타당했다. 확실한 해결책은 시민으로서의 권리가 데이터와 함께 이동한다는 점에 정부가 동의하는 것이었다. 그렇게 된다면 유럽 시민들은 개인정보가 미국에 보관되어 있어도 유럽법에 따라 보장받을 권리를 가진다. 반대로 미국인의 개인정보가 유럽에 보관되어 있어도 미국인의 권리가 보장된다. 미국 정부가 유럽 시민과 관련된 정보를 원할 경우, 유럽 정부에 정보를 요청해야 하고, 반대의 경우도 마찬가지다.

이 평화 협정안은 미국 국가안보 기관에게 전혀 만족스럽지 않았다. 유럽과 미국이 새 협정을 놓고 협상에 돌입하자, 미국 정보기관들은 마지못해 정보수집의 자발적 제한과 유럽 민원 처리를 담당하는 담당관을 두는 방안에 동의했다(유럽사법재판소는 이 결정이 충분치 않다고 판결하고 결국 새 협정도 파기했다). 미국 정보기관들은 국제 협약의 제약을 받기를 원하지 않았으며, (미국 정보기관이 남긴 파편적 정보로 생존해 온) 유럽 정보기관들도 암묵적으로 마찬가지 입장이었다. 국가안보 감시 업무는 여전히 만인의 만인에 대한 전쟁이 벌어지는 무법천지의 영역에 있었다.

정부의 감시는 천천히 고의적 사보타주가 되어갔다. 2010년, 연구자들은 스턱스넷(Stuxnet)이라는 신종 '웜(worm, 네트워크를 타고 전파될 수 있는 악성 프로그램)'이 전 세계 기계들을 감염시키고 있음을 알아챘다. 이란 핵 프로그램의 속도를 늦출 목적이었던 미국과 이스라엘의 공동 해킹 프로젝트가 통제를 벗어나면서 건드릴 의도가 없었던 컴퓨터 시스템들을 감염시킨 것이다.

오바마는 원래 이 프로그램이 위험한 선례를 남길 수 있다는 점을 우려하여 승인을 주저했다. 미국이 남긴 선례 탓이건, 아니면 그와 상관없이 어차피 감행할 예정이었기 때문이건, 중국, 러시아, 북한 등이 적국의 컴퓨터 시스템을 공격하기 시작했다. 가끔은 이들의 우호국 시스템도 공격받았다. 정부가 후원하는 해킹의 경계가 모호해지면서 활발한 지하 범죄경제로 변모하기도 했다. 해커들은 자신의 노동력과 소프트웨어를 이용해 돈을 훔치는 일에 가담했고, 사람들의 금융 정보는 대량생산 상품처럼 사고 팔렸다. 러시아는 외국 시스템을 공격하는 범죄자 해커들이 러시아 정부의 요청에 협조하기만 한다면 백지수표를 주겠다고 제안한 것으로 알려졌다. 미국은 이런 불법행위에는 주저하면서도 회색시장에서 기록이 남지 않는 새로운 해킹 기법을 구매하려 은밀히 거금을 지불하려고 했다. 북한은 제재를 받은 후에 악명높은 'SWIFT heist'와 'WannaCry' 랜섬웨어(이 랜섬웨어 때문에 대만 반도체기업 TSMC가 잠시 공장 운영을 중단했다) 등을 이용한 사이버공격으로 돈을 벌었다.

마이크로소프트를 포함한 기업들은 새로운 곤경에 처했다. 이들은 상충되는 법적 의무들 사이에서 꼼짝 못하고 있었을 뿐 아니라 전 세계에서 일어나는 전쟁에서 쉽게 공격받을 수 있는 표적이 되어버렸다. 마이크로소프트의 스미스는 2017년 RSA 컨퍼런스*에서 사이버 공간이 "새로운 전쟁터"이지만, "민간 부문이 소유하고 운영"하는 "새로운 유형의 전쟁터"라고 말한 적이 있다. 소니가 북한 지도자에게 달갑지 않은 영화를 제작하자, 북한 정부의 지원을 받은 해커들이 소니 서버에 침입하여 상업적으로 민감한 정보를 통째로 인터넷 상에 노출시키는 방식으로 보복했다. 다른 기업들에게도 점점 정교한 폭격이 가해졌다 (WannaCry처럼 미국 국가안보국에서 유출된 도구와 기술에 기반한 공격도 있었다).

정부 지원을 받은 러시아 해커들은 그들의 국토는 존중할 때도 있었지만(이들의 프로그램은 러시아 키릴 문자를 사용하는 시스템을 감염하지 않도록 설계된 것 같다), 미국이 그어놓은 선은 절대로 지키지 않았다. 오히려 이들은 전쟁터를 세계 경제로 옮겨놓았다. 러시아의 군사 정보기관이 마이크로소프트의 고객 정보를 대량 탈취하려고 플랫폼에 침투하자 마이크로소프트의 임원진은 어떤 내용을 공표해야 할지 망설였다. 이들은 러시아가 "[마이크로소프트의] 사업 관계자들과 직원을 상대로 보복 행위를 하지 않을

---

* 사이버보안으로 유명한 컨퍼런스.

까” 두려웠다. 실제로 마이크로소프트가 공개 행사에서 간접적으로 해킹을 언급한 후, 러시아는 비자 발급이 필요했던 마이크로소프트 직원에게 2000마일 떨어진 러시아 대사관까지 와서 인터뷰를 할 것을 요구했다. 그 직원은 별문제 없이 비자를 받았지만, 러시아의 분노에 찬 거부감과 불만이 표시된 문서 두 개가 담긴 봉투를 전달받았다. 이 봉투는 워싱턴주 레드먼드 본사의 마이크로소프트 임원들이 메시지를 받았음을 확인할 수 있도록 직접 전달되어야 했다.

스미스와 임원진은 정부에 맞서고 싶지 않았지만, 마이크로소프트는 회사가 미국의 대의명분에 협력하지 않는다고 화를 내는 미국 관리들과 마이크로소프트를 미국 정부의 '졸개'로 보는 외국인들 사이에서 휘둘리고 있었다. 트럼프의 고문 중 한 명은 스미스에게 마이크로소프트는 "미국 기업"이며, "미국 정부의 타국 국민 감시에 협조할 것에 동의"해야 한다고 말했다. 아마도 다른 국가들이 어떻게 보복할지가 마이크로소프트에게 골칫거리였을 것이다. 스노든의 폭로 이후 중국 정부는 정부 기관의 윈도우 사용을 금지했다. 결국 마이크로소프트는 중국 정부 소유 IT기업과 협업해서 윈도우 중국 특별판을 따로 개발해야 했다.

마이크로소프트는 이 모든 상황을 끝내고 싶은 마음이 간절했다. 그러나 전장의 무장 해제는 규제당국을 달래는 것보다 훨씬 어려웠다. 스미스의 생각처럼, 그야말로 전쟁과 평화에 대한 전 세계의 규칙을 다시 정해야 했다.

터무니없이 야심 찬 계획 같았지만, 스미스와 동료들은 기존의 성공한 모델에서 출발하고자 했다. 스미스는 내부회의에서

국제적십자위원회(International Committee of the Red Cross, ICRC)
가 여러 정부를 불러모아 전시에 민간인 보호를 보장하는 제
네바협약을 제정한 일을 언급했다. 스미스의 동료인 도미닉 카
(Dominic Carr)는 정부가 민간인을 대상으로 사이버공격을 하지
않는다고 약속하는 새로운 국제협약이 필요할 때라고 즉답했다.
마이크로소프트는 민간기업이었지만 국제적십자위원회도 민간
단체였다. 국제적십자위원회도 정부를 설득해서 무력 분쟁에 관
한 법을 바꿀 수 있었는데, 마이크로소프트라고 똑같이 못할 이
유가 있겠는가?

　마이크로소프트는 민간인을 대상으로 한 사이버공격을 금지
해야 한다고 선언하는 국제 '협약'이 필요하다고 판단했다. 이 협
약이 체결되면 마이크로소프트에게 어울리는 방식으로 선명한 인
도주의적 목표를 달성할 수 있을 것이다. 트럼프 행정부 관리들의
신념과 반대로, 마이크로소프트의 기본적인 책임은 미국이 아니
라 고객과 주주를 향해 있었다. 마이크로소프트 고객 대부분이 디
지털 폭격에 노출된 민간인 표적이었다. 마이크로소프트도 민간
에 속한다. 스미스는 "디지털 제네바협약"을 공개적으로 제안하
면서 세계의 정보를 쥐고 있는 마이크로소프트 같은 기업들이 "신
뢰할 수 있고 중립적인 디지털 스위스"가 되어야 한다고 주장했
다. 이 기업들은 정부의 공격을 면제받는 대가로, 정부가 공격할
때 그들을 돕지 않기로 약속할 것이다.

　"디지털 스위스"라는 용어에는 테크기업 자체가 그들만의 영
토는 없어도 세계를 아우르는 새로운 유형의 국가라는 의미가 담
겨 있었다. 이 의미는 간과되지 않았다. 테크기업들이 "일종의 국

가"가 되어버렸다고 덴마크 외교장관이 발언하자, 스미스는 약간 망설이긴 했지만 이 비유가 "중요한 기회를 분명히 보여주며, 우리 기업들이 국가와 같다면 우리만의 국제 협약을 만들어낼 수 있다"고 주장했다. 테크 산업 부문이 "1949년의 국제적십자위원회처럼 연대"해야 한다고 했다. 마이크로소프트 및 동류의 기업들은 어디서든 고객을 보호하고 또 어디서든 고객을 공격하는 일을 거부함으로써 고조되어 가는 내셔널리즘의 대안을 제시할 수 있었다. "출신 국가"나 "공격을 요구하는 정부가 어딘지는 무관"했다. 스미스는 스위스가 제2차 세계대전 중 연합국과 추축국 어디에도 합류하기를 거부하며 중립을 지켰듯이, 테크 산업 부문이 지정학적 이해관계를 벗어나 엄격한 중립적 위치를 지키고, 지정학적 문제가 테크 분야를 집어삼키지 않기를 희망했다.

이 포괄적인 제안이 세상을 바꾸지는 못했어도 정치권의 관심은 어느 정도 이끌어냈다. 마크롱 프랑스 대통령과 저신다 아던 뉴질랜드 총리를 포함한 지도자들이 법적 구속력이 없는 "사이버 공간의 신뢰와 안보를 위한 파리의 요구(Paris Call for Trust and Security in Cyberspace)"에 서명했다. 바이든 행정부도 검토 절차를 거친 후 2021년 말에 서명을 했다. 아마존과 구글은 참여를 거부했지만, 페이스북, 델, 오라클을 비롯한 기업들은 사이버보안 기술 협정(Cybersecurity Tech Accord)에 동의했다.

하지만, 2022년 러시아가 우크라이나를 침공하자, 스위스를 비롯한 국가의 정부들은 그들의 중립을 접고 새로운 제재를 이행했다. 평화에 대한 마이크로소프트의 견해도 바뀌었다. 2015년에 마이크로소프트는 EU와 미국을 압박하여 감청 관련 협정을 체결하도록 했다. 그래야 마이크로소프트 같은 기업들이 평화롭게 양측 모두를 상대로 사업을 할 수 있기 때문이다. 2017년에 마이크로소프트는 글로벌 테크 분야가 중립인 동시에 출입제한 구역이라고 선언하며 전쟁과 평화에 대한 법을 바꾸고 싶어했다. 그런 마이크로소프트가 이제는 중립을 포기하고 치열한 전쟁에서 한쪽편을 들었다.

스미스와 톰 버트(Tom Burt) 마이크로소프트 고객 보안 담당 부사장이 공동으로 신중하게 올린 두 건의 블로그 게시물이 이 새로운 접근 방식을 설명한 바 있다. 스미스는 런던에서 열린 2022년 마이크로소프트 인비전 컨퍼런스(Envision Conference)의 인상적인 기조연설에서 직설적으로 이 내용을 다시 언급했다.

스미스의 기조연설은 각각 영국의 경제 현황을 설명하고 "완벽한 고객 경험"을 가능하게 하는 신기술을 홍보했던 다른 두 기조 연설과는 전혀 다른 세상에 속한 듯한 인상을 남겼다. 스미스는 새로운 전쟁 무기가 "빛의 속도로" 이동한다고 설명했다. 워싱턴 주 레드먼드 본사에 앉아 있는 마이크로소프트 직원들이 우크라이나 최전방을 맡고 있다. 원래 이 전쟁에서 제일 먼저 "발사될 포탄"은 우크라이나 정부기관이나 다른 주요 기관 10여 곳의 300개 서버 시스템을 파괴할 목적으로 만들어진 러시아산 사이버무기 폭스블레이드(FoxBlade)였다. 마이크로소프트의 MSTIC(마이크로소프트 위협정보센터, '미스틱'으로 읽음)의 보안 전문가들이 맨 처음 이 무기의 배치를 포착했다. MSTIC은 전 세계에서 마이크로소프트 제품을 실행하는 기기가 매일 전송하는 약 24조 개의 신호에 접근하여 놀라운 수준으로 사이버 공간 전반을 파악할 수 있는 능력을 통해 우크라이나를 향해 밀려오는 공격을 막는 데 기여했다.

스미스는 민간인을 보호한다는 디지털 제네바협약의 구상으로 되돌아가 테크기업들이 "근본적으로 공격하는 역할보다 방어하는 역할"을 한다고 말했다. 하지만 그는 중립을 재확인하는 말을 하지 않았고, 대신 마이크로소프트가 "우크라이나 정부, 그리고 국가안보보좌관들 및 현지의 관련 팀과 보다 긴밀한 관계"를 구축했다고 밝혔다. 스미스는 톰 버트가 바이든 정부의 앤 뉴버거(Anne Neuberger) 사이버·신기술 담당 백악관 국가안보 부보좌관과 접촉했다는 사실은 언급하지 않았다. 뉴버거는 톰 버트에게 러시아의 멀웨어 코드를 에스토니아, 라트비아, 리투아니아, 폴란드 등의 유럽 정부와 공유하기를 요구했다. 나중에 뉴욕타임스에서 보도한 대로, 마이크로소프트는 "제2차 세계대전 중 자동차 생산 라인을 셔먼 탱크 제작 라인으로 전환했던 포드 자동차가 했던 역할을 수행하기 시작했다."

전쟁이 가속화되자 마이크로소프트는 더 많은 역할을 했다. 우크라이나 정부 서버가 공격을 받자, 마이크로소프트는 17개 부처 중 16개의 데이터를 "우크라이나 외부에 있는 클라우드"로 옮겼다. 스미스는 러시아의 사이버공격을 제2차 세계대전에 영국 정부를 깊은 지하 벙커에 들어가게 만든 영국 대공습에 비유했다. 이는 마치 스위스가 제2차 세계대전에서 중립을 포기하는 데에서 그치지 않고, 기적의 기술을 통해 윈스턴 처칠 정부를 하늘 위에 있는 난공불락의 성으로 옮겨놓아 그 성에서 전쟁을 지휘하고 나치 폭격기의 비행 고도 위에서 일상 업무를 수행할 수 있게 만들어주는 대체 세계와 같았다. "민간인과 기업"을 보호한다는 목표

언더그라운드 엠파이어

를 가진 디지털 제네바협약이 신기하게도 한 국가를 보호하고 그 국가의 정부가 "하이브리드 전쟁"을 지속하게 만드는 임무로 바뀌었다.

물론 마이크로소프트는 침략 세력인 러시아를 동등하게 우대하는 것을 거절했으며 3월에는 러시아에서의 제품 판매를 중단했다. 병원, 학교, 아동, 노인, 일반인에게 의약품을 공급하려는 기업은 계속 지원을 받았지만, 러시아 정부는 자력으로 버텨야 할 처지에 놓였다.

대신 마이크로소프트는 러시아에게 책임을 묻는 일을 지원했다. 스미스는 제2차 세계대전 후 나치 전범을 기소한 뉘른베르크 국제재판을 언급하며 마이크로소프트가 산산이 부서진 우크라이나의 학교와 병원, 급수탑을 파악할 수 있도록 무료로 기술을 제공하여 "역사가 이곳에서 일어난 일을 기억할 수 있게" 하겠다고 약속했다. 그는 마이크로소프트 커뮤니티에 NATO 지원과 우크라이나 지원을 위한 협력을 촉구했다. 후속 보고서에서는 "주요 사이버 강대국"인 러시아가 이번 전쟁을 통해 "동맹국들"뿐 아니라 표현의 자유, 민주주의의 공동방어에 참여하고 있는 "국가와 기업, 비정부기구들의 연합"에 대적하게 되었다고 주장했다.

스미스는 처음 마이크로소프트의 수석법률가가 되었을 때 회사가 정부들과 사이좋게 지내는 것이 현명한 기업 전략의 필수 조건이라고 주장했다. 하지만, 정부들이 시장을 규제하는 데 그치지 않고 무기화하기 시작하면서, 마이크로소프트는 중립 상태를 계속 공언하기가 점차 어려워지고 있음을 깨달았다. 그래서 마이크로소프트는 전쟁법을 다시 만들려는 야심 찬 시도를 실험했고, 마침내는 침략국에 대항하는 전쟁에 공개적으로 참여했다. 스미스는 기업용으로 제작된 마이크로소프트의 도구와 소프트웨어 제품군이 매우 중대한 방어적 우위를 제공한 것을 자랑스러워했다. 우크라이나에서 일어난 전투는 마이크로소프트 제품이 매우 유용할 뿐만 아니라 심지어 필수적인 것임을 실시간으로 보여주는 마케팅 시연의 장이었다. 스미스는 마이크로소프트가 만든 전문가 네트워킹 플랫폼 링크드인이 마이크로소프트 보안팀으로 하여금 곧 공격을 받게 될 우크라이나 정부조직의 최고정보책임자를 신속하게 찾아 연락할 수 있게 해 주면서 군사적 역할을 할 수 있었다고 주장했다.

⁂

링크드인은 전시 방어에만 유용한 게 아니었다. 우크라이나 전쟁 발발 직전, 대만의 거대 반도체 기업 TSMC는 서비스에 구인공고를 올렸다. "당사의 사업이 규모와 복잡성 면에서 전 세계적으로 성장하고 있기에, 집적회로(IC) 산업 공급망에 영향을 미치는 지정학적, 경제적 변화를 해석하는 일에 관심 있는 비즈니스 인텔리전스 분석가를 모집합니다."

공고의 단조로운 표현과 달리 TSMC의 요청은 긴급한 것이었다. TSMC 임원진에게는 지정학이 회사를 삼킬 것을 두려워할 만한 이유가 있었다.

TSMC는 경제의 세계화에 대한 확신을 걸고 설립되었다. 열린 시장과 고속 통신에 힘입어 모든 공정을 내부에서 처리하는 대신 생산의 한 가지 과정을 전문으로 하는 반도체 기업들이 틈새시장을 찾을 수 있었다. TSMC 같은 기업들은 자신들이 잘할 수 있는 분야의 범위를 좁혀 집중함으로써 경쟁사보다 자신들이 훨씬 뛰어나다는 점을 강조했다. 다른 곳에서 설계한 반도체를 제조하는 "퓨어플레이(pure play)"* 제조(fabrication), 줄여서 '팹' 기업이었던 TSMC는 인텔과 같은 통합 제조업체에 비해 생산 개선에 집중하기가 수월했기에, 크고 작은 혁신을 꾸준히 이루면서 발전을 끌어낼 수 있었다.

1998년, TSMC 창립자 겸 당시 CEO인 모리스 창은 한 내부 문서에 TSMC의 전략을 내놓았다. 그는 TSMC가 고객과 깊은 관계를 형성하고, 고객이 원하는 바를 파악하고, 영업과 엔지니어링을 적절하게 통합한다면, 어느 정도는 당연히 세계 최대 실리콘 파운드리가 될 것이라고 믿었다. 이 전략을 제대로 실행하려면 TSMC는 두 가지 문제를 해결해야 했다.

첫째, TSMC는 고객, 즉 TSMC에 전문화된 칩 생산을 주문하는 테크기업과 신뢰를 쌓아야 했다. 이 기업들은 서로 치열하게 경쟁했다. TSMC가 여러 전화 제조업체가 사용할 프로세서 칩을 만들면, 각 기업들은 경쟁 속에서 자사 시장 점유율을 확대하거나 유지하려고 몸부림쳤다. 각 고객사는 자신들의 숙적과도 긴밀한 관계를 맺는 TSMC에게 자사의 기술적 필요와 사업 전략에 관한 고도의 민감 정보를 제공하며 긴밀하게 협력할 수밖에 없었다. 그

---

* 하나에만 집중한다는 비즈니스 용어.

래서 모리스 창은 TSMC가 독점 정보의 비밀 유지를 확실하게 보장해야 한다고 믿었다.

TSMC는 완벽하게 공정해 보여야 했다. 모리스 창의 전략 문서는 TSMC가 고객사 중 한 곳과 "일회성" 특별 거래를 할 경우, 편파적이라는 인상을 주지 않도록 동일한 분야에서 직접 경쟁하는 기업들에게 "유사한 거래"를 제안하라고 명시하고 있었다. TSMC는 이 전략을 통해 월스트리트저널의 표현대로 엔비디아(NVIDIA)와 퀄컴 같은 경쟁사 모두와 공정하게 협력해서 이들의 칩을 제작하는 "반도체 업계의 스위스"가 되었다.

둘째, TSMC는 정교한 반도체를 생산하는 경쟁사의 능력을 따라잡아 종국에는 이들과의 경쟁에서 승리할 수 있는 기술적 성장이 필요했다. TSMC는 인텔처럼 더 큰 경쟁사가 굳이 경쟁에 뛰어들려고 하지 않는 틈새시장의 요구를 충족하는 기업으로 출발했다. 이후에는 자체 노하우와 전 세계 고객으로부터 얻은 정보를 결합하면서 성장했다. TSMC의 새로운 시장 진출은 이렇게 가능해졌다. TSMC는 고객사들 덕분에 더 낮은 비용의 생산이 가능한 '규모의 경제'뿐 아니라 고객에게 필요한 것과 그렇지 않은 것, 점점 방대해지는 연구 예산의 사용처를 파악할 수 있는 독보적인 능력을 발휘하는 '지식의 경제'를 실현할 수 있었다.

반도체 산업의 기술이 진보하면서 전력 소모는 적고 처리 능력은 더 뛰어난 소형 아키텍처 칩(이론적으로 나노미터 단위로 측정한다) 개발도 가능해졌다. TSMC는 최첨단 공정이 가능한 수준까지 발전하여 첨단 반도체 생산 분야를 장악했다. 경쟁사들은 TSMC를 따라잡는 데 애를 먹었다. 실제로 모리스 창이 경계했던 회사인 삼성은 반도체 칩 외에도 스마트폰과 다른 제품도 제조했기 때문에 핵심 고객들의 신뢰를 얻기가 어려웠다. 삼성의 고객사는 삼성을 단순한 공급업체가 아닌 잠재적 라이벌로 여겼다. TSMC만큼 고객과 친밀한 관계가 쌓이지 않은 인텔 또한 뒤처지기 시작했다.

TSMC는 2023년에 3나노미터, 2025년에 2나노미터 칩 생산을 개시한다는 계획을 세웠다. 반면 인텔은 7나노미터 칩 양산에서도 고전을 면치 못했다. 인텔의 최대 고객사 중 하나인 애플은 삼성이 아이폰과 경쟁하기 시작한 2011년부터 이미 삼성을 배제했다. 2020년, 애플은 신형 맥 컴퓨터에 자체 설계한 프로세서를 사용하겠다고 선언했다. 이 프로세서의 외주 생산을 맡은 업체는 당연히 TSMC였다. 수십 년 동안 인텔에게 뒤처져 2인자에 머물렀던 노련한 칩 생산업체 AMD는 반도체 생산을 전면 중단하고 TSMC에 의존하기 시작했다.

2020년 12월, 어느 행동주의 주주가 인텔에게 제조 공정을 버리고 설계에만 집중하는 방안을 검토하기를 요구했다. 어느 업계 분석가가 파이낸셜타임스의 캐스린 힐에게 말한 대로, 반도체 업계는 TSMC에 "엄청나게 의존"하게 되었다. 20년 전에는 파운드리가 20개였지만, 지금은 "최첨단 제품이 대만의 캠퍼스 한 곳에 모여 있다."

이 분석가의 "캠퍼스 한 곳"이라는 주장은 약간 과장되어 있지만, 크게 틀린 말은 아니다. TSMC는 해외 고객과 협업할 때에도 현지 밀착도가 높은 기업이었다. 대만 정부의 지원을 받아 설립되었고 대만의 경제 및 교육 시스템과 밀접하게 융합되어 있었다. 대만 엔지니어들은 동급의 미국인보다 더 열심히, 적은 급여로 일하려고 했다. 어떤 측면에서는 혁신의 영향이 잘 전파되지 않기도 했다. 대만 반도체 산업은 "타이베이 남부의 소규모 산업단지 주변에 집중"되었다. 아시아 기술 생산 전문가 댄 왕(Dan Wang)이 설명한 대로, 반도체 제조는 "프로세스 지식", 즉 무엇이 가능하고 가능하지 않은가에 대한 정통한 이해의 심도 있는 축적에 기대고 있다. 이는 특정 문화에 친밀하지 않은 이들에게는 설명하기 어려운 영역이다. TSMC가 간헐적으로 다른 곳에 파운드리를 세우려고 했지만, 어디에서도 깊이 자리잡지 못했다.

처음에는 이런 특징이 강점보다는 약점으로 보였다. 중국이 고유의 기술 산업 발전을 꾀하기 시작하면서, TSMC 본부가 대만에 소재하고 있다는 점도 새로운 고객을 찾는 데 도움이 되었다. TSMC가 심혈을 기울여 다져온 공정하다는 평판 덕분에 적어도 미국 기업들만큼 중국 기업들과 수월하게 협업할 수 있었다. 무엇보다도 중국 기업들은 지리, 문화, 언어 면에서 더 가까웠다. TSMC는 특히 화웨이와 밀접하게 연계했다. 화웨이는 TSMC의 전 세계 매출에서 15~20%를 차지하면서, 애플의 뒤를 이어 두 번째로 큰 고객이 되었다.

그러나 지정학적 긴장이 고조되면서 TSMC의 입장은 그 어느때보다도 곤란해졌다. 중화인민공화국이 대만을 자국 영토의 일부로 간주하면서 온화한 설득이나 무자비한 힘을 통해 대만을 '모국'의 품 안에 되돌려놓겠다는 정치 공작을 벌였다. TSMC는 어느 한 곳의 생산만 전담하지 않고 서로 경쟁하는 기술 기업들을 상대하는 기술 분야의 스위스 역할을 했던 것처럼, 미국과 중국이 서로를 경계하며 노려보기 시작하자 "상황에 따라 앙숙 관계인 두 강대국 모두에게 친구가 되는 핀란드" 역할을 맡았다.

트럼프 행정부가 '언더그라운드 제국'의 무기를 화웨이에 겨눴을 때 TSMC 역시 부수적인 피해를 입었다. 미국의 규정상 TSMC가 최신 칩을 제조할 때 미국의 지적 재산을 사용하거나 미국의 지적 재산으로 생산했다면 두 번째로 큰 고객인 화웨이에게 수출하는 것이 제한되었기 때문이다. 2020년 전 세계의 칩 부족 현상이 있어도 TSMC의 매출에는 지장이 없었고, 이 회사의 시장 지배력은 다시 한 번 증명되었다. 그런데 중국과 대만이 다시 하나가 된다면 TSMC는 어떻게 될까? 세계에서 가장 중요한 첨단 반도체 제조업체가 적국의 통치를 받는다면 미국은 어떻게 할까?

1990년대에 반도체 제조업이 세계화되자 미 국방부도 같은 길을 따랐다. 미국 군대는 반도체가 매우 필요했다. 미국 국내에서 가장 '신뢰할 수 있는' 공급 관계를 유지하면서도 아시아-태평양 지역에서 생산되는 칩에 대한 미군의 의존도가 높아졌다. 그런데 "갈수록 세계화되는 미국 국방의 반도체 기반"에서 대만 생산업체의 중요성이 커지면서, 미 국무부의 긴장도 커져갔다. TSMC가 경쟁사를 한참 앞서가기 시작하자, 미국은 국가안보 체계가 중국의 침공 위협이라는 그림자가 드리운 섬나라의 제조업체 한곳에 대한 의존도가 매우 높다는 사실을 우려하게 되었다.

마크 리우(Mark Liu, 劉德音) 현 TSMC 회장은 세계 경제가 대만 반도체에 의존하기 때문에 전쟁이 일어날 가능성이 없다고 주장했다. 한편 미국 국방 전문가들은 더 비관적이었다. 2021년, 두 전문가가 미 육군대학원 계간지 『파라미터스(Parameters)』에 기고

한 글은 중국이 습격할 경우 미국이 TSMC 시설을 파괴해버린다는 "청야(淸野)" 전략을 옹호했다. 두 저자는 이 위협이 중국의 대만 침공을 억제하는 데 유용하기를 바랐다.

특히 바이든도 중국이 영유권을 주장하는 섬에서 필수적인 테크 제품을 생산하는 것을 우려하고 있다는 사실을 알게 되자 TSMC에게는 이 모든 상황이 끔찍할 정도로 불편해졌다. 모리스 창이 세운 회사는 국가안보 전략가들이 회사의 성공에 관심을 두지 않아야 번창했다. 이제 TSMC는 강대국 입장에서는 이용하고 싶고, 다른 나라에게는 허락하고 싶지 않은, 세계 경제의 초크포인트가 되어버렸다. 모든 기업은 경제계에서 대체 불가능한 존재가 되기를 원하지만, 선제공격 한 번에 공장이 날아갈 만큼 대체 불가능하기를 바라는 기업은 없다.

게다가 경쟁사들이 TSMC의 정치적 고초를 활용하기 시작했다는 점도 문제였다. 인텔은 TSMC 기술에 발맞추려던 시도에서 처참하게 실패한 후 팻 겔싱어(Pat Gelsinger)를 새 CEO로 선임했다. 겔싱어는 재빨리 자사의 반도체를 직접 설계하는 기업을 대상으로 파운드리 서비스를 제공하는 TSMC의 핵심 사업에 진출하겠다고 선언했다. 그는 미국이 핵심 기술을 대만 기업에게 의존한 것이 얼마나 위험한 일인지 비판하는 목소리를 내기 시작했고 미국이 국내에서 칩 공급을 확보해야 한다고 주장했다.

미국 정치권에서도 이미 반도체 제조 산업을 국내에 유치할 노력을 시작했다. 트럼프가 TSMC의 화웨이 납품을 제한한 당일, TSMC는 애리조나 주에 120억 달러 규모의 5나노미터 반도체 생산 팹을 건설할 예정이라고 발표했다.

이 발표로 겔싱어의 심기가 불편해졌다. 그는 미국이 "미국에 깊이 뿌리내린" 기업에게만 보조금을 지급해야 한다고 주장하며 TSMC가 첨단 기술을 대만 본국에 두고 있다는 점을 지적했다. 겔싱어는 2021년에 많은 시간을 들여 미국과 유럽 관료들을 만나 인텔 같은 현지 기업에 대한 지원을 요구했다. 그는 어느 공개 인터뷰에서 이렇게 말하기도 했다. "향후 20년 동안은 유전의 위치보다 팹의 위치가 더 중요합니다." 겔싱어를 비롯한 이들의 노력은 미국과 유럽이 국내 반도체 생산에 보조금을 지급하는 주요 입법을 발표하게 했다. 다만 서방 국가들은 경쟁사보다 기술적 우위를 지닌 TSMC 같은 기업에게도 자금을 지원하는 방식으로 위험을 분산하려 했다.

TSMC는 이런 게임을 하고 싶은 마음이 전혀 없었을 것이다. TSMC의 한 "내부자"는 TSMC가 "미국 정부가 간청했기 때문에 공장을 [애리조나에] 짓기로 결정"했다고 주장했다. 마크 리우가 다른 매체에서 한 해명에 따르면, TSMC는 "정치권에서 고객사를 은근슬쩍 자극"했기 때문에 공장을 지었을 뿐이었다. 리우 자신도 "[미국에서] 반도체를 현지화한다고 공급망 회복탄력성이 상승하지 않으며", 오히려 저하될 수 있다고 생각했다.

분명 TSMC는 원칙적으로 보조금 정책에 반대하지 않았다. 지금의 TSMC가 있는 것도 대만 정부의 지원에 크게 빚지고 있다. 하지만 대상이 특정된 보조금이라는 새로운 게임이 문제가 되었다. 기술이 더 뛰어난 경쟁사를 상대로 유리한 요소가 필요했던 인텔은 지정학을 통한 시장의 개편을 원했다. 바로 그런 이유 때문에 TSMC는 되도록이면 지정학적 개입이 없기를 바랐다. 미국과 유럽 정치권에서 반도체 생산시설의 대만 집중이 가지는 위험성을 강조할수록, TSMC의 경쟁사들이 더 유리해지거나 TSMC에 반도체 생산 시설의 위치 및 방식의 변화를 요구할 가능성이 높아지기 때문이었다.

그런데 팬데믹 때문에 이 모든 문제가 또 다시 복잡해졌다. 반도체 업계는 2020년과 2021년에 코로나바이러스와 지정학적 긴장이 겹치면서 타격을 입었다. 공장들이 급증한 감염 사례에 대처하느라 공장 문을 닫는 바람에 복잡하게 얽혀 있는 글로벌 공급망이 붕괴되었다. 기업들은 소비 위축을 예상하고 칩 주문량을 줄였지만, 예상과 달리 수요가 계속 견고하게 유지되는 바람에 대규모 부족 현상만 겪고 말았다. 화웨이를 비롯한 중국 기업들은 미국이 제재를 가하기 전 엄청난 양의 반도체를 비축해 두고는 생산라인을 묶어버렸다. 이 모든 상황이 경제 전반의 반도체 대량 부족 현상을 초래했다. 자동차는 바퀴 달린 이동식 컴퓨터가 되었고, 모든 전자기기에는 반도체가 필요했다. "치파겟돈(Chipaggedon)"*이라는 불행한 이름에는 공급망—그리고 각 국가의 경제에 필요한 것을 공급받게 하는 문제—이 일상적인 정치 대화의 소재가 되었다는 의미가 담겨 있었다.

바이든 행정부는 대통령 취임 선서를 한 지 한 달도 안 된 시점에 반도체, 배터리, 의약품, 희토류, 4대 핵심 공급망을 100일 간 평가할 것을 지시했다. 바이든은 행정명령 발표 담화에서 이렇게

---

* 반도체 칩 부족으로 인한 아마겟돈 같은 상황.

224 언더그라운드 엠파이어

말했다. "컴퓨터 칩 부족으로…자동차 생산이 얼마나 지연되고 미국 노동자의 작업 시간이 얼마나 줄어들었는지 목격했습니다." 이제 "공급망 위기가 닥친 후 수습하는 방식을 끝내고…애초부터 공급망 위기로 타격을 입지 않게 막아야 합니다." 바이든의 행정명령에서 요구한 골자는 "국내 생산, 다양한 공급, 이중삼중 대비, 충분한 재고, 안전하고 보안이 철저한 디지털 네트워크를 실현할 수 있는…보다 회복탄력성 있는 공급망"이었다.

2021년 3월 15일, 상무부 산업안보국은 반도체 업계의 의견을 정식으로 요청했다. 100일 평가 보고서는 상무부가 주도해서 "연방정부 전반에서 데이터를 수집하고…수요공급 차질을 추적하고 연방정부와 민간 부문의 정보 공유를 강화하는 노력"을 주도할 수 있는 "데이터 허브" 설립을 권고했다. 바이든 행정부는 TSMC 같은 기업들에게 행정부가 "병목이 존재할 수 있는 위치를 파악하고 수량화"할 수 있도록 "재고와 수요, 물류 메커니즘에 관한 정보를 자발적으로 공유"하기를 요청했다고 밝혔다.

이 부드러운 요청 뒤에는 큰 압박이 숨겨져 있었다. 바이든 행정부의 지나 러몬도(Gina Raimondo) 상무장관은 이렇게 말한 바 있다. "[반도체 기업들]에게 말씀드리고 싶은 건 이겁니다. '강제로 이행을 요구해야 할 일이 없길 바랍니다. 하지만 요구를 따르지 않을 경우 제게는 남은 선택지가 없네요.'" TSMC를 비롯한 기업들이 자료를 제공하지 않으면, 바이든 행정부는 국방물자생산법(Defense Production Act)을 적용하려고 했다. 바이든 행정부는 TSMC에게 기업 활동에 관한 정보 활용만 요구한 것이 아니었다. 이들은 TSMC 고객의 사업을 가까이에서 자세히 들여다볼 수 있는 자료를 원했다.

이 정보를 제공한다면 TSMC 비즈니스 모델의 핵심인 신뢰 관계가 위험해질 수도 있었다. TSMC가 미국 정부와 고객 정보를 공유했다는 사실을 알면 고객들이 어떻게 반응하겠는가? 중국 기업들이 특히 분개하겠지만 다른 기업들도 우려할 만한 사안이었다.

TSMC의 초기 대응은 시간을 버는 것이었다. TSMC는 이미 전 세계적인 반도체 부족 상황에 대응하기 위해 애리조나주에 예정된 팹 건설을 포함하여 "유례없는 조치"를 취했다는 점을 강조했다. 일주일 후, 실비아 팡(Sylvia Fang, 方淑華) TSMC 법률 고문은 TSMC가 세부 정보 제공을 원하지 않는다는 점을 분명히 하고, "우리는 회사의 민감 정보, 특히 고객 관련 정보를 절대 유출하지 않으며", "고객의 신뢰는 TSMC 성공의 핵심 요소 중 하나"라는 점을 들어 고객들을 안심시켰다. 결국 TSMC는 고객 기밀은 보호된다고 공개적으로 명시하면서도 일부 정보를 넘겼다. 비밀을 어떻게 유지하는지는 공개적으로 설명하지 않으면서 미국이 요구한 정보는 제공한 것이다.

중국 관영언론은 TSMC의 묵인을 일종의 기만 행위로 취급했다. 환구시보에 게재된 한 사설은 "TSMC와 칩 생산업체들이 제공할 것을 요구받은 정보는…(중국) 본토 반도체 업계의 상업적 이익과 사업 기밀을 심각하게 훼손할 것"이라 주장했다. 미국은 공급망의 병목만 밝혀내려 한 것이 아니라고 했다. "미국이 반도체 산업에 패권을 휘두르는 행위가 민감한 정보 수집에서 시작된다는 점은 명백한 사실이며, 국내 반도체 산업의 부흥을 위해 첨단 제조 역량을 장악하는 것이 미국의 궁극적 목표이다." 중국 학자들은 이 데이터가 "미국 정부에서 더욱 정교하게 중국 기업을 상대로 제재를 가하는 데 도움이 될" 수 있다고 경고했다. 그럼에도 TSMC는 자신의 정책을 고수했다. 미국의 지적 재산과 미국 공급업체, 미국 시장에 의존하고 있는 정도를 생각하면, TSMC에게는 다른 선택지가 없었다.

이 딜레마가 모두에게 선명하게 보이는 것은 아니었다. 뉴욕타임스 칼럼니스트 토머스 프리드먼은 신뢰에 기반한 TSMC의 생산 모형이 중국의 강박적인 기술에 대한 접근법에 대한 대안이라고 언급하며 TSMC의 방식을 호평했다. 그는 TSMC가 만든 생태계를 시진핑이 제대로 이해했다면 "TSMC를 얻으려고 대만을 점령하는 것이…헛수고"라는 사실을 깨달을 것이라고 말했다.

그로부터 일주일 후, 세계화에 대한 모리스 창의 짧은 발언이 있었다. 그는 프리드먼의 칼럼은 언급하지 않았지만 세계화 때문에 세계가 "평평"해졌다는 프리드먼의 유명한 선언은 거론했다. 정중하고 절제된 말투로 반박하면서, 모리스 창은 단언했다. "글쎄요, 톰, 세상은 더 이상 평평하지 않아요." 인텔의 겔싱어(모리스 창은 그를 '예의 없는 사람'으로 여겼다)와 그의 지지자들은 한국과 대만이 안전하지 않다고 주장했다. 이들은 미국이 세계 반도체의 42%를 생산하던 시절로 돌아가기를 바랐다. 모리스 창은 시계를 되돌릴 수는 없다고 맞받아쳤다. 미국이 수천억 달러의 보조금을 지원해도 미국에 완벽한 반도체 공급망을 다시 갖추기는 불가능하다는 말이었다.

모리스 창의 불만은 이해할 만한 것이었다. TSMC는 미국 영토에 반도체 팹을 세우면서 대만 국내에서 가지는 이점을 일정 부분 포기해야 했고, 수십 년간 성실하게 쌓아 온 신뢰 관계를 위험에 빠뜨려가며 고객에 관한 기밀 정보를 제공해야 했다. 점차 지정학적으로 불리하게 기울어지는 판에서 신중하게 키워온 중립의 이미지도 버려야 했다. 자기 회사가 미중(美中) 충돌에 대한 걱정 없이 기술과 시장에만 집중할 수 있던 세상에 대한 그리움이 프리드먼을 향한 모리스 창의 날 선 불만을 키웠을 것이다. TSMC의 링크드인 광고가 암시하듯, 모리스 창이 꿈꾸던 세상은 영원히 사라져버렸다. 그 자신도 이렇게 한탄했다. "세상 모두에게 서비스를 제공할 수 있던 좋은 시절, 그런 시절은 더 이상 없다. 더 이상 나빠지지 않기만을 바랄 뿐이다."

✧

2015년 3월 30일, 비탈릭 부테린(Vitalik Buterin)은 런던에서 소수의 청중을 상대로 경제집중화의 위험성을 경고했다. 쌀쌀한 날이었는데도 이 22세 청년은 줄무늬 티셔츠에 카고바지 차림이었다. 그는 자신이 시작한 이더리움(Ethereum) 소프트웨어 프로젝트의 현황을 설명하는 것으로 연설을 시작했다. 이더리움은 출시 전이었지만 머지않아 세상에 나올 예정이라고 했다. 이어서 그의 진짜 이야기가 시작되었다.

부테린은 자신과 비슷한 크립토 지지자들에게 많은 것을 블록체인을 통해 탈중앙화하는 이더리움 같은 프로젝트가 어떻게 경제를 바꾸고 세상이 나빠지는 것을 막을 수 있는지 설명했다. "크립토(Crypto)"는 연산 키(mathematical key) 없이는 접근이 어렵거나 아예 불가능하도록 정보를 암호화하는 "크립토그래피 (cryptography)"의 줄임말이다. 크립토 지지자들은 단순히 자신을 위해서만 암호에 열광한 것이 아니었다. 많은 사람들이 크립토로 정부의 힘을 약화시키거나, 심지어 정부를 완전히 없앨 수도 있다고 믿었다.

부테린이 그날 말한 것처럼, "모든 것을 탈중앙화"하는 것에 대한 "일종의 추종" 현상이 있었다. 크립토를 지지하는 이들의 대부분이 권력의 집중을 걱정하고 수학과 기술이 이에 대한 답을 제공한다고 믿는 사람들이었다. 하지만 부테린은 일부 자유지상주의자들이 꿈꾸는 급진적으로 탈중앙화된 세상은 실현 가능성이 없다고 경고했다. 경제의 기반이 중앙집중화된 통제 수단이 되는 디스토피아적인 "특이점"이 실현될 가능성이 있어 오히려 걱정스러웠다.

부테린은 모든 복잡한 사회에는 흔히 정부가 제공하고 나머지 모두가 의존해 살아가는 도로와 전기, 치안 같은 기본적인 제도와 기반시설이라는 "기반 서비스들"이 있다고 설명한다. 이제는 민간기업이 인터넷, 결제 처리(페이팔), 공유의 상품화(우버, 에어비앤비)처럼 새로운 유형의 기반 서비스를 담당하게 되었다. 이 기반 서비스의 대부분이 네트워크이고 시간이 흐르면서 중앙에 집중되어 권력이 한곳에 모이게 되었다. 바로 이것이 문제였다. 부테린은 몇 년 후 두 필자에게 탈중앙화가 필요한 두 가지 이유를 들었다. "첫 번째 이유는 정부가 멈춰 세우는 것을 어렵게 만들기 위해서이고, 두 번째 이유는 운영자들이…자의적 판단으로 사용자를 기만하지 않게 하기 위해서입니다." 중앙집중화되고 있는 대기업들을 압박해 정부가 원하는 대로 하도록 만들기가 쉬워졌기 때문에 현재는 정부와 기업의 권력이 서로를 강화하고 있다는 것이다.

부테린은 (크립토를 이용해서 신종 화폐를 창조한) 비트코인 같은 화폐의 토대가 된 블록체인 기술을 이용하는 완전히 다른 기반을 토대로 사회의 파이프라인을 새롭게 건설하고 싶었다. 블록체인의 본래 목적은 권한이 탈중앙화되어 실제로 지배하는 이가 아무도 없는 네트워크를 실현하는 것이다. 이더리움은 비트코인과 달리 단순한 디지털 화폐가 아니라 다수의 서비스를 지원할 수 있는 다목적 기계와 같았다. 사람들은 이더리움을 통해 특정 조건이 충족되면 미리 정해진 특수한 방식으로 돈이나 예술품, 정보를 분배하도록 프로그래밍한 탈중앙화자율조직(decentralized autonomous organization, DAO)을 직접 만들 수 있었다. 그 결과 어떤 이들은 은행, 미술품 거래상, 어음교환소 같은 중앙 중재기관이 이더리움을 이용해 거래가 이루어지는 탈중앙화된 컴퓨터 시스템으로 대체되는 세상을 꿈꾸게 되었다.

부테린은 전혀 다른 표현을 썼지만, 그는 언더그라운드 제국의 위험, 즉, 어떻게 사회의 파이프라인이 중앙에 집중되어 권력과 억압이 강화되는지를 파악하고 있었다. 부테린을 비롯한 이들은 블록체인이 해결책이 되기를 기대했다. 그렇다면 블록체인 기반 화폐와 사회 시스템이 중개기관을 없애고 사회의 기반에서 제국의 유혹을 무력화하여 정부와 기업이 개인들의 삶을 통제하지 못하게 막을 것이다.

이 정치적 열망은 돈의 유혹에 집어삼켜질 위험이 있었다. 부테린의 발표 6년 후, 이더리움의 명목 가치는 총 4834억 달러에 달했다. 초기 투자자들은 자신이 소유한 요트와 람보르기니를 자랑하고 다녔지만, 부테린은 이에 휩쓸리지 않았다. 한동안 억만장자가 되긴 했지만, 그는 최소한의 짐(40리터짜리 백팩, 기본 장비, 티셔츠 여덟 장, 반바지, 타이즈, 속옷)으로 편하게 여행할 수 있는 방법을 설명하는 블로그 게시물을 작성할 때가 제일 행복했다.

크립토 분야에서 가장 존경받는 인물들은 세상을 바꾸는 데 더 관심이 있었지만, 시작부터 사기꾼들이 크립토에 몰려들었다. 이 사기꾼들의 뒤를 이은 실리콘밸리 투자자들은 크립토 경제에 핵심이 될 기업에 자금을 지원하여 엄청난 돈을 벌 수 있기를 바랐다. 기업가들이 잇달아 알아낸, 탈중앙화된 경제에서 이익을 내는 최선의 방법은 그 일부를 다시 중앙집중화하는 것이었다.

✢

크립토 커뮤니티가 처음부터 정부를 걱정했다는 사실은 이들에게 주어진 축복이자 저주였다. 기업인과 금융인 대부분은 꼭 필요한 상황이 아니면 정치에 신경을 쓰지 않았다. 정치를 안중에 두지 않는 이들의 성향은 언더그라운드 제국이 뿌리내리고 성장하는 데 도움이 되었다.

이와 달리 크립토에는 정치가 내포되어 있었다. 자주 다투는 크립토 집단들은 단 한 가지에는 합의하고 있는데, 그것은 바로 정부의 화폐발행 독점권과 화폐를 추적하는 힘을 약화시키자는 것이었다. 이것이 서로 다른 집단을 모이게 한 원동력이었다.

이 야심은 크립토가 지금의 형태를 갖추기 한참 전부터 자리를 잡고 있었다. 월터 리스턴의 아버지를 몽펠르랭 소사이어티에 초대한 프리드리히 폰 하이에크가 민간 화폐는 정부의 방탕한 지출과 인플레이션을 억제할 것이라고 주장한 사실은 잘 알려져 있다. 리스턴 또한 글로벌 '전자화폐'가 정부를 길들일 것으로 예상했다. 그런데 인터넷과 크립토그래피가 주류로 진입한 시점에야 하이에크의 비전을 제대로 실현하려는 시도가 있었다.

인터넷은 제대로 탈중앙화된 글로벌 통신 수단을 최초로 제공할 것 같았다. 자유지상주의자들은 인터넷 때문에 정부의 정보검열 권력이 약해졌고 크립토그래피는 정부에서 금융 거래를 파악하기 어렵게 만든다고 선언했다. "사이퍼펑크 선언문(A Cypherpunk Manifesto)"은 크립토그래피가 "불가피하게 지구 전역으로 퍼지고, 크립토그래피를 통해 익명 거래 시스템이 실현"된다고 당당하게 선언했다. 모두가 보이지 않는 경제로 옮겨 간다면, 정부의 조세 기반은 계속 위축되어 사라질 것이다.

이런 상상은 소설과 비즈니스 계획에 영감을 불어넣었다(두 가지가 서로 합쳐질 때도 있었다). 유명 SF 작가 닐 스티븐슨(Neal Stephenson)의 근미래를 그린 소설 『크립토노미콘(Cryptonomicon)』은 좋은 크립토, 취지를 따르는 도서국가, 제2차 세계대전의 금괴가 편리하게 비축된 상황이 어떻게 새로운 세상을 만들어낼 수 있는지 그렸다. 페이팔 공동 창업자이자 부테린이 초기에 세운 단체에 기금을 지원하기도 했던 피터 틸(Peter Thiel)은 이후 본인의 저서에서 『크립토노미콘』이 모두가 "정부 대신 개인이 통제하는 디지털 화폐 주조에 매달려 있던" 초기 페이팔 팀 전원의 "필독서"

였다고 말했다. 나중에 틸이 인정한 것처럼, 이들 중 돈을 제대로 아는 사람은 아무도 없었지만, "미국 달러화를 대체할 수 있는 새로운 인터넷 화폐를 만드는 것"이 이들의 "원대한 임무"였다. 페이팔 사무실에서는 사용자 증가치를 보여주는 "세계정복지수"를 기록하고 미국이 달러화 발행으로 얻는 이익의 일부를 페이팔이 점유할 수 있다고 주장하는 슬라이드를 근거로 벤처 자본가들을 설득했다.

그러나 군주를 끌어내리기란 너무 어려운 일이었다. 페이팔은 세계정복을 향한 야망을 포기하고 (수익성은 좋지만) 평범한 결제 기업이 되었고, 복종하지 않으면 대가를 치러야 한다는 것을 깨달았다. 2015년, 페이팔은 수백 건의 제재위반 관여 대가로 미국 재무부 해외자산통제국에 770만 달러를 지불하기로 합의했다. 러시아가 2022년 우크라이나를 침공하자, 페이팔은 일말의 이의제기 없이 러시아 계좌 접근을 차단했다.

새 지배자를 정하지 않고 옛 군주를 실각시키기는 더욱 어려웠다. 진정한 자유지상주의 화폐라면 기술 친화적인 도서국가와 금괴 더미 그 이상의 것이 필요했다. 이 화폐는 새로운 화폐의 소유자 자신이 기존 정부와 똑같이 나쁜 짓을 하지 못하게 막아야 했다.

다시 말해 근본적인 정치 문제 한 가지를 해결해야 했다. 군주는 백성들에게 명령하고 명령을 어길 시 가할 위협을 구체적인 힘으로 뒷받침할 수 있었다. 스티븐슨의 초기 소설 『스노 크래시 (*Snow Crash*)』에 언급된 것처럼, 루이 14세는 대포에 "울티마 라티오 레굼(*ultima ratio regum*, '왕의 최후 수단'이라는 뜻의 라틴어)"이라는 슬로건을 새겨 놓았다. 폭력의 위협은 군주 권력의 토대였다. 왕은 이런 위협을 이용해서 화폐를 얼마나 발행할지 결정하고, 은행이 채무 불이행 상태가 되면 무슨 일이 생길지, 누가 어떤 돈을 누구에게 빚졌는지 의견이 다를 때 해결할 방법을 정할 수 있었다. 마찬가지로 이 위협 때문에 문제도 생겼다. 군주는 위협과 위력을 이용해서 백성의 금을 빼앗을 수 있었다. 인플레이션 위험을 감수하고 돈을 더 찍어내기만 하면 전쟁이나 분쟁, 궁전에 드는 비용을 지불할 수도 있었다.

자유지상주의자들은 왕, 여왕, 또는 중앙집중화된 권력이 없는 화폐를 원했다. 그런데 아무도 명령하지 않는다면 무엇이 화폐인지, 누가 무엇을 소유하는지, 빚을 갚지 않으면 어떻게 해야 할지 등에 대한 합의를 어떻게 끌어낼 수 있을까? 희망과 수학적 연산을 반씩 넣어 만들어낸, 크립토그래피 요정이 준 황금과 같은 디지털 화폐로 이러한 문제의 해법을 찾기란 요원해 보였다. 어쩌면 일반 화폐도 허구였을지 모르지만, 이 화폐는 그나마 모두가 묵종(默從)하는 허구였다. 어떻게 하면 사람들이 암호화폐를 진지하게 받아들이게 할 수 있을까? 어떻게 하면 누가 무엇을 가졌는지 추적하는 중앙집중화된 회계시스템이 없는 상황에서 사람들이 (일련의 숫자에 불과한) 크립토 코인 복제로 사기를 치지 않게 할 것인가?

이런 문제를 해결하기 위해 비트코인이 설계되었다. 진짜 이름이 밝혀지지 않은 비트코인 창시자 사토시 나카모토가 최초의 "탈중앙화되고, 신뢰에 기반하지 않은" 화폐라고 표현한 비트코인은 기발한 수학적 기술로 만들어졌다. 사토시 나카모토는 블록체인—누가 누구에게 얼마나 지불했는지 추적할 수 있고 부정 조작 방지 처리된 온라인 장부—에 새로운 코인 주조 시스템을 결합했다. 이 조합 때문에 장부 조작이 매우 어려워졌고, 이들은 강력한 컴퓨터를 이용해서 점차 복잡해지고 전적으로 쓸모없는 수학 정답 맞추기 게임을 해야 코인을 "채굴"할 수 있었다. 채굴은 놀랍도록 효율이 낮았다. 결국 비트코인 채굴은 중간 크기 국가에서 쓰는 양만큼의 에너지를 소진해버렸다. 사토시 나카모토가 발명한 비트코인은 지푸라기가 아닌 낭비된 컴퓨팅 능력으로 금을 만들어냈다.

자유지상주의자들에게는 마술사의 소매에서 나오는 알록달록한 스카프처럼 기회가 쏟아졌다. 비트코인 등 암호화폐들은 돈과 금융 시장이 중앙에 집중된 권력 없이 작동해야 한다는 폭넓은 합의를 끌어낼 수 있었다. 어쩌면 인플레이션도 멈출 수 있었다(비트코인은 디플레이션 목적으로 고안되었다). 결정적으로, 비트코인은 깔끔하고 예측 가능한 수학 연산으로 정부에 대한 신뢰를 대신할 수 있었다. 엉망진창으로 복잡한 정치경제의 세계—정부와 글로벌 금융의 권력이 당신에게 피해를 주지 않게 하는 복잡한 방법을 찾아내는 세계—가 로직 하나에 사라지는 듯했다. 이제는 개인이 입법자나 세금 징수관 없이 직접 금융 왕국을 만들고 유지할 수 있었다.

비트코인이 요정의 돈이라면, 이더리움은 진정한 마법사의 지팡이였다. 부테린의 말을 빌리면, 이더리움은 "전 세계 수만 개 노드가 서로 대화하는…탈중앙화된 컴퓨터(decentralized computer)"이다. 이더리움을 통해 전자 코인을 주고받을뿐 아니라 중재자를 대신할 수 있는 프로그램을 제작할 수도 있었다. 이더리움을 통하면 계약이 스스로 이행될 수 있는데 굳이 변호사를 고용해 계약을 이행할 이유가 있을까? 어쩌면 정부도 밀어낼 수 있을지 모른다. 이더리움 공동 개발자인 개빈 우드(Gavin Wood)에 따르면, 탈중앙화된 컴퓨터를 통해 "행위가 합법…또는 불법으로 해석될지 여부를 신경 쓸 필요가 없는" 프로그래밍 엔티티(entity)를 제작하고 실행할 수 있다. 페이팔을 비롯한 기업들은 불법행위를 하면 감옥에 갈 수 있는 진짜 사람이 운영하는, 실재하는 조직이었다. 그러나 우드가 말한 대로, 블록체인으로만 작동하는 탈중앙화된 엔티티에는 인간 운영자가 없었고 초기 프로그래밍 지침을 수신한 후에는 영구적인 실행이 가능했다. 이 "자연의 힘"과 "수학의 조합"에게는 어떤 지시도 위협이 될 수 없었으며, 블록체인 그 자체를 봉쇄하지 않는 이상 차단할 수도 없었다.

최초의 '탈중앙화자율조직(DAO)'은 2016년에 이더리움에서 만들어졌다. 이 DAO는 투자자들이 다른 사람들이 제출한 제안에 자금을 투입할지 여부에 관해 사전에 설정한 프로그래밍 규칙에 따라 투표할 수 있는 분산형 벤처캐피탈 펀드였다. 당시 존재하던 이더리움 화폐 가치의 15%에 약간 못 미치는 약 1억 달러의 투자금을 모았지만, 곧 문제가 발생했다. 이 DAO의 주요 설립자 크리스토프 옌취(Christoph Jentzsch)는 겉으로는 말을 잘 듣지만 빠른 속도로 통제 불가능해지는 "마법사의 제자"를 구상한 것은 아닐까 두려워졌다.

그의 우려는 정확했다. DAO는 빠르게 변질되었다. 사람들이 설계상의 결함을 지적하기 시작했다. 당시 어떤 이는 DAO 코드

안에 있는 허점을 찾아냈고, 5600달러 단위로 투자자들의 자금을 모조리 긁어낼 수 있게 되었다.

이 상황을 멈추기란 간단하지 않았다. 이더리움의 핵심 개발자들과 이 DAO에게는 펀드 보유자를 확인해줄 법원도 없었고 이들을 체포할 경찰도 없었기 때문이다. 프로그램의 실행을 중단하거나 코드를 변경할 수도 없었다. 실제로 이더리움의 블록체인을 재기입(rewrite)해서 도둑이 돈을 훔쳐갈 수 있게 한 거래를 되돌려야 했다. 이들에게는 '왕의 최후 수단' 같은 무기가 없었기에 이더리움 사용자와 개발자 커뮤니티에 프로젝트를 '포크(fork)'[*]하여 새 블록체인으로 이전하자고 설득했다. 그 결과 끝나지 않을 것 같은 격앙된 논쟁이 있었지만, 결국 다수가 마지못해 투표에서 찬성 의사를 밝혔다. 이더리움은 살아남았지만, 마치 은행강도를 당한 후 여파를 관리할 목적으로 헌법과 역사책을 다시 쓰기 위해 국민투표를 실시할 수밖에 없는 국가와 같은 처지가 되었다.

크립토 생태계가 커져가자 잘 익은 고기가 뿜어내는 강렬한 냄새에 끌려나오듯 난데없이 돌팔이와 사기꾼들이 출현했다. 2016년 6월, 자칭 크립토퀸(Cryptoqueen) 루자 이그나토바(Ruja Ignatova)의 원코인(OneCoin) 프로젝트 설명을 듣기 위해 수천 명의 광신도들이 런던 웸블리 아레나에 모여들었다. 이 프로젝트는 블록체인조차 없는 사기였다. 이그나토바가 한 파트너에게 쓴 메일에 따르면 그녀는 "돈을 받아 도망치고 다른 사람에게 뒤집어씌

---

[*]　하나의 소프트웨어 소스코드를 통째로 복사하여 독립적인 새로운 소프트웨어를 개발하는 것.

울"계획이었다. 검사 측 주장으로 40억 달러가 넘는 투자금을 걷은 그녀는 자취를 감췄다. 현재 그녀는 FBI 지정 10대 지명수배자 명단에 올라 있다.

평범한 일반 기업가들도 더욱 탈중앙화된 인터넷의 새로운 형태, 개빈 우드가 웹3(Web3)라고 이름 붙인 기술로 돈을 벌기를 바라며 뛰어들었다. 1940년대의 개념미술가들은 앞다투어 하늘처럼 예상 못한 사물에 "서명"하거나 인간 그 자체가 예술작품이라고 선언하는 "정품 인증서"를 발행했다. 이런 예술가의 농담과도 같은 일이 블록체인이 등록된 '대체 불가능 토큰(nonfungible tokens, NFT)' 덕분에 디지털로 서명한 이미지, 트윗, 이벤트의 정품 인증을 사고 팔 수 있는 비즈니스 모델로 바뀌었다. 유명인들과 벼락부자가 된 크립토 업계의 거물들은 알고리즘으로 조금씩 변형한 '보어드 에이프(Bored Ape)' NFT에 수백만 달러를 지불할 준비가 되어 있었다.

크립토로 억만장자가 되기를 꿈꾸는 이들은 피터 틸의 저서 『제로 투 원(Zero to One)』에서 '틈새시장을 찾아 독점체제를 구축하라'는 조언에 기대를 걸었다. 틈새시장은 넘쳐났다. 암호학자 목시 말린스파이크(Moxie Marlinspike)의 경고대로, 블록체인에 직접 접촉 가능한 웹3 사용자는 극소수였다. 이들이 대신 의지한 것은 유력한 NFT 시장인 오픈씨(OpenSea), 암호화폐 중앙 거래소 코인베이스(Coinbase), 이더리움 지갑으로 흔히 사용되는 메타마스크(MetaMask) 같은 중개기업이었다. 기업들은 알케미(Alchemy)와 인퓨라(Infura) 같은 인프라 제공업체에 기댔다. 다이(Dai)와 테더(Tether)를 비롯한 스테이블코인은 암호화폐와 일반 금융계의 접점 역할을 했다. 스테이블코인은 전통적인 형태의 화폐나 수학적으로 정교한 암호화폐 등가물에 암호화폐 앵커(anchor)를 제공했다. 이 코인은 유로달러처럼 현금에 매인 회계상의 허구였다. 부테린이 필자들에게 설명한 대로, 스테이블코인은 암호화폐의 가치가 종잡을 수 없이 상승하고 하락하는 세상에 반드시 필요한 연속성을 부여했다. 장기 계약 체결을 원할 경우, 스테이블코인으로 액수를 매기면 화폐 급등락의 위험을 완화할 수 있었다. 스테이블코인 역시 탈중앙화된 것으로 보이는 시스템의 중심 요소가 되었다.

그 결과 말린스파이크의 말처럼, "애초부터 이 기술들은 즉각적으로 플랫폼을 통해 중앙화되는 경향을 보였으며…참여자 대부분이 이러한 변화를 알지도 신경 쓰지도 않았다."20여 년 전 제이 애덜슨처럼, 웹3 훼방꾼들은 자신의 의도 여부에 관계없이 새로운 초크포인트를 만들고 있다는 사실을 빠르게 깨달았다. 니킬 비스와나단(Nikil Viswanathan) 알케미 CEO는 부테린과의 온라인 대담에서 알케미의 고객들이 실제로 "탈중앙화된 블록체인 데이터에 연결하는 중앙집중화된 파이프"를 원했다며 놀라움을 표했다. 그로부터 2년도 채 되지 않아, 알케미의 가치는 3개월만에 3배인 100억 달러로 뛰었다. 한 저자는 이렇게 한탄했다. "웹3 기업 대부분은 영리 기업이고, 이 기업들을 지원하는 벤처 투자기업도 마찬가지다…벤처 투자기업은 독점 체제를 구축하기 위해 설립되었고, 독점 기업들은 통제를 원한다."

악명이 높아지면서 규제기관의 조사가 강화되었다. 미국의 조치에 관한 우려가 이더리움 구축을 어렵게 했다. 최초의 DAO를 실행한 사람들에게는 의도적으로 거래를 숨길 수 있게 고안된 암호화폐 거래소인 쉐이프시프트(ShapeShift) 사용이 권장되었다. 일반 은행은 '고객 확인(Know Your Customer)' 규정을 준수해야 했지만 크립토 기업들은 이 규정을 종종 무시했다. 쉐이프시프트는 북한의 워너크라이 랜섬웨어 개발자를 비롯한 범죄자들의 자금세탁을 허용했다는 월스트리트저널의 비판 기사가 나올 때까지 고객 정보 확인을 거절했다.

커뮤니티의 일부 구성원들은 미국 규제를 피하는 데 그치지 않고 다른 이들이 규제를 약화시키는 일을 적극적으로 도우려고 했다. 2022년, 부테린을 초기에 도운 적이 있고 이더리움 재단에서 많은 역할을 했던 버질 그리피스(Virgil Griffith)는 북한으로 건너가 암호화폐를 활용한 제재대응 방안에 관한 조언을 제공했다는 혐의로 5년형을 선고받았다. 돌이켜보면 그리피스가 칠판 앞에서 북한식 제복을 입고 미소짓는 얼굴로 "제재 없음, 야호"라고 쓰는 모습이 사진으로 찍힌 것은 어리석은 짓이었다.

그런데 크립토 시장이 성장하면서 법망을 계속 피하는 일은 점점 복잡해졌다. 미국 규제기관과 정치인들은 위협으로 보이는 암호화폐 사업을 짓밟을 수 있었다. 상대적으로 직급이 낮았던 페이스북의 직원 모건 벨러는 데이비드 마커스 부사장에게 블록체인 화폐를 출시하자고 설득했다. 마커스는 페이스북 CEO 마크 저커버그를 만난 자리에서 "마커스가 이전에 몸담았던 페이팔이 실패한, 순수하고 국경 없는 인터넷 화폐라는 자유지상주의자들의 꿈을 페이스북이 실현시키는" 방법을 논의했다. 페이스북의 중국 경쟁사들은 소셜미디어, 시장, 결제 시스템을 일관성 있는 전체로 결합하여 수익을 얻고 있었다. 페이스북도 할 수 있는 일이겠지만, 페이스북은 한 국가가 아닌 세계를 대상으로 해야 했다.

이 프로젝트의 정치적 함의는 분명했다. 마이크로소프트가 중립국인 스위스가 되려고 했다면, 페이스북은 훨씬 큰 포부를 가지고 세계 경제의 운영체계를 다시 써서 그 운전석에 페이스북 자신이 앉으려고 했다.

미국과 유럽 규제기관들은 저커버그가 미국 달러화와 유로화를 민간 부문의 글로벌 화폐로 대체할까 우려했다. 스티븐 므누신 미 재무장관은 초창기 비공식 대화에서 마커스에게 "이 문제에 관한 모든 게 마음에 들지 않는다"고 말한 것으로 전해진다. 2019년 6월 페이스북과 제휴사들이 새로운 화폐 리브라(Libra)를 정식으로 발표하자, 프랑스의 브뤼노 르메르 경제재정부 장관은 프랑스 상원에 "리브라가 국가들의 통화(state currencies)와 경쟁할 수 있는 '주권 화폐(sovereign currency)'가 되는 것에 단호히 반대한다"는 의견을 밝혔다. 파비오 파네타(Fabio Panetta) 유럽 중앙은행 집행위원은 리브라 같은 스테이블코인이 다른 주권 화폐를 대체할 위험성을 강조했다. 정치권에서도 "정부의 통제 범위를 넘어서는 디지털 코인이 자금세탁을 촉진하고 테러자금을 지원할 수 있다"는 우려를 내비쳤다. 페이스북은 미국 관리들을 만난 자리에서 국가안보와 관련된 까다로운 질문에 답할 준비가 전혀 되지 않은 듯했다.

마커스와 페이스북은 신속히 그들의 거창한 야망을 포기할 수밖에 없었다. 이들은 스튜어트 레비를 스카우트해서 리브라 구상을 주도하게 했다. 2000년대에 재무부 테러및금융정보국 차관을 거쳐 멍완저우 사태 때 HSBC 최고법률책임자를 역임한 레비는 양측의 제재를 잘 알고 있었다. 그가 리브라에서 맡은 가장 중요한 책무는 화폐에 대해 걱정할 필요가 없다고 미국 관리들을 안심시키는 것이었다. 리브라는 디엠(Diem)으로 명칭을 바꾸고 미국 달러화와 금융 시스템을 이용하도록 재설계되었다. 한 크립토 엔지니어 팀이 "돈세탁이나 제재위반 징후를 보이는 거래를 모니터링할 수 있는 시스템 구축을 위해 열성적으로 일했다." 하지만 그것만으로는 부족했다. 바이든 행정부는 이 화폐에 반대한다는 의사를 밝혔다. 2021년 12월, 레비는 해당 프로젝트를 종료시켰다. 마커스는 이미 사임한 뒤였다.

크립토 기업들은 혁명을 인정하도록 정부를 계속 회유하려고 했다. 크립토 대기업들은 워싱턴으로 진출해 수백만 달러의 로비자금을 쏟아부었다. 실리콘밸리의 대표 벤처 투자기업 앤드리슨 호로위츠(Andreessen Horowitz)는 "웹3의 잠재력을 확인"하고자 하는 정부를 위한 '사용방법(how-to)' 가이드를 발표해서 "DAO의 잠재력을 열어주고" "잘 규제되고 있는 스테이블코인의 역할을 받아들이지" 않으면 뒤처지게 될 것이라고 주장했다. 이 벤처캐피털 기업은 양쪽에 크게 투자했다. 한 예로 앤드리슨 호로위츠가 1500만 달러를 투자한 메이커다오(MakerDAO)는 다이를 발행하는 DAO이며, 다이는 이더리움과 다른 암호화폐를 실험적으로 통합하여 미국 달러화를 추종하는 스테이블코인이다. 다이는 엄청난 성공을 거두어 현존하는 스테이블코인 중 시가총액 4위를 기록했다. 2021년 12월 기준으로 운영되는 DAO는 4000개가 넘었으며, 이들이 볼트(vault)에 보유한 금액은 총 130억 달러에 달했다.

미국 규제기관은 의심을 내려놓지 않았다. 2022년 11월, 증권

거래위원회(Securities and Exchange Commission, SEC)는 미국 최초로 법적 허가를 받은 DAO라고 주장하는 아메리칸 크립토페드 DAO(American CryptoFed DAO)를 상대로 소송을 제기했다. 게리 겐슬러 SEC 의장은 스테이블코인을 서부 개척시대 카지노의 "포커 칩"에 비유했다. 여러 DAO를 자세히 들여다보면 내부자와 앤드리슨 호로위츠 같은 투자자들에게 상당한 투표권을 주면서 의심스러울 정도로 중앙화된 모습을 보였다. 또 한편으로는 비트코인 그 자체가 초창기에는 알려진 것보다 훨씬 중앙에 집중되어 있었다. DAO 몇 곳은 정부의 영향력을 꺾기 위해 키를 버려서 의도적으로 스스로를 함정에 빠트렸다. 이들은 비즈니스 서비스를 이더리움 상에서 구동되는 프로그램으로 신설하면서도 소프트웨어에게 향후 업데이트를 허용하지 않도록 지시할 수 있었다. 그 결과 이더리움이 존재하는 한 계속 작동하고 아무도 변경하거나, 통제하거나, 중단할 수 없는 서비스를 제공하는 코드가 만들어졌다.

정부와 집단적 선택이 일정한 역할이 있다고 인정하는 크립토 종사자들도 있었다. 부테린이 두 필자에게 전한 자신의 해석에 따르면 네트워크가 존재하는 이상 정부의 규제는 여전히 가능하다. 다만 그는 "기본적으로…민간 행위자들이…법에 따라 민주적으로 합의한 규제보다 훨씬 강한 규제 집행을 대리하기"때문에 이를 상쇄할 수 있는 대응책을 마련하는 것이 합당하다고 보았다. 부테린은 사람들이 보다 쉽게 신분과 이력을 증명하고, 출발점부터 공동체를 구축할 수 있게 하는 새로운 '소울바운드(soulbound)' 토큰을 제시하여 사람들이 자신의 개인적-집단적 삶에 더 많은 통제 권한을 가지게 만드는 기술 개발에 기여하고자 했다.

어떤 이들은 정부가 사람들에게 더는 명령할 수 없는 자유지 상주의자들의 유토피아를 동경했다. 2022년, 희망만큼이나 쓰라린 분노에서 이들의 열망이 솟아올랐다. 실리콘밸리의 기업들은 정치인과 기자들이 정보통신기술과 벤처 투자자들을 리더이자 예언자로 더 이상 공경하지 않는다는 점이 마음에 들지 않았다. 이들의 불만이 크립토의 정치로 번져나갔다.

한 예로 앤드리슨 호로위츠에서 파트너를 역임하고 코인베이스의 최고기술책임자를 지냈던 발라지 스리니바산(Balaji Srinivasan)은 자신의 저서에서 (당연히 그 자신처럼 선견지명 있는 혁신가들이 주도하는) 개인들로 구성된 네트워크가 전통적인 형태의 정부를 어떻게 대체하는지 설명했다. 스리니바산의 주장에 따르면 비트코인/웹3 생태계는 두 가지 중심 세력에 맞서 지배력을 얻기 위해 다투고 있었다. 하나는 인민폐(人民幣)/중국 공산당이라는 세력이고, 또 하나는 미국 달러화와 그가 개인적으로 몹시 싫어하는 뉴욕타임스를 중심으로 어두운 세력들을 한데 모은 '뉴욕타임스/미국달러(NYT/USD)'라는 도당(徒黨)이다. 권력에 굶주린 두 거대 세력 사이에서 위태롭게 휘둘리고 있던 엘살바도르 같은 비동맹국 입장에서는 비트코인과 이더리움이 새로운 탈중앙화 세계의 토대를 제공할 수 있을 것이다. 미국 달러화와 왕의 대포에 기반한 예전의 "팍스 아메리카나(Pax Americana)"가 암호화 코드로 세워진 "팍스 비트코니카(Pax Bitcoinica)"에 의해 밀려날 것이다.

스리니바산이 자비로 출간한 비전의 글은 읽기 힘든 수준이었지만(그는 편집자들이 NYT/USD 집단의 일원이라고 생각한 듯하다) 큰 영향력이 있었다. 많은 테크 업계 선도자들은 미국 동부의 미

언더그라운드 엠파이어

디어, 규제기관, 자본이 지배를 향한 무자비한 자신들의 의지를 워우크(woke)*라는 엉터리 처방 아래 숨기고 있는 보그족(Borg)** 같은 집단이라고 보는 데 동의했다. 피터 틸도 한때 비트코인이 "어느 정도는…미국에 맞설 수 있는 중국의 금융 무기"라고 주장한 적이 있지만, 2022년 즈음에는 생각을 바꾼 듯했다. 틸은 2022년 비트코인 컨퍼런스 표제 연설을 마무리하면서 "적 목록"에 오른 이들을 맹렬히 비난하여 청중의 환호를 받았다. 비트코인의 "진정한 적"인 'ESG(환경, 사회, 지배구조 기준)'는 중국 공산당과 다를바 없는 "혐오 제작소" 그 자체였다. 틸은 청중에게 "이 컨퍼런스에서 나가 세상을 지배하라"고 촉구했다.

하지만 몇 달 후 북한 해커가 훔쳐간 4억 5500만 달러를 포함해서 70억 달러 어치가 넘는 암호화폐를 세탁하는 데 사용되었다며 가상화폐 '믹서(mixer)'인 토네이도캐시(Tornado Cash)를 지목하여 크립토에 전쟁을 선포한 곳은 재무부 해외자산통제국이었다. 믹서는 다양한 출처를 통해 암호화폐를 받아 혼합해서 어떤 돈이 어디에서 왔는지 추적하기 어렵게 만든 다음, 수수료를 제한 금액을 원래 출처에 반환하는 서비스였다. 크립토 종사자들은 믹서가 프라이버시를 강화한다고 생각했다. 부테린은 토네이도캐시로 우크라이나에 기부금을 냈다. 하지만 미국 정부는 토네이도캐시가 똑같

---

* 정치부터 사회, 문화 모든 분야에서 차별과 불평등에 반대하는 입장·태도를 통칭하는 단어. "깨어난"이라는 뜻처럼 집단적인 각성의 행동양식을 뜻한다. '정치적 올바름(political correctness)' 보다 더 전방위적이고 전투적이다.

** 스타트렉 시리즈에 등장하는 반 기계 반 유기체 종족. 모두가 개인의 자유 의지 없이 오직 하나의 의지로서 완전한 동화와 완벽을 추구하는 기계 종족이다.

이 생긴 흰색 승합차 수천 대를 은행강도와 일반 시민에게 똑같이 무차별적으로 대여한 기업과 다를 바 없다고 여겼다. 범죄자들이 돈을 챙겨 도망치도록 믹서가 도와주고, 합법적인 사용자가 많을수록 절도범들이 그 사이에 섞여 있기도 쉽다는 것이다.

미국의 관리들은 한동안 믹서 때문에 걱정이 많았다. 2020년, 한 법무부 관리는 "이런 식으로 가상화폐 거래를 파악하기 어렵게 만드는 행위는 범죄"라고 주장했다. 2022년 5월, 재무부 해외자산통제국은 블렌더(Blender.io)라는 믹서도 제재대상으로 지정했다. 재무부의 한 고위 관리는 크립토 기업에게 더는 "뻔히 의심되는 지갑들을 외면"하지 말라고 경고했다. 일부 크립토 기업은 법 집행기관과 협력할 의사가 있었다. 한 예로 코인베이스는 추적 정보를 미국 국토안보부에 판매하는 계약을 체결했다. 코인베이스의 존 코타넥(John Kothanek) 글로벌 인텔리전스 부사장은 한 의회 위원회에서 코인베이스의 '고객 확인' 프로그램을 설명하고 "해외에서 일어난 행위라 할지라도 불법 행위 실행에 관여한 개인과 기관을 기소"할 것을 법무부에 촉구했다.

그런데 왜 코인베이스와 다른 크립토 기업들은 해외자산통제국이 토네이도캐시를 겨냥했을 때 격분했을까? 토네이도캐시의 가장 중요한 요소인 코드화된 지침이 이더리움의 블록체인 상에서 작동하고, 더 이상 어느 인간의 통제도 받지 않는다는 점이 문제였다. 토네이도캐시의 공동 설립자 로만 세메노프(Roman Semenov)는 토네이도캐시를 "중단할 수 없도록…특수 설계"했다고 밝혔다. 서비스를 실행하는 코드는 의도적으로 어떤 업데이트도 허용하지 말라는 지시를 받았다. 이 코드는 변경, 중단이 불가

언더그라운드 엠파이어

능했고 이더리움이 존재하는 한 계속 작동하도록 설계되었다. 토네이도캐시는 개빈 우드가 말한 "자연의 힘" 중 하나로 신격화되었다.

이는 미 해외자산통제국이 토네이도캐시라는 조직이나 그 조직에서 일하는 직원들만이 아닌 이더리움으로 작동하는 소프트웨어에서 뺄 수 없는 부분을 제재대상으로 지정했기 때문이다. 저명한 크립토 평론가 존 스톡스(Jon Stokes)의 말을 빌리면, "미 재무부는 이더리움 블록체인 전체를 종료시키지 않는 이상 토네이도캐시를 중단할 수 없다." 토네이도캐시 제재는 "기술적으로 불가능"하다고 여겨졌다.

8년 전, 우드는 마법사의 제자가 한번 마법을 부리기 시작하면 멈출 수 없다고 주장했다. 블록체인에 기반한 수학연산의 조합은 '법적 대상이 아니'어서 법 위반을 가능하게 하는지와 상관이 없었으며, 처벌하거나 해체할 수도 없었다. 정부는 '현실적으로 대응을 시작'하고 더 이상 모든 것을 제대로 통제할 수 없다는 사실을 인정해야 했다. 그렇지 않을 경우, 우드가 다채롭게 뒤섞어 놓은 비유를 빌려 말하면, 정부는 "공룡의 시대로 뛰어들어 바람을 거슬러 오줌을 싸게 될 위험이 있었다."

우드와 세메노프의 가정이 맞다면 스리나바산과 틸이 희망했던 탈중앙화 세계가 실현될 것이고, 어쩌면 그렇게 될 것 같았다. 마법사의 제자가 일으킨 힘은 멈출 수가 없었다. 이더리움이나 블록체인에서 작동하며 중단할 수 없는 코드가 중심 기능을 수행하는 한 크립토가 더욱 중앙에 집중되더라도 문제가 없었다. 스스로 움직이는 수천 개의 마법 빗자루처럼 토네이도캐시를 비롯한

DAO들이 제재와 주권을 일소할 것이기 때문이다. 우드와 세메노프의 가정이 틀리다면 중단할 수 없는 코드를 향한 꿈은 멈출 수 없는 전자화폐에 대한 또 다른 미키마우스식 판타지와 다를 바 없다. 그렇다면 정부는 예전처럼 그들이 가진 중앙 통제 수단을 이용해서 금융계가 정부의 의지를 따르도록 강요할 수 있다.

익명화된 개인들은 유명인을 '더스팅(dusting)' 공격하기 시작했다. 즉, 토네이도캐시에서 소액을 보내 기술적으로 법을 위반하도록 유도하는 것이다. 전직 아역배우가 설립하고 이탈리아의 한 성형외과의사가 관리하고 있었으며, 규모는 크지만 격한 논쟁의 대상인 테더라는 스테이블코인은 더 구체적인 안내 없이 해외자산통제국의 지정에 따르기를 거부했다. 코인베이스는 정부와 연결되어 있음에도 토네이도캐시가 제재대상으로 지정된 것이 도를 넘었다고 판단했다. 코인베이스는 해외자산통제국이 코드를 단속해서 표현의 자유를 불법으로 제한한다고 주장하는 소송에 자금을 대기도 했다. 해외자산통제국은 더스팅 공격을 당한 유명인들이 곤경에 처하지 않았으며, 불법 목적으로 사용하지 않는 한 토네이도캐시의 코드를 재공개할 수 있다고 해명하며 응수했다.

다이를 발행하는 메이커다오의 설립자 룬 크리스텐센(Rune Christensen)도 코인베이스처럼 한때 크립토가 규제기관의 규정을 준수했으면 했다. 그는 "정부 규정 이행과⋯글로벌 금융 시스템으로의 통합"의 필요성에 반대하는 직원들을 해고한 적도 있다. 토네이도캐시 사태가 터지기 불과 몇 주 전, 메이커다오는 어느 일반 지역 은행의 신용 한도를 1억 달러로 늘리는 안에 찬성표를 던졌다. 하지만 이제 크리스텐센은 굴레를 벗어나고 싶었다.

그는 절망감과 냉담한 낙관주의 사이에서 동요하는 장문의 에세이에서 대중의 분노와 금융 규제에 관한 "9/11 테러 이후의 패러다임"이 탈중앙화 크립토에 열린 기회의 창을 닫아버렸다고 주장했다. 사기와 스캔들 때문에 일반인들이 "크립토 패거리들을 월스트리트의 은행가 나부랭이들보다 훨씬 나쁜 유형의 사람들"로 본다는 것이다. 규제기관은 크립토 기업이 "규정을 완전히 준수하고 규제를 받는 은행이거나, 그게 아니라면 테러리스트"라고 생각했다. 전 세계의 당국이 다이를 뒤쫓고, 다이는 절대 이들의 요구를 따르지 않을 가능성이 높았다. 또한 다이는 "금융 감독과 통제를 위한 수단이 절대 될 수 없"도록 설계되었다.

절충은 불가능했다. 크리스텐센은 크립토 공동체가 "사이퍼펑크 운동" 시절로 돌아가야 한다면서 당시는 "정부가 처음엔 암호화를 금지하고 (프라이버시도 없는) 지옥 같은 디스토피아적 미래를 강요"하던 시절이었다고 주장한다. 크립토는 규제를 받는 금융 시스템과 단절되어야 했다. 다이는 "세상의 실물 자산"과 멀어지고, 규제기관과 협력하는 서클(Circle) 같은 화폐들에 대한 의존을 끊고, 더 나아진 새로운 세상에서 "자유롭게 변동(free float)"*하게 될 것이다.

크리스텐센 및 그와 같은 생각을 한 이들은 월터 리스턴에 대해 들어본 적도 없을 수 있으나 모두 월터 리스턴의 계승자였다.

---

* 미국 달러 같은 화폐와 연동되어 가격이 고정되는 페깅(pegging)과 달리 시장의 수요-공급에 따라 가치가 유동적으로 변하는 탈중앙화된 체제를 나타내는 말.

이들은 육지에 둘러싸인 군주의 세계에서 무한한 바다로 나아가 원하는 곳으로 항해하고, 자신을 제외한 그 누구의 신세도 지지 않을 수 있기를 꿈꿨다.

하지만 다른 이들은 여전히 닻을 내리고 계류되어 있었다. 이들은 중단을 피하고 계속 수익을 내려면 다른 선택지가 없다고 생각했다. 서클과 알케미, 인퓨라는 조속히 토네이도캐시와 연결을 끊어 스스로 통치 권력에 종속되어 있음을 인정했다. 다른 크립토 기업들도 서둘러 재무부 규정을 준수하기 위해 해야 할 일을 파악했다. 결국 러시아의 우크라이나 침공 후 유명한 암호화폐 거래소인 바이낸스(Binance) CEO가 말한 대로, "재무부 해외자산통제국의 제재는 장난이 아니다…규정을 잘 지키지 않으면, 감옥에 가게 된다."

⁂

예전에는 기업가들이 회사가 통치권력의 손아귀에서 한참 떨어진 먼 바다에 독립한 왕국을 세우기를 꿈꿨다. 오늘날의 기업들은 서로를 시기하는 국가들의 요구에 막혀 바다를 맴도는, 브라이언 혹의 메일을 받은 선장과도 같은 처지이다. TSMC 같은 일부 기업은 최대한 공정성을 유지하며 모호한 태도를 취하는 동시에 한 군주나 다른 라이벌 군주의 권한을 암묵적으로 인정했다. 마이크로소프트처럼 중립적 독립을 향한 야망을 포기하고 한쪽 편을 들게 된 기업도 있었다. 리스턴의 진정한 계승자들―암호화폐를 창조한 자유지상주의자―은 '탈중앙화'에 대한 그들의 열정이 끝없는 '재

언더그라운드 엠파이어

중앙화'의 형태를 양산하면서 새로운 외양을 취한 독점체제와 정부통제를 되돌리고 있는 와중에도 더 나은 세상을 기대한다.

탈중앙화되고 국경 없는 세상을 살기를 수십 년간 상상해 온 기업들은 다시 정부에 발이 묶여버렸다. 아직 세계 경제의 기반과 미국이 통제하는 금융, 생산, 정보의 중앙화된 네트워크를 빠져나오기를 기대하는 기업들도 있지만, 그 방법을 찾기란 쉽지 않다.

6

바람과 빛의 제국

페이스북의 리브라 프로젝트가 발표되었을 때, 비탈릭 부테린은 마침 중국에 있었다. 그는 블록체인에 관심을 가진 전문가들과 대화를 나눴는데, 갑자기 중국의 디지털 화폐 창설에 대한 관심이 새롭게 폭증하는 것을 목격했다. 이 관심은 기대가 아닌 두려움에 기인한 것이었다.

부테린에 따르면 중국인들은 리브라 발표를 소련이 우주 개발 경쟁에서 미국을 앞서나간 역사적 순간과 비교하면서 "리브라와 스푸트니크의 양상을 동일시했다." 중국 전문가들은 최초의 진정한 글로벌 화폐를 미국 기업이 장악할 수 있다는 사실에 기겁했다. 이들은 부테린에게 미국이 "중국을 추월하려고 한다면, 우리가 지금 그걸 해야죠"라고 말했다. 왕신(王信) 중국인민은행(중앙은행) 연구국장은 한 연설에서 리브라가 "본질적으로 미국 달러화와 함께 미국이라는 같은 상사를 모시게 되는 시나리오를 만들지"모른다고 경고했다. 시진핑 중국 주석은 중국인민은행에 너무 늦기 전에 디지털 위안화를 발행하는 중국의 중앙은행 디지털화폐(Central Bank Digital Currency, CBDC) 프로젝트를 서둘러 진행할 것을 명령했다.

물론 리브라는 미국 정부의 후원을 받지 않았다. 마크 저커버그는 카이사르에게 헌납하기보다 본인이 카이사르가 되고 싶어했고, 결국 그의 프로젝트는 "막다른 골목"에 다다랐다. 중국 정부의 전문가들은 여전히 페이스북이 다지고 있는 초석이 이전에 화웨이를 겨냥해 심각한 피해를 입혔고 중국이 첨단 반도체를 개발하지 못하도록 막고 있는 나라의 또 다른 공격을 위한 것이라 생각했다. 중국 지도부는 이미 미국이 방대한 금융 권력을 사용해 중국 기업이 미국 정책에 머리 숙이도록 강요할 것을 염려하고 있던 터였다. 이런 상황에서 리브라는 미국에게 더 큰 무기를 쥐여줄 것으로 보였다.

중국이 CBDC 프로젝트에 속도를 내기 시작한 후, 이번에는 미국이 걱정하기 시작했다. 중국의 디지털 위안화는 비트코인, 이더리움과 달리 중앙화되어 정부가 관리하기 때문에 사용자의 모든 내용을 들여다보고 통제할 독보적 권한을 중국 정부에 부여할 가능성이 있었다. 만약 중국 디지털 위안화가 새로운 글로벌 디지털 화폐 인프라의 초석이 되어 미국 달러화가 지배하는 기존 시스템을 대체한다면 어떻게 될까? 중국이 미국을 따라해서 적을 상대로 금융을 무기화한다면? 중국이 디지털 위안화를 사용해서 미국이 상상도 못해본 공격을 개시한다면?

머지않아 외교정책 평론가들 사이에서 미국의 "스푸트니크 모먼트(Sputnik moment)"*가 언급되기 시작했다. 미국 정부는 "긴급"하게 실현 가능한 미국식 CBDC 연구를 개시할 필요성을 시사했다. 미국 연방준비제도는 더 조심스러웠지만, 레이얼 브레이너드 연준 부의장은 의회 청문회에서 이렇게 증언했다. "전 세계를 지배하는 결제통화라는 달러화의 지위를 당연하게 여기면 안 됩니다." 2022년 6월, 제롬 파월 연준 의장은 미국식 CBDC가 "국가 차원에서 탐색해야 할 문제"라는 의견을 냈다.

어쩌면 중국은 리브라에게서 위협을 느끼지 않았어도 CBDC를 채택하려고 했을 수도 있다. 중국이 먼저 도달할까 우려되지 않았어도 미국 정치권에서 먼저 추진했을 수도 있다. 어디까지나 가정이지만 말이다. 시간상 순서를 따져보면, 중앙화된 디지털 화폐의 일대기는 한 강대국의 불안이 다른 강대국의 불안에 의해 증폭되는 연쇄반응에 관한 것이었다. 중국과 미국 모두 상대 국가가 경제를 무기화할 수 있는 능력에 한계가 있다고 보지 않았다. 중국은 미국 기업들이 국가와 별개로 품고 있는 정치적 열망을 제대로 이해하지 못했다. 미국 평론가들은 중국 정부가 통제하는 디지털 화폐의 매력을 마구잡이로 과대평가했다. 그러나 이 화폐는 중국에서조차 인기가 없었다. 정부가 보조금을 지급해도 CBDC 시험판을 사용하려는 중국 국민은 거의 없었다.

---

* 기술 우위를 확신하고 안주하다가 후발 주자의 압도적 기술에 충격을 받는 상황을 뜻하는 말로, 1957년 미국과 대립하던 구소련이 인류 최초로 위성 스푸트니크 1호를 우주로 발사하는 데 성공했을 때 미국이 받은 충격에서 유래.

보이지 않던 언더그라운드 제국이 더욱 모습을 드러낼수록 그 영향을 예측하기는 더욱 어려워졌다. 미국은 가진 권력을 잃지 않았지만, 그 권력이 다음에 일어날 일을 결정지을 수 있을 만큼 크지는 않았다. 미국의 개입 규모는 점점 커지고 있었다. 미국의 개입이 확대될수록 예상치 못한 결과가 나올 가능성도 커졌다. 그러나 미국 관리들은 중국 관리들과 마찬가지로 그들의 조치가 커져가는 소용돌이를 키우는 데 큰 기여를 하고 있다는 사실을 잘 이해하지 못했다.

중국이 스스로 제국을 건설함에 있어서 가지고 있는 큰 약점 중 하나는 다른 국가와 기업들, 그리고 일반인들이 중국을 믿지 못한다는 것이었다. 중국은 자신들에게 필요할 때마다 이들을 이용했다. 하지만 미국이 금융 권력과 기술 통제, 통제력을 발휘할 수 있는 글로벌 네트워크의 중심적 위치를 더 많이 이용할수록, 중국의 덫에 빠질 위험을 더 많이 감수해야 했다. 다른 국가와 기업들이 미국이 자신들을 상대로 무자비하게 권력을 사용할 것이라고 믿는다면, 미국과 중국 사이에 별 차이가 없다고 생각할 지도 모른다. 그러면 언더그라운드 제국은 그 매력적인 요소들을 여럿 잃고 잔혹한 힘에 의존해야 할지도 모른다. 세계 각지에 화웨이와 교류를 끊으라고 압박한 미국은 중국과 더 비슷해졌다. 미국은 중국을 모방하면서 중국을 강대하게 만들 위험에 직면했다.

훨씬 큰 위험 요소가 도사리고 있었다. 미국의 전략이 너무 잘 통해도 중국을 막기보다 중국의 호전성을 자극할 수도 있다. 전문가들은 기명 논평과 백서를 통해 중국이 초크포인트를 통제하는 대안적인 세계 경제의 파이프라인을 건설할 수 있을지 물었다. 다만 20세기의 공격적인 강대국들이 비슷한 위협에 직면했을 때 한 것처럼 중국이 폭력으로 자국을 분리하고 보호할 수 있을지는 거의 묻지 않았다.

스푸트니크 모먼트는 쿠바 미사일 위기를 겪으면서 인류 문명을 파괴해버렸을 수도 있는 핵무기 경쟁으로 치달았다. 쿠바 미사일 위기 이후, 핵을 보유한 강대국들은 대치 위험을 관리하기 위한 협력에 돌입했다. 오늘날 새로운 경제적 대립의 소용돌이가 조금씩 힘을 키우고 있다. 이 소용돌이는 세계 경제를 분열시키거나 세계를 실질적 전쟁 상태로 끌어들일지도 모른다. 대혼란 속에 속수무책으로 빠져들고 싶지 않다면 이 소용돌이의 구도를 파악하고 거스를 수 없을 것 같은 힘을 조정하기 위한 작업을 시작해야 한다. 그리고 가능하다면 공동의 목적에 부합하도록 만들 방안도 찾아야 할 것이다.

❖

밖에서 보면 언더그라운드 제국은 수십 년을 공들여 제작한 생산물로, 마치 무자비한 지배 기계 같다. 하지만 안에서 보는 지하제국은 외양과 달리 관리의 즉흥적인 의사결정과 목적이 바뀐 법적 권한이 얽혀 있는 무계획적인 건축물 같다. 그래도 어떻게든 언더그라운드 제국은 유지된다. 미국은 동맹국과 적대국보다 세계 경제에 대한 이해도가 훨씬 높고, 따라서 더 쉽게 경제를 조종할 수 있다. 그러나 대립이 고조될수록 처참한 실패의 위험도 커진다.

이 제국을 대변하는 이들의 말만 들어보면 일이 너무 쉽게 굴

러갈 것 같다. 정치인의 연설과 공직자들의 회고록은 이 제국의
역사가 예정된 성공이 하나하나 실현되어 만들어진 것처럼 보이
게 한다. 하지만 어떤 이들은 사적인 대화에서 전혀 다른 이야기
를 한다. 결국 미국의 언더그라운드 제국은 본질적으로 원대한 마
스터플랜의 결과물이 아니었다. 오히려 이 제국은 관리들이 고약
한 문제들을 하나씩 처리해 가는 와중에, 반쯤은 우연에 의해 생
겨났다.

미국이 방코델타아시아 은행을 제재대상으로 지정해서 북한
에 타격을 입혔을 때 이란의 글로벌 금융 접근을 끊는 방법을 찾
아내리라고는 누구도 예상하지 못했다. 이란을 향한 제재는 가능
한 제재의 최대치 천장에 부딪힐 수밖에 없는, 특이하고 유례없는
문제에 대처하는 특이하고 유례없는 조치로 보였다. 하지만 제재
는 천장을 뚫었고 이제 이 천장은 더 큰 야망을 가진 지배 구조의
마룻바닥이 되어버렸다.

이 과정에서 실수가 생겼고, 어떤 실수는 오랜 기간 영향을 미
쳤다. 국가안보국이 미국 테크기업으로부터 비밀 정보를 요구하
는 데 그치지 않고 광섬유 케이블 연결 지점에서 대량으로 정보
를 훔친 사실은 강한 반작용을 일으켰다. 마이크로소프트와 구글
을 비롯한 기업들은 한 데이터 센터에서 다른 데이터 센터로 이동
하는 정보를 암호화하기 시작했다. 국가안보국은 여전히 법에 따
라 정보를 요구할 수 있었지만, 어떻게든 열쇠를 구하거나 숨겨진
수학적 백도어를 발견하지 않는 이상 더는 비밀의 거울로 아무것
도 볼 수가 없었다. 구글은 자체 통신 내역만 암호화했을 뿐 아니
라 암호화되지 않은 웹사이트는 구글 검색 결과에서 순위를 낮추

는 방식으로 최선을 다해 다른 사용자들에게도 똑같이 암호화를 장려했다.

거의 비슷한 시기에 전 세계에 설치된 (정보 경제의 파이프라인이라 할 수 있는) 광섬유 케이블 시스템은 스스로를 재배치하기 시작했다. 화웨이를 비롯한 기업들이 인도태평양의 대체 해저케이블을 매설하는 컨소시엄에 합류했다. 이런 기업들이 반드시 미국과 그 동맹국에 설치된 예전 네트워크의 중심에 모여들지는 않았다. 오랜 기간 군림한 초창기의 통신 기업들은 자체 전용 데이터 케이블을 구축한 구글과 마이크로소프트에 밀려났다.

핵심 사업이 미국 규제기관에 영향을 적게 받았던 구글 같은 기업들은 AT&T와 그 자회사만큼 미국 정부와의 협업에서 크게 얻을 이득이 없었다. 그렇지만 미국 정부에게는 이 기업들에게 정부가 원하는 일을 하게 할 여력이 남아 있었다. 2020년, 미 법무부는 구글의 케이블이 홍콩에 육양(陸揚, landing)되지 못하도록 차단했다. 이 케이블이 "홍콩을 아시아태평양 지역의 주도적 허브로 만들겠다는 중화인민공화국의 목표를 진전"시켜 중국이 미국의 트래픽을 손쉽게 가로챌 것을 우려했기 때문이다. 이제 미국은 최소한 기업의 자발적인 협력보다는 노골적인 힘을 통해 세상을 움직여야 했다. 더구나 기업들이 경제관계를 재구성해서 미국의 권력을 우회하고, 따라서 미국의 권력을 약화시킬 위험도 안고 있었다.

다른 잘못된 판단은 수정이 가능했다. 2022년 러시아가 우크라이나를 침공하기 몇 해 전, 트럼프 행정부는 러시아 기업 루살(Rusal)과 그 회장인 올레크 데리파스카(Oleg Deripaska)를 제재하면서 부주의하게도 유럽 경제 기구의 핵심 요소를 제거해버렸다는 사실을 깨달았다. 루살은 알루미늄 제련업계 대기업이었고, 데리파스카는 푸틴의 핵심 측근이었다. 루살의 해외 법무팀장이었던 윌리엄 슈피겔버거가 나중에 회고한 바에 따르면, 러시아 기업가들은 "트럼프가 대통령인데…무슨 일이 생길 확률이 얼마나 되겠어?"라고 생각했다. 트럼프는 그의 승리에 도움이 되었을 수도 있는 외국인들의 처벌을 원하지 않았지만 자신이 2017년 마지못해 서명한 "미국의 적국에 대한 제재를 통한 대응법(Countering America's Adversaries Through Sanctions Act, CAATSA)"이 그의 행동을 제약했다.

미국이 다른 러시아 올리가르히 6인을 포함하여 데리파스카와 그가 소유한 기업을 제재대상으로 지정하자 러시아 경제가 휘청거렸다. 그런데 이 조치는 유럽도 위협했다. 아일랜드 리머릭의 섀넌 하구 쪽으로 돌출된 평범한 섬 오기니쉬에 있는 루살의 알루미늄 제련소가 "EU와 독일의 공급 병목을 형성하는" 숨겨진 초크포인트였다는 사실이 밝혀진 것이다. 유럽의 자동차 공장, 기계 제조업체, 건축업체 모두에게는 제련된 알루미늄이 필요했다. 즉 이들은 오기니쉬의 시설에 의존하고 있었다. 미국은 세계 금융계를 탁월하게 그린 지도를 가지고 있었지만 더욱 복잡한 물리적 공급망에 대한 이해는 단편적인 수준이었고, 미국의 조치가 미치게 될 결과를 심각하게 오판해버렸던 것이다.

유럽 국가의 대사들은 척 슈머(Chuck Schumer) 미국 상원 원내대표에게 공동 서한을 보내 제재로 인한 경제적 악영향 때문에 공급망이 "중국 쪽으로 전환"될 위험이 있다고 경고했다. 그들이 받은 회신은 놀라울 정도로 호의적이었다. 다니엘 멀홀 주미아일랜

언더그라운드 엠파이어

드대사는 해외자산통제국의 답을 듣기가 "아주 어려울 것"이라고 예상했는데 그렇지 않았다. 그는 어느 금요일에 "[오기니쉬] 공장 직원으로부터 월요일에 가스 공급이 중단될 예정이라는 연락을 받았던" 일을 자세히 언급했다. 멀홀은 해외자산통제국에 전화를 걸었고, 해외자산통제국은 그날 오후에 가스 공급업체에게 이 루살 알루미늄 공장에 가스를 공급해도 제재하지 않겠다는 '확약서'를 발행했다. 해외자산통제국은 슈피겔버거가 "이 버튼 한번 눌러볼까" 식이라고 신랄하게 묘사한 경제 압박 접근법에 분명한 한계가 있음을 발견했다. 이내 해외자산통제국은 데리파스카가 회사의 정식 지배권을 포기한다는 조건으로 제재를 풀어주었다.

트럼프가 물러난 후, 바이든 행정부는 루살 건과 같은 실수를 하지 않기에 더 수월한 입지에 있는 듯했다. 바이든 행정부는 동맹국과 미리 대화를 할 수 있었다. 하지만 새 행정부의 관리들은 역설적으로 트럼프가 저지른 오류에서 자신감을 얻었다. 트럼프 이전에는 미국의 권력을 과도하게 사용하면 동맹국을 완전히 소외시키고, 적국을 과격하게 만들고, 기업들로 하여금 초크포인트를 우회하게 만들 것을 두려워했었다. 트럼프 집권 기간에는 이런 우려가 대체로 괜한 걱정이었다는 것이 증명되었다. 실수를 한다고 해서 미국의 권력이 약해지지도 않았다.

트럼프는 난폭한데다 무능하기까지 했다. 그의 휘하에 있던 관리들은 미국의 권력에 대한 극단적 견해를 내세우며 주요 동맹국에게 가혹한 벌을 주고 그 관리들을 제재하겠다고 위협했다. 이들은 다른 어떤 행정부도 감히 시도하지 않은 전략을 채택했다. 화웨이를 해체하고 유럽 정부에 끔찍한 결과를 안겨주겠다고 위협하는

것에 그치지 않고, 아프가니스탄에서 미군이 자행한 것으로 알려
진 전쟁범죄를 조사한다는 명목으로 국제형사재판소 인사들을 제
재대상으로 지정하여 국제적 공분을 사기도 했다. 제재대상 지정
은 재판소 인사들만을 대상으로 하지 않았다. 트럼프 행정부의 마
이크 폼페이오 국무장관은 어떤 방식으로든 국제형사재판소를 지
원하는 기업이나 개인에게도 제재를 가하겠다고 위협했다.

하지만 이 위협이 있은 지 4년 후에도 세계 금융 시스템은 미
국 달러화를 계속 사용했다. 미국의 기술과 지적 재산은 여전히
글로벌 공급망에서 대단히 중요한 역할을 하고 있었다. 어떤 불만
이 있어도, 미국의 동맹국은 동맹 관계를 끊지 않았다. 중국은 화
웨이 사태를 빌미로 전직 외교관과 북한 관광·투자 컨설턴트를
교도소에 인질로 잡아 캐나다에 보복했지만, 미국에게 직접 보복
할 만큼 대담하지는 못했다. 바이든 행정부의 신임 관리들은 미국
의 권력이 알고 있던 것보다 훨씬 크다고 생각했다. 새 행정부는
트럼프의 해로운 어리석음은 버렸지만 선을 넘는 힘의 사용에 대
해서는 그다지 걱정하지 않았다.

이것이 바이든 행정부가 2022년에 러시아를 상대로 엄청난 규
모의 제재와 기술 제한 조치를 활용하려고 했던 이유 중 하나였
다. 바이든 행정부는 이전 행정부와 다르게 동맹국과의 협의에 공
을 들였다. 모든 조치를 논의했으며, 어떤 논의는 몇 주 내지 몇 개
월 동안 진행되었다.

그럼에도 파급 효과를 계산하기는 어려웠다. 미국과 유럽이
푸틴을 고립시키려고 하자 세계 석유시장이 불안정해지면서 유가
가 치솟았다. 운전자들은 주유할 때 더 많은 돈을 내야 했다. 전기

요금이 급등하면서 기업들은 파산 위험에 직면했고, 시민들은 가정 난방요금을 내지 못할까 걱정했다. 유가가 올라갈수록 트럼프가 미국 대통령으로 선출될 가능성과 더불어 유럽의 친러시아 포퓰리즘 정치인들이 당선될 가능성이 높아졌다. 석유 수출로 훨씬 많은 달러를 벌어들였기 때문에, 러시아도 미국과 유럽의 압박을 견뎌내기가 수월하다고 판단했다.

미국과 유럽 모두 러시아의 경화 접근을 차단하고 싶어하면서도 자국 경제의 침체를 바라지는 않았다. 그래서 이들은 다른 형태의 처벌을 실험하기 시작했다. 러시아산 석유에 글로벌 상한가를 적용하고 그 이상의 금액을 지불하려는 기업은 물론 해당 석유를 운송하려는 선박 모두에게 제재를 가하겠다고 위협하면 어떻게 될까? 이 조치는 러시아에 타격을 주는 동시에 에너지 가격 상승도 억제할 수 있었다.

유가 상한제는 그리 품격 있는 조치는 아니었지만 실효를 거둘 수 있을 듯했다. 중국과 인도처럼 미국의 권력을 좋아하지 않는 국가들도 석유 가격이 내려가는 것은 좋았기 때문에, 속임수를 쓸 동기가 거의 없었다. 다만 미국은 불편한 비민주적 동맹국 사우디아라비아가 이에 얼마나 부정적으로 반응할지를 예상하지 못했다. 미국은 유가 상한제가 러시아에게만 타격을 줄 의도라고 주장했지만, 사우디아라비아는 이 새로운 경제무기가 언젠가 자국이나 다른 산유국을 겨냥해서 전개될 것을 우려했다. 인도네시아 재무장관은 이러한 이유 때문에 사우디아라비아와 석유수출국기구(OPEC)가 경고 사격 차원에서 석유 감산을 결정한 것이라고 설명했다. 그녀는 유가 상한제가 선례를 만들었고 다음에는 어떤 나라가 대상이 될지 아무도 모른다는 사우디 관리들의 말을 전했다. 석유 공급이 줄고 주유소에서 가격이 상승하기 시작하자, 미국의 정책입안자들은 허를 찔린 것 같았다. 다시 한 번 예상을 벗어난 작용과 반작용의 연쇄 반응이 예상치 못한 결과를 초래하며 밖으로 향하는 소용돌이를 일으켰다.

이 제재들이 바이든 행정부의 가장 큰 외교정책 문제인 미중 관계에 어떤 영향을 미칠지 제대로 파악한 사람은 아무도 없었다. 트럼프와 바이든이 공히 바란 것은 미국 경제가 중국 경제로부터 분리되기 시작하는 것이다. 중국은 2020년 기준으로 수입 4504억 달러, 수출 1649억 달러로 미국의 가장 중요한 교역 상대국이었기에 '탈중국'은 까다롭고 민감할 수밖에 없었다. 바이든 행정부는 중국과 관계를 단절하면 "5000억 달러를 절약"할 수 있다고 주장하는 트럼프나 미국이 중국 경제로부터 디커플링하지 않으면 미국이 "수렁 속으로 빠질" 것이라 경고했던 트럼프의 경제 책사 피터 나바로처럼 미숙하지는 않았다. 하지만 중국에서 미중(美中)이 함께 지배하고 있는 태양광 발전 분야와 기타 청정에너지 기술을 뒤흔들 수 있는 새로운 초크포인트를 만들고 있다는 사실은 미국을 두렵게 했다. 중국은 복잡한 전자장치 제조에 필요한 희토류 가공을 실질적으로 통제하고 있었다. 하지만 미국 관리들에게는 그들이 볼 수 없는 것이 더 걱정스러웠다. 물적 공급망의 경우 SWIFT와 동등한 수준의 것, 그리고 전체의 지도를 수월하게 그려낼 방법이 없었다. 중국이 활용할 수 있는 약점과 취약성이 즐비할 수 있지만, 이를 확실히 찾아낼 방법도 없었다.

간혹 공격이 수비를 대체할 수 있다. 버니 샌더스의 외교정책

언더그라운드 엠파이어

고문 맷 더스(Matt Duss)는 우리 필자들에게 미국 정치는 "누가 중국에게 더 강경한지에 대한 경쟁판"이 되었고, 정치인들은 "이 관리나 저 관리에게 한 방 날릴 수 있는 괴상한 제재를 누가 고안할수 있는지"를 두고 경쟁했다. 더스는 위구르족 집단학살에 연루된 중국 관리들에 대한 제재처럼 몇 가지 제재는 적절하다고 생각했다. 그러나 그는 9/11 테러 이후 성장한 "제재산업 복합체"가 점차 강도가 높아지는 제재가 항상 더 강도 높은 제재로 이어지는, 무의미한 "제재를 위한 제재"를 낳는다는 비난도 잊지 않았다.

이 순환 고리는 기술 수출금지 확대, 중국 투자 엄중 단속, 미국 내 지분을 매각하려는 중국 기업에 대한 엄격한 공시 의무로 이어지면서 중국의 힘을 약하게 할 새로운 방법을 끊임없이 생성했다. 바이든 행정부는 실제로 미국 정부 보조금을 받기 위해 거짓말을 했다는 명목으로 중국 기관과 협력한 과학자들(주로 중국계였다)을 기소한 트럼프 행정부의 '차이나 이니셔티브'를 폐기했다. 그러나 바이든 정부는 갈수록 트럼프 행정부와 마찬가지로 경제 전쟁이 중국의 멈추지 않는 상승세에 대응할 수 있는 최우선 수단이라고 생각하게 되었다. 바이든 정부의 제이크 설리번 국가안보보좌관은 이제 테크 산업 부문에서의 "'상대적' 우위"로는 충분하지 않다고 경고했다. 기후변화처럼 미국이 중국과 협력해야 할 분야도 있었지만, "최대한 앞서 나가"고 중국의 힘이 절대적으로 약해져야 미국과 세계의 상황이 더 나아질 것으로 보였다.

중국의 정책입안자들은 적국이 가질 수 있는 최악의 의도를 의심하는 경향이 더 강했다. 이들은 미국에 의존해야 하는 상황에 질색했다. 줄리언 거워츠가 바이든 정부의 국가안전보장회의 중국 담당 국장으로 취임하기 전에 말한 대로, 시진핑은 2014년에 이미 중국의 기술적 의존도를 낮추는 것을 목표로 하는 계획에 착수했다. 트럼프 행정부는 중국의 이런 행보가 중국의 경제침략과 세계 경제의 주요 부문을 "지배"한다는 계획을 나타내는 증거라고 간주했다. 트럼프가 중국에 경제공격을 개시하자, 시진핑은 국내경제의 성장과 동시에 공급망 확보를 동시에 추진하는 "쌍순환(雙循環)"이라는 새 경제 정책을 발표했다. 시진핑이 내놓은 제도를 보면 중국을 재통합하고, 주변 지역을 재편하고, 어찌 보면 세계를 지배하는 강대국이 될 야망까지 여실히 드러내고 있다. 중국 정관계 내부에 정통한 한 익명의 중국인 학자가 제임스 크랩트리(James Crabtree)에게 전한 바에 따르면, 쌍순환 계획은 "해외 공급망 차단"을 가정해 "대만해협에서 일어날 수 있는 전쟁에 대비"하는 작업의 일환으로 준비한 "플랜 B"였다.

미국과 유럽의 러시아 대응 때문에 이런 전략이 혼란에 빠지면서 중국 관리들은 "경악했다." 러시아의 우크라이나 침공 전까지, 주요국을 상대로 "미국 정부가 전 세계 금융 시스템을 무기화하는 데까지 간다고는 전혀 믿지 않았기" 때문이다. 러시아가 세계무역에서 차지하는 비중은 2%로, 러시아 은행들을 SWIFT로부터 차단한다면 분명 그 위험이 너무 컸다. 하지만 미국과 유럽은 SWIFT를 무기화하는 데서 한발 더 나아가 러시아의 외환보유고에 대한 접근을 차단해버렸다.

2022년 4월 22일, 중국 정부의 재정부와 중앙은행은 다수의 국내 은행과 국제 은행에 중국도 러시아처럼 배제될 경우 어떻게 대처해야 할지 의견을 구하는 긴급 회의를 소집했다. 중국 관리들이 외환보유고를 유로화와 엔화로 환전하는 것을 제안했지만, 위기 상황에서는 미국보다 미국의 동맹국이 더 신뢰하기 어려울 수도 있었다. 파이낸셜타임스가 인터뷰한 소식통에 따르면, "그 회의 현장에서 문제에 대한 좋은 해결책을 생각해낸 사람은 아무도 없었다. 중국의 금융체계는 달러화 자산 동결이나 SWIFT 메시징 시스템 퇴출에 대비되어 있지 않았다." 중국 중앙은행의 한 전직 고문은 한탄했다. "미국이 규칙을 무시하고 행동한다면, 중국이 해외자산의 안전 보장을 위해 무슨 일을 할 수 있겠습니까? 우리에게는 아직 대책이 없습니다."

중국은 금융의 취약성 때문에 러시아를 향한 미국의 제재조치를 준수할 가능성이 더 높아졌다. 블링컨 미 국무장관은 "중국은 러시아의 침략행위를 지원하는 어떤 행위든 책임을 져야 할 것이며, 미국은 주저없이 행동에 대해 대가를 치르게 할 것"이라고 위협했고, 지나 러몬도 미 상무장관은 "기본적으로 미국 장비와 소프트웨어 사용을 금지할 수 있기 때문에 [중국내 최대 반도체 생산업체인] SMIC가 문을 닫게 할 수 있다"고 단언했다. 설상가상 재닛 옐런 미 재무장관도 중국이 대만을 침공할 경우 그 누구도 "똑같이 되돌려줄 수 있는 미국의 능력과 결의를 의심"하지 말라고 경고했다.

시진핑이 미국의 압박에 덜 취약한 대안적 세계 경제 건설을 언급하기 시작한 것도 당연한 일이었다. 그는 브라질, 러시아, 인도, 남아프리카공화국(이른바 브릭스[BRICS] 국가들)과 진행한 온라인 회의에서 회원국 지도자들에게 "일방적인 제재와 제재 남발에 반대하고, 패권주의를 중심으로 하는 소수 집단의 형성을 거부하며 미래를 함께 하는 공동체인 인류의 큰 가족을 형성할 것"을 촉구했다.

하지만 중국이 전 지구적인 대안 구축에 나설 쉬운 방법은 보이지 않았다. 중국인이 아닌 이들 중 꼭 필요할 때를 제외하고 CIPS(위안화 국제결제 시스템)를 사용하려는 이는 없었다. 중국이 국내외 자금 흐름을 통제해야 했기 때문에, CIPS에서는 국제시장에서 완전히 태환(兌換)되지 않는 위안화를 사용했다. CIPS는 하루에 약 1만 3000건의 거래를 처리했고, 대부분 중국 본토와 홍콩에서만 이루어진 거래였던 반면, SWIFT는 세계 전역에서 4천만 건이 넘는 거래를 처리했다.

세계 다른 지역과 부분적으로 차단되어 있는 데다가 정부의 변덕에 휘둘려야 하는 중국 주도 시스템으로 금융 자산을 옮기는 것은 다른 국가들에게도 말이 되지 않았다. 미국이 가끔 예측 불가능할 때가 있지만, 적어도 법 규범은 갖추고 있었다. 중국 정부가 필요하다고 생각하면 무엇이든 잡아채는 것을 막을 정도로 강력한 법은 어디에도 없었다. 중국 정부는 '제로 코로나' 정책을 추진하면서 거리낌없이 금융의 중심지인 홍콩과 상하이를 세계와 격리했다. 화폐 경제학자 배리 아이켄그린(Barry Eichengreen)의 말처럼, "역사적으로 기축통화를 발행한 모든 주요 국가들이 집행권력을 억제한 공화정이나 민주정 체제였다는 사실은 우연이 아니다." 이런 억제력이 없는 정부는 신뢰할 수가 없다.

그래도 중국 정부가 중국적 특성을 가진 세계 경제를 구축하고 있다는 미국의 우려를 막을 수는 없었다. 블링컨은 2022년에 "중국 정부가 미사여구로 가리고는 있지만 실제로는 비대칭적 디

언더그라운드 엠파이어

커플링을 추구하면서 세계에 대한 중국의 의존도는 낮추고, 중국에 대한 세계의 의존도는 높이려고 한다"고 경고했다. 물론 블링컨의 말이 중국의 정책만큼 미국의 정책도 잘 설명하고 있다는 것이 역설적이다. 미국도 공급망의 위험한 초크포인트가 미국이나 미국 동맹국의 영토에 배치될 수 있도록 생산 현장을 자국으로 돌리거나 재닛 옐런의 말로 "프렌드쇼어링(friendshoring)"*하는 방식으로 국외 의존도를 줄이고 싶어했다. 미국은 힘겹게 중국을 억제하고 기술에 대한 접근을 막으려고 하면서도, 여전히 세계의 미국 의존도는 높이고 싶어했다.

그리고 중국을 강하게 압박하기 위해 초크포인트를 더 적극적으로 사용하고 싶어했다. 네덜란드 기업 ASML만이 최신 반도체 생산에 필요한 극자외선 노광 장비를 만들어냈다. 트럼프 행정부는 ASML이 최첨단 장비를 중국에 수출하지 못하도록 이미 네덜란드 정부와 협력해 손을 써놓은 상태였다. 바이든 행정부는 2022년 중순에 구형 장비도 수출하지 말도록 ASML을 압박했다.

네덜란드 정부는 대화로 풀어가려고 했지만 ASML은 협력하고 싶지 않다는 뜻을 분명히 밝혔다. ASML의 최고경영자는 투자자들과의 전화 회의에서 중국 칩 제조업체가 세계 시장을 먹여 살린다는 "사실을 잊어서는 안 된다"고 경고했다. 물론 미국이 중국의 비첨단 반도체 생산까지 차단한다면, 세계 경제를 망가뜨릴 수도 있다. 하지만 미국이 개입하지 않으면, 중국이 구형 장비

---

* 동맹국과 우호국 위주의 공급망을 구축하는 경제행위.

로 첨단 반도체를 만들 방법을 찾아낼지도 모른다. 확실히 중국의 SMIC는 소규모로 이 작업을 시작했다. 그렇다면 미국 정부가 동맹국과 설득을 이용해 일을 처리해야 할까? 아니면 마르코 루비오 상원의원과 마이클 맥콜 미 하원 외무위원장의 요구에 부응해 SMIC에 장비를 판매하면 ASML 같은 기업을 직접 처벌하겠노라고 위협해야 할까? 전자는 효과가 적을 위험이 있었고, 후자는 동맹국이 반발하고 세계시장이 붕괴될 위험이 있었다.

결국 바이든 행정부는 트럼프 행정부가 개발한 수단을 활용하기로 결정하고, 트럼프가 감행한 것보다 훨씬 거대한 규모로 수출규제와 해외직접생산 규칙을 통해 지적 재산을 무기화했다. 이번에는 화웨이처럼 단일 기업이 아닌 중국 전체가 목표였다. 미국은 중국이 최첨단 반도체를 생산할 수 있게 하는 기술 습득을 차단함으로써 냉전 종식 이후로 단일 국가에 가장 광범위한 수출규제를 가했다. 울프의 말처럼 이 규제는 "수출규제 활용법에 근본적 변화"가 일어난 것이었다.

미국의 요구와 야심이 커질수록, 걷잡을 수 없는 방향으로 나아가는 결과가 나올 위험도 늘어났다. 미국 관리들이 중국 경제를 더욱 속박하려 할수록, 이들이 직면하는 동맹국과 기업들의 저항 또한 커졌다. 유럽 지도자들은 글로벌 시장주의에 대한 믿음을 잃었다. 숄츠 독일 연방총리는 애통해하며 "긴밀한 경제적 유대와 상호의존이 안전성과 안보를 촉진한다"는 믿음이 "이제는 무너졌다"고 인정했다. 그런데 미국은 아직 유럽에게 진짜 희생을 요구하지도 않았다. 브루킹스 연구소의 콘스탄츠 스텔첸뮐러(Constanze Stelzenmüller)가 설명한 대로, 독일은 "수출 주도형 성장은 중국에, 에너지 수요는 러시아에…의존해왔다." 독일 안팎에 위치한 유럽 대기업들은 중국 시장에 의존하고 이를 유지하기 위해 맹렬히 싸웠다. 헤르베르트 디스(Herbert Diess) 폭스바겐 CEO도 "중국에게는 폭스바겐이 필요 없을지 몰라도…폭스바겐에는 중국 시장이 반드시 필요하다"고 인정했다.

미국 안에서도 기업들은 미국을 향한 지지를 표명했지만 선택지는 계속 열어두었다. 팻 겔싱어 인텔 CEO는 여전히 미국이 반도체 제조업체들에게 수백억 달러를 지원해서 반도체 생산지를 아시아에서 미국으로 되돌려야 한다고 주장하고 있었다. 그는 "자유시장주의자"이면서 "세계주의자"였지만, "국가의 장기적 성공"을 위해 "미국 땅에서 제조"하기를 원했다. 다만 그는 인텔이 중국에서도 얼마나 비중을 높이고 싶어하는지는 말하지 않았다. 바이든 행정부의 관리들은 인텔이 중국 청두에 100억 달러 규모의 팹 운영을 재개하려고 하자 강력하게 제동을 걸어야 했다.

미국이 중국을 대상으로 새롭고 더욱 강력한 압박 조치를 검토하면 중국과 비슷한 꼴의 국가가 되어 다른 국가와 기업, 개인을 등 돌리게 할 위험이 있었다. 그렇다면 무엇이든 자유롭게 사고 팔수 있는 세계 경제에서 어둠의 공간이 커짐에 따라 중국이 필연적으로 부상하기보다 미국이라는 제국이 쇠퇴하게 될 것이다.

2018년 트럼프가 대이란 제재를 재개한 것은 당시 예상보다 훨씬 큰 패착이었음이 증명되었다. 이란은 중국, 홍콩, 싱가포르, 튀르키예, 아랍에미리트(UAE) 소재 은행을 통하면서 대리인, 중간책, 현금결제를 이용한 "유례없는 국가 자금세탁 작전"을 준비했다. 이 방식은 공개된 금융 거래보다 효율은 떨어지고 비용은 더 들었지만, 연간 거래량이 800억 달러에 달했다. 이란의 어느 고위 관리가 자랑하기로는 "이란이 수출하는 휘발유, 철강, 석유화학제품의 대부분이 숨겨진 자회사 활동을 통해 이루어진다." 미국이 중국을 너무 세게 압박한다면, 다수의 은행과 기업이 중앙에 가로등불 밝힌 언더그라운드 제국의 고속도로를 버리고 그들의 행위를 숨길 수 있는 어둡고 굽이진 길을 찾아가고 싶어질 것이다.

그렇게 되면 중국이 세계 경제를 지배하지는 못해도 어둠의 길을 택해 자국을 더 효과적으로 방어할 수 있을지 모른다. 미국과의 관계에서 위험을 감지한 중국은 미국의 감시와 통제를 벗어난 네트워크 구축에 더 많은 공을 들였다. 미국은 이처럼 중국이 독립을 시도하는 것이 나름의 제국을 건설하여 혼란의 소용돌이를 키우려는 시도라고 여겼다. 미국 입장에서는 자급자족 능력이 높아진 중국이 대만을 침공할 가능성이 더 높기에, 우려할 이유가 타당했다. 그러나 이 소용돌이가 스스로 커진다면 지구상에서 가장 큰 두 경제대국 사이에 '하드 디커플링'이 일어나 수십억 인구의 생활에 실질적인 영향을 미칠 수 있다.

최근 출간된 한 역사서는 경제적 고립이 훨씬 위험한 결과를 초래할 수 있다고 주장한다. 니콜라스 멀더(Nicholas Mulder)의 첫 저작 『경제무기(The Economic Weapon)』는 제1차 세계대전과 제2차 세계대전 사이에 있었던 제재와 경제 봉쇄정책의 역사를 재조명한다. 멀더의 역사서는 국제연합의 전신인 국제연맹이 어떻게 침략국의 정부를 상대로 집단 제재를 가하는지 설명한다. 그런데 평화를 다지려는 연맹의 노력이 오히려 제2차 세계대전 촉발에 일조했다는 점이 역설적이다. 제재에 대한 두려움 때문에 나치 독일은 자신들의 제3제국이 얻지 못할까 두려웠던 원자재를 확보하는 정복 사업을 시작했고, 일본 역시 같은 우려에 따라 한국과 중국 일부를 포함한 '엔 블록'을 형성했다. 독일과 일본은 경제 봉쇄에 대한 두려움 때문에 다른 수단을 통해 자국을 보호하려고 했고, 그 결과 세계 전쟁이 일어나고 수천만 명의 사망자가 발생했다.

멀더는 경제 전쟁으로 다시 한 번 세계가 불안정해질 수 있는 위험을 우려했다. 미국 정부가 선호한 수단은 "더는 세계화를 활용하는 외과수술용 칼 같은 정교한 도구가 아니었다." 이 수단들은 전쟁의 대안이 되기보다 "세계화의 본질에 중대한 변화를 가져오고" 어쩌면 "통제 불가능한 속도로 빠르게 움직이는 폭풍"의 조짐을 보이는, 평화 시 지극히 중요한 무기가 되었다.

제2차 세계대전의 추축국들처럼 중국은 민족주의, 군국주의 국가이며 무자비하게 비민주적이다. 중국이 병적인 의심을 품고 있는 데는 나름의 이유가 있다. 세계 경제 질서가 중국을 끌어내리려는 방향으로 개편되고 있기 때문이다. 미국과 그 동맹국들이 중국에 계속 규제를 가하면, 중국은 어떻게 대응할까? 언젠가 미국이 중국을 겨냥해 만들어놓은 덫에서 빠져나올 수 있을 정도로 강해지기를 고대하며 이를 묵묵히 받아들일까? 초크포인트를 이용하고 전력을 다해 아래에서부터 경제제국을 흔들어놓도록 모든 수단을 동원해 보복할까? 아니면 나치 독일처럼 군사 침략으로 전환해 무력과 영토 획득을 통해 이득을 보려고 할까?

미국은 이 문제들에 대해 적절한 답을 찾지 못했을 뿐 아니라 답을 찾을 현실적인 방안도 갖고 있지 않다. 국방부는 수십 년 동안 군사적 압박과 더불어 군사력, 대항력, 억제력을 복합적으로 유연하게 활용하는 방안을 검토해 왔다. 대신 경제적 압박의 임무는 재무부, 법무부, 상무부와 기타 소규모 팀까지 미국 정부의 각 영역에 산개해 있었다. 이 기관들 중에서 광범위하고 전략적인 방식으로 경제안보와 국가안보를 고려해 설계된 곳은 없었다. 그래서 이들은 자신들이 어떤 일을 할 수 있는지 알기 위해 이것저것 버튼을 눌러봤던 것이다. 또한 이들이 통찰을 얻기 위해 이용할 수 있는 압박과 압박대응을 연구하는 체계적인 학술 연구들도 없다. 경제적 압박을 연구하는 이들은 대부분 언제 제재가 효과가 있었는지, 언제 제재가 실패했는지를 물었을 뿐이다. 어느 누구도 압박이 세상을 어떻게 바꿀 수 있을지는 연구하지 않았다.

그럼에도 상황이 잘 돌아갈 수도 있다. 언더그라운드 제국의 주인들이 실패의 위험과 모든 일이 너무 잘 풀리는 위험 사이를 안전하게 조종해 나아갈 수도 있다. 하지만 배가 다닐 수 있는 해로를 분별하기란 어려운 일이다. 엉망이 되어버린 중앙은행 디지털화폐(CBDC) 사례가 증명하듯이, 미국과 중국은 서로의 행보를 세계를 장악하려는 시도로 볼 수밖에 없었다. 각자가 상대방에게 근본적으로 취약하다고 생각하며, 두 나라가 경제적, 정치적 운명을 지배하기 위해 투쟁하면서 한 국가의 두려움이 상대방의 두려움을 증폭시킨다. 양측 모두 적국의 동기를 뚜렷하게 이해하지 못했고, 두 국가 모두 살아가야 할 새롭고 복잡한 세상을 분명하게 이해하지도 못했다. 더 굉장한 금융 무기가 개발되고 활용되면서 모든 것이 통제불능에 빠질 위험이 증가하고 있다. 그렇지만 어떻게 대처할지 아는 사람은 없는 듯하다.

1957년에 있었던 최초의 스푸트니크 모먼트는 미국의 정치적 위기를 초래했다. 소련이 보유한 대륙간탄도미사일(ICBM)이 훨씬 많아 보였고, 이에 따라 스푸트니크에 관한 우려는 미국이 소련과의 "미사일 격차"를 못 따라잡고 있다는 불안으로 증폭되었다. 니키타 흐루쇼프 소련 서기장은 소련군이 ICBM을 "소시지 만들듯" 만들어내고 있다고 주장했고, 아이젠하워 행정부는 소련이 미국의 핵무력을 "단 한번의 대규모 공격"으로 일소해버리기에 충분한 ICBM을 보유하고 있다고 믿었다. 미사일 격차는 존 F. 케네디 대통령 선거운동의 중심 이슈였고, 이 문제를 떠올리면 미국이 미사일 유도 장치용 실리콘 반도체를 개발하기 위해 엄청난 자금을 투입한 이유를 알 수 있다. 오늘날의 실리콘밸리는 1960년대 냉전 공포가 우연히 만들어낸 부산물이다.

하지만 미사일 격차는 근거 없는 허구였다. 냉전 후 공개된 기록에 따르면 소련이 배치한 1세대 ICBM은 4개에 불과했다. 미국의 대규모 군비 확대는 소련의 군사 역량을 완전히 오해한 것에 근거를 두고 있었다. 이러한 양상은 냉전 시기에 계속 반복되었다. 미국 입장에서 소련이 다소라도 우위를 점하는 것이 두려웠기에 뒤처지는 부분을 따라잡고자 자금을 퍼부었다면, 소련 역시 미국을 따라잡기 위해 필사적으로 분투했다. 미국은 소련이 핵무기로 파멸적 선제공격을 할 준비태세와 의지를 모두 갖추었다고 생각했다. 반면 소련 역시 미국이 똑같이 공격 준비태세와 의지를 갖추었다고 생각했다. 한 국가의 두려움이 상대방의 두려움을 키우며 군비경쟁을 유발했고, 때로는 세계의 핵 대참사로 확대될 가능성이 다분한 치명적 실수를 저지르게 했다.

우리는 현재 비슷한 위험성을 지닌 악순환 고리가 다시 확대되려고 하는 중대한 시점에 놓여 있다. 이제는 미국과 중국이라는 두 강대국 사이에 상호간의 공포가 만들어낸 역학 관계가 대세를 이루어 유럽과 기업, 일반인들을 한없이 커지는 소용돌이로 빨아들이고 있다.

이런 위협을 막을 방법은 무엇일까? 언더그라운드 제국을 건설한 주체는 미국이기 때문에, 첫 발을 내딛는 것도 미국이 할 일이다. 우선, '큰 힘에는 큰 책임이 따른다'는 사실을 인정하고 미국이 직면한 문제를 파악해야 한다. 그리고 특히 적국을 포함한 다른 국가들도 이 문제를 이해하게 만들 필요가 있다.

냉전은 몇 가지 의미 있는 교훈을 남겼다. 상호간에 고조되던 공포는 쿠바 미사일 위기에 직면했을 때 하마터면 전 지구적 핵전쟁으로 이어질 뻔했다. 이후, 양측 지도자들은 자신들이 실제로 지구 종말을 불러올 대전쟁 직전까지 갔었다는 사실에 경악했다. 경제학자 출신인 핵전략가 토머스 셸링(Thomas Schelling)의 논문은 미래의 위기를 줄일 수 있는 간단한 방법을 한 가지 제시했는데, 바로 미국 대통령과 소련 서기장이 직접 소통할 수 있는 핫라인을 개설하는 것이었다. 놀랍게도 이전에 아무도 내놓지 않은 대책이었다.

그런데 셸링과 그의 동료 연구자들은 한발 더 나아가 정책입안자들로 하여금 자신들이 처한 세계의 위험과 이 위험을 진정시킬 방법을 체계적으로 연구할 수 있는 일관된 아이디어를 제안했다. 셸링은 수학적 게임이론과 부모 입장인 자신의 경험에서 '약점이 강점이 될 수 있다'는, 언뜻 역설적으로 보이는 결론을 도출했다. 한번 정한 결심을 바꿀 방법이 전혀 없을 경우, 약속과 위협이 더 믿을 만하게 된다는 것이다. 핵공격을 효과적으로 막아내는 수단을 만든다는 것이 우리 생각과 달리 오히려 파멸적인 아이디어일 수가 있다. 우리가 이런 효과적 방어 체계를 만들기 시작하면, 적국은 우리의 다음 행보가 (효과적인 방어수단을 믿고) 선제공격을 시도할 것을 두려워해 너무 늦기 전에 핵 공격을 결정할 수 있다.* 처음에는 기이해 보였던 이 아이디어는 훗날 셸링에게 노벨경제학상을 안겨주었다. 미국은 게임이론을 통해 소련에 대해 전략적으로 생각하게 되었으며, 소련을 분별력 없는 침략세력이 아닌 나름의 이해관계가 있고 미국이 공생해야 하는 또 다른 강력한 행위자로 볼 수 있게 되었다.

오늘날의 미국은 셸링이 제시한 것과 같은 사고의 틀을 구축해야 한다. 실제로 주목하는 이가 아무도 없다면 미국의 경제무기를 전략적으로 생각할 필요가 없었다. 그러나 이제는 다른 국가들도 언더그라운드 제국의 존재를 인지하게 되었고, 각자의 이익을 보호하려고 애쓰며 대응하고 있다. 전략적 계획을 세우지 않으면 타국의 대응, 그리고 이런 대응에 따라 일어날 수 있는 맞대응이 이어지면서 예상치 못한 방향으로 급속히 상황이 악화될 수도 있

---

* 핵미사일을 잡는 요격미사일의 개발이 오히려 미소 갈등을 격화시킬 수 있다는 통찰. 즉 칼만 들고 대치하면 서로 공격을 삼가지만 방패를 갖게 되면 이를 믿고 쉽게 공격해버릴 수 있다는 것. 이러한 아이디어에 따라 미국과 소련은 '탄도미사일 요격미사일 금지' 조약(ABM Treaty)을 체결했다.

다. 오늘날 우리 앞에 놓인 문제들은 셸링이 1960년대에 직면한 것들에 비해 훨씬 복잡하다. 잘 알려진 셸링의 이론은 핵 대결을 비유하면서 마치 공격적인 수를 두었을 때 우연한 상황에서 두 플레이어를 모두 날려버릴 가능성이 있는 체스게임과 같다고 설명했다. 지금의 전략 게임은 위험도는 낮지만 양쪽 플레이어 모두 눈이 가려진 상태로 형태를 알 수 없는 보드게임 판 위에서 게임을 하는 것과 같다.

국제정치학 교수들처럼 우리도 체스판의 지도를 그리기 시작했다. 그리고 확실히 이 지도는 냉전시대의 지도와 달라 보인다. 저명한 냉전사 연구가 존 루이스 개디스(John Lewis Gaddis)의 말처럼, 냉전의 놀라운 점은 두 주요 플레이어가 상대와 직접 전쟁을 하지 않았다는 점이다. 그가 "긴 평화"로 이름 붙인 냉전이 이렇게 긴 평화를 가질 수 있었던 것은 "상호의존이 아닌 상호독립" 때문이었다. 미국과 소련은 서로 경제적인 관계가 거의 없었고, 그래서 많은 마찰을 피할 수 있었다. 상호의존의 무기화—정부가 글로벌 네트워크를 지정학적 도구로 사용하는 것—에 관한 우리 두 필자의 연구는 정책입안자들로 하여금 긴밀한 경제적 관계가 이루어지는 세상에서 강대국의 상호작용을 고려하게 하면서 이들이 세상을 바라보는 방식에 영향을 미쳤다. 기업 간의 이러한 경제적 관계는 거대한 힘의 원천이 되었다. 필자들 역시 이 책에서 논하는 이야기에 작은 역할을 가지고 참여했다.

어떤 이들은 그들만의 지도를 정리하고 있고, 어떤 이들은 단순화할 수 없는 복잡한 지형에 대한 우리의 견해를 보강하거나 보충하고, 또는 반박하거나 무시한다. 이 문제들을 제대로 이해하려

언더그라운드 엠파이어

면 정부 안팎에서 새로운 방식으로 방대한 학문적 노력을 해야 한다. 즉, 세상을 하나로 묶는 비즈니스 네트워크의 지도를 만들고, 현재 형편없이 모호한 관계들에 대한 데이터를 구축하고, 잠재적 취약성을 찾아낸 후 그 취약성을 완화할 최선의 방법을 조사해야 한다. 셸링과 그의 동료들은 군사 전략가, 핵 과학자들과 협업했다. 오늘날의 문제를 해결하려면 국제관계, 금융 네트워크, 공급망, 정보과학, 역사, 재료과학에 대한 이해도가 높은 사람들이 대규모로 협력해야 한다. 맨해튼 프로젝트 같은 대규모 협력 프로젝트가 되겠지만, 그 목적은 세상을 파괴하는 게 아닌 세상이 어떻게 만들어져 있는지 알아내자는 것이다.

벌써부터 어렵게 느껴지겠지만, 첫걸음일 뿐이다. 다음 단계에서는 행동 가능성을 유지—가령 중국의 대만침공 억제—하면서도 행동의 위험성과 통제할 수 없이 전개되는 보복 위험은 최소화할 전략을 개발해야 한다. 이를 위해 미국 내에서는 물론이고 동맹국과 함께 새로운 제도적 구성을 수립해야 한다. 2021년 10월에 일본은 내각부에 '경제안전보장담당상'이라는 내각 장관직을 신설했고, 2022년 5월 일본 국회에서 경제안전보장추진법이 통과되었다. 놀라운 사실은 미국에 비슷한 기관이나 전략이 없다는 것이다. 필자들이 인터뷰했던 사람들은 기관과 전략의 부재 때문에 미국이 경제안보를 총체적으로 숙고하거나 경제안보 위협에 대응하기가 어렵다고 설명했다. 미국은 경제안보 조치를 관리할 수 있는 새 기관을 창설하고 공동의 목표를 제시할 수 있는 전략 원칙 수립에 필요한 전문성을 갖춰야 한다.

이미 미국과 협력 국가들은 미국-EU 무역기술위원회(TTC)와 인도, 일본, 호주와의 쿼드(Quad) 파트너십을 포함하여 동맹국과 정책을 조율하는 새 포럼을 조성했다. 미국은 전략적 이해도를 높인 후에는 적국과도 대화를 시작하는 한층 불편한 단계도 밟아야 한다. 미국과 소련 관료, 장성, 과학자들이 본격적으로 교류를 시작하고 셸링과 연구자들이 개발한 아이디어를 공유, 적용하자 실제로도 냉전이 안정되었다. 이들에게 핵 체스게임 지침서는 없었지만 게임을 진행하면서 규칙을 배워가야 했다. 그러려면 "긴 흐름의 시간"과 함께 많은 행운이 따라야 했다. 피그만 침공, 쿠바 미사일 사태, 한국전쟁 같은 모든 실수는 절멸 위험을 각오한 것이었다. 서로를 더 잘 이해하기 시작하면서, 상대방을 도발하게 될 행위와 상대방이 감내하게 될 행위를 구분해서 예측할 수 있게 되었다. 미국과 소련은 1970년대부터 핵전쟁으로의 확전 위험을 최소화하는 군비통제조약 협상에도 착수했다.

미국과 중국을 비롯한 강내국들에게는 세계 경제를 무기화할 때의 위험을 터놓고 논의하고 이 위험의 경감에 필요한 대비책을 구축할 포럼이 필요하다. WTO 같은 기존 경제 기구는 새로운 세상을 반영하는 근본적 개혁 없이는 제대로 기능하지 못할 것이다. 이 경제 기구들은 지금은 사라져버린 세상에서 통용되던 자유무역을 전제한다. 그러나 적국들마저도 지도의 빈 공간을 채우기 시작하면 공생의 길을 제시하는 비공식 공유 규칙을 알게 될 것이다. 이 세상에서 어느 누구도 다른 이들과 완전히 분리된 채 살아갈 수는 없기 때문이다.

⁂

언더그라운드 엠파이어

냉전이 우리에게 남긴 교훈은 강대국 간의 현실주의 외교로 회귀하여 큰 위험을 관리한다는, 현실적이지만 비관적인 비전을 제시했다. 더 좋은 세상이 아직도 가능할까? 결국 스푸트니크는 핵 대립을 일으켰을 뿐 아니라 우주와 함께 세계를 연결하는 통신위성, 그리고 향후 수 세기 동안 담대한 탐험을 해나가야 할 뉴 프런티어를 열어젖혔다.

이제는 새로운 세계를 발견하는 대신 소용돌이를 바깥보다 안으로 돌게 해서 우리가 살고 있는 세상을 더 좋게 만들 수 있을 것이다. SF 작가 킴 스탠리 로빈슨(Kim Stanley Robinson)은 2015년에 우주를 향한 꿈이 지구의 생태학적 문제의 해결보다 중요할 수 없다고 경고했다. 몇 년 뒤 그는 어느 작은 UN 조직이 기후변화 문제를 해결할 인류적 연대를 만드는 과정을 다룬 공상과학소설 『미래부(The Ministry for the Future)』로 세계적 명성과 버락 오바마를 비롯한 독자들의 호평을 받았다. 로빈슨이 흔쾌히 인정한 대로, 그의 사고실험에는 구멍이 있었다. 실행에 옮길 수 있는 포괄적 청사진을 제시하기보다 사람들을 생각하고 행동하게 만드는 것이 그의 목표였다. 특히, 이 소설은 '현상유지를 선호하는 강력한 이익집단이 어떻게 패배할 수 있는가'라는 문제를 치열하게 다룬다.

유럽은 풍력과 태양광의 커먼웰스를 향해 조금씩 나아가면서 새로운 세계 경제로 갈 수 있는 길을 찾기 시작했다. 관료주의와 결코 인정하지 않는 식민주의의 유산, 그리고 잡다하게 합리화된 잔학성을 갖고 있는 EU가 유토피아가 아니듯, 새로운 세계 경제 또한 유토피아라고 할 수 없다. 그래도 최소한 세상을 끊임없이 괴롭히는 문제 몇 가지는 해결해서 기후변화의 위험을 막고 세계 각국이 화석연료를 무기 삼은 권위주의 국가들의 횡포로부터 벗어나는 데 도움이 될지도 모를 일이다.

필자들은 미국이 마침내 탈탄소 경제로 나아가기 위한 거대한 과업을 추진할 수 있게 해주는 법안을 통과시킨 믿기지 않는 미래를 이야기하면서 이 책을 마무리하려고 한다. 언더그라운드 제국이 흔들리지 않는다면, 그 조직들이 이 비전의 추진에 기여하여 로빈슨이 제기한 여러 문제에 관해 불완전할지라도 실효성 있는 해결책을 제시할 수 있을지도 모른다.

피터 하렐(Peter Harrell)은 2021년 미국 국가안전보장회의 경제 및 경쟁력 담당 선임국장직을 맡기 전, 트럼프가 자신의 권한을 이용하여 전례 없는 방식으로 무역관계 구조를 바꾸면서 미국 경제정책 결정의 한계를 밀어붙인 과정을 설명했다. 하렐은 트럼프의 정책이 가진 문제들을 인지했지만 가능성도 발견했다. 전 지구적 기후변화는 "명백히 미국에게 닥친 유일하고 가장 큰 국가안보상의 문제"였다.

하렐은 경제 경쟁에 대항하려고 트럼프가 사용한 도구가 어떻게 글로벌 탄소경제를 겨냥한 무기로 바뀌었는지 밝혔다. 미국은 탄소집약적 수입품목에 관세를 부과할 수 있다. 역청탄에서 석유를 추출하는 것처럼 배기가스를 다량 배출하는 사업에 대한 미국의 투자를 제한하고, 제재법에 따라 외국 기업을 제재대상으로 지정하거나, 이 기업들의 미국 기술 접근을 제한할 수도 있다. 언더그라운드 제국이 가진 이 모든 무기들을 사용하면 새로운 개념의 미국 국가안보를 방어하고 기후변화의 위험과 싸울 수 있다.

미국은 이미 이 아이디어를 통해 유럽이 탈탄소 미래로 나아갈 수 있게 했다. EU가 고탄소 수입품목에 관세를 부과하기 시작했을 때 바이든 행정부는 이전 행정부들처럼 대응 조치를 발표하지 않았다. 대신 현재 탄소집약적으로 생산되는 철강과 알루미늄 수입품에 통상적인 '녹색 관세'를 부과하는 거래를 성사시켰다. 이 거래 때문에 EU와 미국 생산업체보다 철강 생산에 탄소 사용이 더 많은 중국 같은 국가들이 일시적으로 불이익을 받았다. 하지만 이 조치는 중국을 비롯한 국가들에게 탄소 집약도를 낮춘 생산을 실현하는 기술 개발을 자극하기도 했다.

미국이 아직 하렐의 급진적 제안을 수용하지 않았지만, 그의 제안은 세계와 국가의 이익 모두에 도움이 될 새로운 유형의 제국을 세울 토대를 제공할 수 있다. 새 제국에서는 국가의 힘이 전 지구적 정당성으로 이어지고, 전 지구적 정당성이 반대로 국가의 힘이 되는, 새로우면서 전혀 다른 형태의 선순환 고리가 형성될 것이다. 이 선순환 고리에서는 중국이 간접적으로 이익을 보게 된다. 세계에서 가장 심한 기후변화를 겪게 될 중국은 경제적으로 저지대에 위치한 도시들에 크게 의존하고 있으며 중국 내륙은 이미 가뭄 위험이 매우 큰 상황이다.

이러한 조치들은 힘과 세계정치에 대한 다른 비전이 피어날 씨앗이 될 수 있다. 미국은 중대한 안보위협으로 인지하고 있는 탈세 및 부패에 대응하기 위해 유사한 조치를 취할 수 있다. 2021년 6월 3일, 바이든 행정부는 미국의 모든 정부 기관이 "부패와 더 잘 싸우고, 불법 금융에 맞서고, 부패한 행위자에게 책임을 묻는 노력을 현대화하고, 조직화하며, 더 많은 자원을 제공"할 수 있는 방법을 파악하도록 지시하는 '국가안보각서'를 발표했다. 해외자산통제국은 정부에서 부패 대응을 국가안보의 최우선 과제로 선언한 바로 그 주에 역사상 "최대 규모로 부패를 대상으로 한 조치"에 착수했다. 2021년 가을, 바이든 행정부는 부패를 국가안보의 "핵심" 관심사로 규정한 '부패대응전략'을 발표했다.

미국은 20년간 적을 상대로 언더그라운드 제국의 무기를 사용했다. 간혹, 특히 초기에는 다른 국가와 국민들이 이득을 보기도 했다. 미국이 알카에다 같은 테러 조직과 북한 같은 국가를 겨냥할 때 불만을 가진 이들은 거의 없었다. 하지만 제국의 야심이 커지면서 그 야심은 분노와 반발심을 자극했고 제국의 힘이 약해질 위험성이 대두되었다.

지금은 미국이 제국을 이용해서 힘과 정당성이 서로를 강화하는 커먼웰스를 건설할 수 있을지도 모른다. 이 모든 노력처럼, 커먼웰스도 매우 불완전할 것이다. 커먼웰스는 미국의 국익과 전 세계의 이해가 겹칠 때 제일 활발하게 작동하기 때문에 어떤 문제들은 협상안에서 아예 도려내버리고 해결되지 않은 상태로 방치할 수도 있다. 경제적 압박은 상대 국가들이 전면적으로 반대하는 선택지보다는 자신들이 해야 할 의무가 있음을 알고 있는 필수적 선택지를 강요할 때 가장 효과적일 것이다.

대립이 대립을 낳는 것보다는 결점과 타협, 모순, 맹점을 가득 안고 있는 이러한 커먼웰스의 건설에 기여하는 것이 훨씬 바람직한 방향이다. 물론 이런 커먼웰스를 세우는 계획이 야심을 줄인 전략, 동맹 구축, 필자들이 지금까지 보여준 절제된 힘의 사용을 대체할 수는 없다. 우리는 계속 서로 적대하는 힘이 서로에게 엄청난 고통을 가하는 세상의 잔혹한 연쇄반응을 억제해야 한다.

새로운 커먼웰스가 할 일은, 공동의 목표를 향해 노력하면 그 체제의 고유한 선순환 고리를 생성하여 안보를 구축하고 경제를 개편해서 억압과 집단적 재앙의 위협에 맞설 수 있다는 희망을 주는 것이다.

언더그라운드 제국의 출구는 눈에 보이지 않는다. 모든 터널이 출구로 이어질 듯해도 결국에는 제자리로 돌아오게 된다. 기업가들은 정부의 사슬에서 벗어나기를 기대했지만 자기 기업과 타 기업을 옭아매는 새 족쇄를 스스로 만든 것에 불과하다는 사실을 깨달았다. 정치인들은 한때 세계시장이 안보를 보장해주기를 꿈꿨다. 하지만 이들이 꿈에서 깨어나 바라보니 그 시장은 냉혹하고 비정한 전쟁터가 되어 있었다. 밖에서부터 제국의 내부 기반을 약화시킨다는 상상은 언더그라운드 제국이 중심에서 밖으로 적의 공격을 받아치게 했다.

제국의 뿌리는 너무 멀리, 너무 깊이 파고들어 있기에 완전히 뽑아낼 수 없다. 하지만 심연의 어둠은 벗어날 수 없어도 태양을 향해, 하늘을 향해 제국의 성장 방향을 위쪽으로 틀어가는 노력 정도는 할 수 있지 않을까.

주

이끄는 글: 모든 길은 로마로 통한다

14 팔라디오 양식: Cecelia Lahiff, "Aemulatio and Sprezzatura: Palladio and the Legacy of Vitruvius," *Art Journal* no. 1 (2018): 12-22.

14 균사체처럼: Eben Bayer, "The Mycelium Revolution Is upon Us," *Scientific American*, July 1, 2019, retrieved on November 11, 2022, from https://blogs. scientificamerican.com/observations/the-mycelium-revolution-is-upon-us/.

15 상인들이 개척한 길을 따라: 예를 들어 John Gallagher and Ronald Robinson, "The Imperialism of Free Trade," *Economic History Review* 6, no. 1 (1953): 1-15를 참고.

15 도로라고 상상해보면 된다: 모든 은유가 그렇듯이, 이 비유도 중요한 부분을 생략하고 있다. 나중에 설명하겠지만, 한 예로 인터넷은 세계의 간선도로만큼 많은 미러(mirrors)로 구성된다. 이 사실은 실제 인터넷의 세부적인 작동 방식에 해당되지만, 이 책에서 펼치는 주장의 주요된 논리에 영향을 미치는 요인은 아니다.

16 수백 만 차선의 고속도로: 엄밀히 말해 광섬유 케이블에 개별 선(strand)이 수백 만 개 있는 것은 아니지만, 외관상 대량의 데이터를 동시에 교환할 능력은 충분하다.

17 "정보 슈퍼고속도로": "Remarks by Al Gore," Royce Hall, UCLA, Los Angeles, California, January 11, 1994, retrieved November 11, 2022, from https:// clintonwhitehouse1.archives.gov/White_House/EOP/OVP/other/superhig.html.

20 "CIA 프로젝트": Ewen MacAskill, "Putin Calls Internet a 'CIA Project' Renewing Fears of Web Breakup," *Guardian*, April 24, 2014.

20 장벽으로 양분된 구세계: Thomas Friedman, "DOScapital," *Foreign Policy* 116 (1999): 110-16.

21 젤리를 벽에 못박으려는 것과 같다: William Clinton, "Remarks on Permanent Normal Trade Relations with China," March 8, 2000, retrieved on July 22, 2022, from https://www.c-span.org/video/?c4893404/user-clip-clinton-firewall-jello.

21 "모두를 위협": James Carville, quoted, "The World Economy," *Economist*, October 7, 1995.

21 자국의 경제를 공격하는 것: Thomas Friedman, *The World Is Flat: A Brief History of*

the Twenty-First Century (New York: Farrar, Straus and Giroux, 2005).

22 이전의 역사적 순간들처럼: Simone Müller and Heidi Tworek, "'The Telegraph and the Bank': On the Interdependence of Global Communications and Capitalism, 1866-1914," *Journal of Global History* 10, no. 2 (2015): 259-83 참고. Müller and Tworek (p. 263)은 전신을 전송하는 해저케이블이 어떻게 "자연 독점(natural monopoly)" 이론에 따라 매설되었다가 나중에야 "군사, 제국, 또는 전략적 통제"를 위해 사용되었는지 설명한다.

22 사회과학자는 [...] '경로의존성'을 종종 언급한다: Paul Pierson, "Increasing Returns, Path Dependence, and the Study of Politics," *American Political Science Review* 94, no. 2 (2000): 251-67.

23 미 국가안보국의 추정에 따르면: Charlie Savage, *Power Wars: Inside Obama's Post 9-11 Presidency* (New York: Little, Brown, 2015), 177.

24 나라 전체의 전화 통화를 한 건씩: Barton Gellman and Ashkan Soltani, "NSA Surveillance Program Reaches 'into the Past' to Retrieve, Replay Phone Calls," *Washington Post*, March 18, 2014.

24 전 세계에서 데이터를 수집하는 방안: Juan Zarate, *Treasury's War: The Unleashing of a New Era of Financial Warfare* (New York: PublicAffairs, 2013).

26 인터넷이 그 자체로 위험에 처했다: Rob Price, "Eric Schmidt Thinks a Ruling by Europe's Top Court Threatens One of the Greatest Achievements of Humanity," *Business Insider*, October 15, 2015, retrieved on December 21, 2021, from https://www.businessinsider.com/eric-schmidt-ecj-safe-harbor-ruling-threatens-one-of-the-great-achievements-of-humanity-2015-10.

26 미국이 권력을 남용한다면: Jack Lew, "Remarks of Secretary Lew on the Evolution of Sanctions and Lessons for the Future," delivered at the Carnegie Endowment for International Peace, Washington, DC, May 30, 2016.

27 콜슨 화이트헤드(Colson Whitehead)의 소설을 읽는 이가 아니라면 [...] 거의 없다: 콜슨 화이트헤드의 멋진 소설, 『직관주의자(The Intuitionist)』(New York: Knopf Doubleday, 1999)는 미국 내부 제국의 인종 정치를 풀어가는 수단으로 엘리베이터 검사원의 투쟁을 그린다. 마찬가지로 프랜시스 스퍼포드의 탁월한 소설 『레드 플렌티(Red Plenty)』는 소설가가 가진 수단을 이용해서 소련 경제의 인프라와 소련 경제에 활기를 불어넣는 사상을 포착한다.

27 새 장난감을 가진 아이: Daniel Drezner, *The Toddler in Chief: What Donald Trump Teaches Us about the Modern Presidency* (Chicago: University of Chicago Press, 2020).

28 냉소적인 성격의 어느 유럽 관리가 말한 대로: "America's War on Huawei Nears Its Endgame," *Economist*, July 18, 2020, retrieved on July 20, 2022, from https://www.economist.com/briefing/2020/07/16/americas-war-on-huawei-nears-its-endgame.

29 "협력이 의존이 되는": Roger Cohen, "Macron Tells Biden That Cooperation with US Cannot Be Dependence," *New York Times*, January 29, 2021, retrieved on July 20, 2022, from https://www.nytimes.com/2021/01/29/world/europe/macron-biden.html.

30 몇 개월 동안 붕괴: Vasco M. Carvalho, Makoto Nirei, Yukiko U. Saito, and Alireza Tahbaz-Salehi, "Supply Chain Disruptions: Evidence from the Great East Japan Earthquake," *Quarterly Journal of Economics* 136, no. 2 (2021), 1255-1321.

30 비슷한 약점을 드러냈다: Jill Kilpatrick and Lee Barter, COVID-19: Managing Supply Chain Risk and Disruption, *Deloitte Development LCC*, 2020, 14.

I. 월터 리스턴이 꿈꾼 세상

33 그의 저서: Walter B. Wriston, *The Twilight of Sovereignty: How the Information Revolution Is Transforming Our World* (New York: Charles Scribner, 1992).

33 "권력이 탈중앙화": Wriston, *The Twilight of Sovereignty*, 4.

33 "한때 생사를 결정했던 전략적 '초크포인트'": Wriston, *The Twilight of Sovereignty*, 8.

34 강력한 도전: Walter Wriston, Information, Electronics and Gold, speech written for the International Monetary Conference, London, June 11, 1979.

34 몽펠르랭 소사이어티 설립에 참여했다: 몽펠르랭 소사이어티의 유래와 저마다 다른 목적에 관한 논의는 Angus Burgin, *The Great Persuasion: Reinventing Free Markets since the Depression* (Cambridge, MA: Harvard University Press, 2015) 참고. 리스턴의 아버지 헨리 리스턴이 받은 초대에 대해서는 Bruce Caldwell, Mont Pèlerin 1947 (Palo Alto, CA: Hoover Institution Press, 2020), 9 참고. 나중에 이 단체에 합류한 헨리 리스턴은 1924년에 한 연설에서 아들이 테크놀로지와 상호 의존에 매료된 것에 경탄하며 이렇게 말했다. "케이블과 무선 기술이 우리의 아버지들이 꿈꾼 것 이상으로 세상의 실질적인 크기를 줄였다." 인용문 출처는 Phillip L. Zweig, *Wriston: Walter Wriston, Citibank, and the Rise and Fall of American Financial Supremacy* (Digital Edition, PLZ Publishers, 2019), 17.

34 월터 리스턴도 [...] 세계주의자였다: Zweig, Walter Wriston. 세계화와 신자유주의에 관한 역사적 논의는 Quinn Slobodian, *Globalists: The End of Empire and the Birth of Neoliberalism* (Cambridge, MA: Harvard University Press, 2018) 참고.

35 "가장 영향력 있는 은행가": Roy C. Smith, *The Global Bankers: A Top Investment Banker Explores the New World of International Deal-Making and Finance* (New York: Truman Talley, 1989), 33-34.

35 "다른 모든 은행이 대놓고 모방하는 은행": Smith, *The Global Bankers*, 34.

35 "참여하고 있는 한 사람의 관점에서": Wriston, *The Twilight of Sovereignty*, xiii.

35 해적같은 성향을 뚜렷하게: Zweig, *Walter Wriston*, 797 and passim.

35 글로벌 시장이라는 먼 바다: Wriston, *Information, Electronics and Gold*.

35 목덜미 잡고 쓰러지게 만들 위험을 무릅쓰고: 이 이야기는 마크 레빈슨(Marc Levinson)이 그의 저서 『더 박스: 운송 컨테이너는 어떻게 세상을 작게, 세계 경제는 더 크게 만들었는가(*The Box: How the Shipping Container Made the World Smaller and the World Economy Bigger*)』(Princeton, NJ: Princeton University Press, 2006)에서 기술한 것이다. Zweig, *Walter Wriston*도 참고.

36 그가 […] 설명한 대로: Wriston, *Information, Electronics and Gold*.

36 오히려 돈이 국가를 지배해서: Wriston, *Information, Electronics and Gold*. Wriston, *The Twilight of Sovereignty*, 66: "화폐에 대한 통제력을 잃은 정부뿐 아니라 그 자체로 새롭고 자유로운 이 화폐가 무책임한 정책을 징벌하여 정부에게 지배력을 내세우고 있다."는 주장도 참고.

36 자유로운 정보 이동: Wriston, *Information, Electronics and Gold*.

36 리스턴이 나중에 설명한 것처럼: Wriston, *The Twilight of Sovereignty*, 81, 85.

36 "중앙집권은…파시즘": Zweig, *Walter Wriston*, 242.

37 "국제 은행업은 […] 놓일 수밖에 없다": Wriston, *Information, Electronics and Gold*.

38 기송관 연결망: Susan V. Scott and Markos Zachariadis, *The Society for Worldwide Interbank Financial Telecommunication (SWIFT): Cooperative Governance for Network Innovation, Standards, and Community* (London: Routledge, 2014), 12.

39 수많은 상자의 스카치 위스키: Zweig, *Walter Wriston*, 112.

39 "정보 사업의 한 분야": Walter B. Wriston, *Risk and Other Four-Letter Words* (New York: Harper & Row, 1986), 135.

40 J. P. 모건과 워버그 같은: Ron Chernow, *The House of Morgan: An American Banking Dynasty and the Rise of Modern Finance* (New York: Atlantic Monthly Press, 1990).

40 정치경제학자 에릭 헬라이너: Eric Helleiner, *States and the Re-emergence of Global Finance* (Ithaca, NY: Cornell University Press, 1994) 에서 고전적인 설명 참고.

40 관리들: Gary Burn, *The Re-emergence of Global Finance* (London: Palgrave, 2006), chap. 6.

40 소련: Wriston, *The Twilight of Sovereignty*, 63-64.

41 리스턴의 설명대로: Wriston, *The Twilight of Sovereignty*, 69.

42 "시스템을 멈춰버리다시피 했다": Zweig, *Walter Wriston*, 579.

42 "사실상 세계의 지급 메커니즘": Walter B. Wriston, "De Facto Payments Mechanism" in *If You Ask Me: A Global Banker Reflects on Our Times, Walter B. Wriston Papers*, Tufts University, 1980, retrieved on September 17, 2021, from https://dl.tufts.edu/teiviewer/parent/vq27zz94c/chapter/c1s36.

43 공통 전신 암호첩: Scott and Zachariadis, *The Society for Worldwide Interbank Financial Telecommunication*, 12.

43 90여 개국에 지점을 보유한: Mark S. Mizruchi and Gerald F. Davis, "The Globalization of American Banking, 1962-1981" in *The Sociology of the Economy*, ed.

Frank Dobbin (New York: Russell Sage Foundation, 2004).

43 "세계 지불 시스템의 중심": Zweig, *Walter Wriston*, 477.

44 "귀사에서 MARTI를 사용하셨으면 합니다": Scott and Zachariadis, *The Society for Worldwide Interbank Financial Telecommunication*, 18.

44 "스스로 [...] 포로가 되거나": Scott and Zachariadis, *The Society for Worldwide Interbank Financial Telecommunication*, 18.

45 SWIFT는 [...] 270개 은행 회원을 보유하게 되었다: Scott and Zachariadis, *The Society for Worldwide Interbank Financial Telecommunication*, 18.

45 "MARTI에 대한 반감": Zweig, *Walter Wriston*, 382.

45 케미컬은행의 로버트 무어: Scott and Zachariadis, *The Society for Worldwide Interbank Financial Telecommunication*, 109.

46 씨티은행의 야와르 샤: Yawar Shah's LinkedIn page, retrieved on September 16, 2021, from https://www.linkedin.com/in/yawar-shah-42514b16.

46 매년 1000억 개 이상의 메시지: SWIFT, *Highlights 2021, Messaging Traffic and Operational Performance* (Brussels, Belgium: SWIFT, 2021).

46 "실질적 대안이 없기 때문에": Scott and Zachariadis, *The Society for Worldwide Interbank Financial Telecommunication*, 127.

46 북한 해커들은 [...] 약점을 이용해서: PYMENTS, "Anatomy of a Bank Heist, SWIFT-ly Done by Phishers," Pyments.com, September 17, 2018, retrieved on September 17, 2021, from https://www.pymnts.com/news/security-and-risk/2018/bangladesh-bank-heist-swift-phishing-scam-fraud-doj/.

47 월터 리스턴은 [...] 열변을 토했다: Thomas A. Bass, "The Future of Money," *WIRED*, October 1, 1996, retrieved on September 7, 2021, from https://www.wired.com/1996/10/wriston/.

47 리스턴은 [...] 가까이서 고통스럽게 경험했다: 이 문단은 Wriston, *The Twilight of Sovereignty*, 42–43을 참고했다.

48 "새로운 세계 통신망"과 [...] "전적으로 의존하게" 되었다: Wriston, *The Twilight of Sovereignty*, 47.

49 "검열을 장애로 해석해 우회한다": 이 주장은 Philip Elmer-DeWitt, "First Nation in Cyberspace," *Time*, December 6, 1993에서 존 길모어(John Gilmore)가 한 것이다.

50 "미국 인터넷의 중심": Andrew Blum, "The Bullseye of America's Internet," *Gizmodo*, May 29, 2012, retrieved on July 19, 2022, from https://gizmodo.com/the-bullseye-of-america-s-internet-5913934.

50 "지휘통제망": *Paul Baran and the Origins of the Internet* (Santa Monica, CA: RAND Corporation, undated), retrieved on July 20, 2021, from https://www.rand.org/about/history/baran.html; and Paul Baran, *On Distributed Communications I. Introduction to Distributed Communications Networks*, Memorandum RM-3420-PR (Santa Monica, CA: RAND Corporation, 1964).

언더그라운드 엠파이어

51 일종의 교차로: "Internet Exchange Points (IXPs)," Internet Society, undated, retrieved on December 1, 2022, from https://www.internetsociety.org/issues/ixps/.

51 기본 "프로토콜"을 개발했다: Ben Tarnoff, "How the Internet Was Invented," *Guardian*, July 15, 2016.

52 새로운 미시경제: *Internet Alley: High Technology in Tysons Corner, 1945–2005* (Cambridge, MA: MIT Press, 2008)에서 폴 E. 체루지가 다룬 분야의 역사 참고.

52 좁고 긴 도로: Ceruzzi, *Internet Alley*.

52 컴퓨터 "돌연변이": Kara Swisher, "Anticipating the Internet," *Washington Post*, May 6, 1996.

52 48온스 스테이크: Nathan Gregory, *Securing the Network: F. Scott Yeager and the Rise of the Commercial Internet* (Palo Alto, CA: privately published by Reprivata Corporation, 2016), 135.

53 "유유넷이 [...] 디폴트 경로가 되어": Gregory, *Securing the Network*, 137.

53 모든 인터넷 트래픽의 90% 이상: Gregory, *Securing the Network*, 150.

53 MAE-East의 회원: James Bamford, *The Shadow Factory: The Ultra-Secret NSA from 9/11 to the Eavesdropping on America* (New York: Doubleday, 2008), 187.

53 중소기업은 가입을 거절당했다: Gregory, *Securing the Network*, 161.

53 주가가 93.25 달러: Om Malik, *Broadbandits: Inside the $750 Billion Telecom Heist* (New York: John Wiley, 2003), 11.

54 그들만의 친목 클럽: 제이 애딜슨의 설명처럼, "친목 경쟁 대결이었다." 인터뷰 참고: "Jay Meets Other Equinox Co-founder Al Avery (Part 3 of Jay Adelson Visiting PAIX)," September 18, 2013, YouTube video, 1:39, https://www.youtube.com/watch?v=QtVMdFlscko.

54 72분기 연속 성장: Abigail Opiah, "Equinix Projects 10–11% Increase in 2021 Annual Revenue Growth," *Capacity Media*, February 11, 2021.

54 "중립적 익스체인지" 설립: Authors' interview with Jay Adelson, July 8, 2021.

54 "세계에서 가장 밀집된 [상호 연결 지점]": Authors' interview with Jay Adelson. Penny Jones, "Equinix—It Was Always a Big Idea," Data Center Dynamics, July 23, 2013, retrieved on July 22, 2022, from https://www.datacenterdynamics.com/en/news/equinix-it-was-always-a-big-idea/도 참고.

54 구식 아날로그 전화선 다발을 움켜쥔 손: Authors' interview with Jay Adelson.

55 세계 최대 시장 점유율을 자랑하는 코로케이션 사업자: Yevgeniy Sverdlik, "2021: These Are the World's Largest Data Center Colocation Providers," Data Center Knowledge, January 15, 2021, retrieved on July 19, 2022, from https://www.datacenterknowledge.com/archives/2017/01/20/here-are-the-10-largest-data-center-providers-in-the-world.

55 에퀴닉스의 가장 큰 시설이 애쉬번에 있다: Chris Kimm, "Inside Equinix

Data Centers: A View of the Top 5 North American Metros," *Equinix* (blog), September 19, 2019, retrieved on July 19, 2022, from https://blog.equinix.com/blog/2019/09/19/inside-equinix-data-centers-a-view-of-the-top-5-north-american-metros/.

55 "지배 세력": Jones, "Equinix."

56 "수익 엔진": Brad Stone, *Amazon Unbound: Jeff Bezos and the Invention of a Global Empire* (New York: Simon & Schuster, 2021), 96.

56 지방 자산 기록을 철저히 조사한 끝에: Ingrid Burrington, "Why Amazon's Data Centers Are Hidden in Spy Country," *Atlantic*, January 8, 2016.

57 "외부로 다시 이전하는 불편": Brad Stone, *Amazon Unbound*, 99.

57 전 세계 웹사이트가 먹통이 된 적이 있다: Jay Greene, "Amazon's Cloud-Computing Outage on Wednesday Was Triggered by Effort to Boost System's Capacity," *Washington Post*, November 28, 2020; "Summary of the Amazon Kinesis Event in the Northern Virginia Region," Amazon (corporate blog), November 25, 2020, retrieved on July 19, 2022, from https://aws.amazon.com/message/11201/.

57 "인터넷의 70%를 없앨": Katie Shepherd, "He Brought a Sawed-Off Rifle to the Capitol on Jan. 6. Then He Plotted to Bomb Amazon Data Centers," *Washington Post*, June 10, 2021.

57 "아마존 서버를 조져버리려는": Katie Shepherd, "He Brought a Sawed-Off Rifle to the Capitol on Jan. 6."

58 C4 플라스틱 폭약: Brian Barrett, "A Far-Right Extremist Allegedly Plotted to Blow Up Amazon Data Centers," *WIRED*, April 9, 2021, retrieved on July 19, 2022, from https://www.wired.com/story/far-right-extremist-allegedly-plotted-blow-up-amazon-data-centers/.

58 특색 없고 나지막한 창고 70여 개: Ally Schweitzer, "The Pandemic Is Driving a Data Center Boom in Northern Virginia," *DCist*, March 25, 2021, retrieved on July 19, 2022, from https://dcist.com/story/21/03/25/the-pandemic-is-driving-a-data-center-boom-in-northern-virginia/.

58 4.5기가와트로 추정된다: "Clicking Clean Virginia: The Dirty Energy Powering Data Center Alley," *Greenpeace*, February 13, 2019, retrieved on July 19, 2022, from https://www.greenpeace.org/usa/reports/click-clean-virginia/.

58 최대 70%: Joel St. Germain, "Why Is Ashburn the Data Center Capital of the World?" *Datacenters.com*, August 29, 2019, retrieved on July 19, 2022, from https://www.datacenters.com/news/why-is-ashburn-the-data-center-capital-of-the-world.

58 용량 면에서는 [...] 2배 가까이: St. Germain, "Why Is Ashburn."

58 제프 베이조스가 [...] 결정에 일조했다: Chris Hudgins and Katie Arcieri, "Amazon Hiring for Cloud Services, Alexa Products at HQ2 in Arlington, VA," *S&P Global*

Market Intelligence, September 4, 2019, retrieved on July 19, 2022, from https://www.spglobal.com/marketintelligence/en/news-insights/latest-news-headlines/amazon-hiring-for-cloud-services-alexa-products-at-hq2-in-arlington-va-53798578.

58 기존의 것을 토대로 발전: 가끔 이 말이 사실일 때가 있다. 맨하탄의 경우 광섬유가 이전 기송관 시스템을 따라 연결되었다. Personal communication from Tom Standage, https://twitter.com/tomstandage/status/1484990326183972864.

59 "극소수의 병목": Neal Stephenson, "Mother Earth Mother Board," *WIRED*, December 1, 1996, retrieved on July 6, 2022, from https://www.wired.com/1996/12/ffglass/.

59 "세계 사업의 근본적 변화": Wriston, *The Twilight of Sovereignty*, 78.

59 "지배적인 생산요소": Wriston, *The Twilight of Sovereignty*, 78.

59 애덤 스미스가 『국부론』에서 말한 '국가의 부': Adam Smith, *An Inquiry into the Nature and Causes of the Wealth of Nations with an Introductory Essay and Notes* by J. Shield Nicholson (London: T. Nelson and Sons, 1887). 『국부론』, 김수행 역, 비봉출판사, 2007.

60 미국의 국방 예산에서 기원: Margaret O'Mara, *The Code: Silicon Valley and the Remaking of America* (New York: Penguin Books, 2019).

61 캘리포니아 주 프리몬트와 샌프란시스코 이스트베이: O'Mara, *The Code*, 264.

61 싱가포르와 아일랜드: Everett M. Rogers and Judith Larsen, *Silicon Valley Fever* (New York: Basic Books, 1984), 122.

61 오마라가 설명한 대로: Personal communication from Margaret O'Mara, April 15, 2022.

61 처음으로 싱가포르에 공장을 지었다: 1968-1978: The First Decade, Singapore Semiconductor Industry Association, retrieved on July 6, 2022, from https://ssia.org.sg/wp-content/uploads/2018/12/Semiconductor50_Timeline_R5_flatten_forWeb.pdf.

61 단일 공급업체에서 부품을 제공받기를: Leander Kahney, *Tim Cook: The Genius Who Took Apple to the Next Level* (New York: Portfolio Books, 2019), 60.

62 직원 규모가 130만 명에 달한다: Kahney, *Tim Cook*, 76.

62 그런 일은 없을 거라고: Charles Duhigg and Keith Bradsher, "How the U.S. Lost Out on iPhone Work," *New York Times*, January 21, 2012.

63 수명이 5년 정도: Daniel Nenni and Paul McLellan, *Fabless: The Transformation of the Semiconductor Industry* (n.p.: SemiWiki.com, 2014), 18.

64 유명 기업가 고든 캠벨: Nenni and McLellan, *Fabless*.

64 5천만 달러를 투자: Morris Chang's Last Speech, April 2021, translated by Kevin Xu, retrieved on July 22, 2022, from https://web.archive.org/web/20211016142636/https://interconnected.blog/morris-changs-last-speech/.

64 기회가 시장에 생긴다: Nenni and McLennan, *Fables*.

64 1억 달러를 지원받아: Chad Bown, "How the United States Marched the Semiconductor Industry into Its Trade War with China," *East Asian Economic Review* 24, no. 4 (2020): 349-88.

64 고객사와 [...] 관계 구축: Hau Lee, Seungjin Whang, and Shiri Sneorson, *Taiwan Semiconductor Manufacturing Company: The Semiconductor Services Company*. Case GS-40, Stanford Business School, 2006.

65 아름답고 비범한 글로벌 복합 생태계: Nathan Associates, *Beyond Borders: The Global Semiconductor Value Chain. How an Interconnected Industry Promotes Innovation and Growth*, Semiconductor Industry Association, 2016, retrieved on September 21, 2021, from https://www.semiconductors.org/wp-content/uploads/2018/06/SIA-Beyond-Borders-Report-FINAL-June-7.pdf.

65 "전 세계에서 상호의존하는 산업": Nathan Associates, Beyond Borders.

66 첨단 로직 칩: John VerWey, "From TSMC to Tungsten: Semiconductor Supply Chain Risks," *Semi-Literate*, May 3, 2021, retrieved on August 29, 2022, from https://semiliterate.substack.com/p/from-tsmc-to-tungsten-semiconductor.

67 회의적인 태도로 응수했다: Eric Helleiner, "Electronic Money: A Challenge to the Sovereign State?" *Journal of International Affairs* 51, no. 2 (1998): 387-409.

67 "더욱 집중": Helleiner, "Electronic Money," 395.

67 "'초크포인트'": Helleiner, "Electronic Money," 394.

67 국가의 권력: Helleiner, "Electronic Money," 397.

2 스톰브루 지도

69 "한눈에 보는 스톰브루": National Security Agency, "Special Source Operations: Corporate Partner Access," retrieved on November 7, 2022, from https://www.aclu.org/sites/default/files/field_document/Special%20Source%20Operations%20(Corporate%20Partners).pdf.

69 교황 칙령: "AD 1493: The Pope Asserts Rights to Colonize, Convert, and Enslave," U.S. National Library of Medicine timeline, retrieved on July 28, 2021, from https://www.nlm.nih.gov/nativevoices/timeline/171.html.

69 무주지: China Miéville, *Between Equal Rights: A Marxist Theory of International Law* (London: Brill, 2005).

69 다른 통치자들도 [...] 각자의 지도를 만들었다: 교황의 세계 분할과 존 디가 엘리자베스 여왕을 위해 만든 지도의 관계는 Christopher Whitby, "John Dee's Actions with Spirits, 22 December 1581 to 23 May 1583" (PhD diss., University of Birmingham, 1981), vol. 1, 388-89 참고.

69 "아서왕의 정당한 제국 권리": Glyn Parry, "John Dee and the Elizabethan British Empire in Its European Context," *Historical Journal* 49, no. 3 (2006): 643-75.

71 정교한 지도: William H. Sherman, "Putting the British Seas on the Map: John Dee's Imperial Cartography," *Cartographica* 35, nos. 3-4 (1998): 1-10.

71 트루먼 행정부가 창설한: "The Origins of NSA," Center for Cryptologic History, National Security Agency, retrieved on November 29, 2021, from https://www.nsa.gov/portals/75/documents/about/cryptologic-heritage/historical-figures-publications/publications/NSACSS/origins_of_nsa.pdf?ver=2019-08-09-091926-677.

72 버라이즌/MCI로 밝혀졌다: Julia Angwin, Charlie Savage, Jeff Larson, Henrik Moltke, Laura Poitras, and James Risen, "AT&T Helped U.S. Spy on Internet on a Vast Scale," *New York Times*, August 15, 2015.

72 프리즘(PRISM) 같은: "NSA Slides Explain the PRISM Data-Collection Program," *Washington Post*, July 10, 2013.

73 하원 정보위원회 청문회: Michael V. Hayden, "Statement for the Record by Lt Gen Michael V. Hayden, USAF, Director before the House Permanent Select Committee on Intelligence," speech, April 12, 2000, retrieved on November 7, 2022, from https://www.nsa.gov/Press-Room/Speeches-Testimony/Article-View/Article/1620510/statement-for-the-record-by-lt-gen-michael-v-hayden-usaf-director-before-the-ho/.

74 마틴 루터 킹 목사: Matthew M. Aid and William Burr, "'Disreputable If Not Outright Illegal': The National Security Agency Versus Martin Luther King, Muhammad Ali, Art Buchwald, Frank Church, et al.," *National Security Archives*, George Washington University, September 25, 2013.

74 오사마 빈 라덴이: Vernon Loeb, "Test of Strength," *Washington Post*, July 29, 2001.

74 헤이든은 [...] 궁지에 몰린 국가안보국을 옹호하고자 했다: Statement for the Record of NSA Director Lt Gen Michael V. Hayden, USAF, House Permanent Select Committee on Intelligence, 12 April 2000, retrieved on July 28, 2021, from https://fas.org/irp/congress/2000_hr/hayden.html (checked July 28, 2021).

74 국가안보국이 자기 나라를 표적으로 삼는다: Michael V. Hayden, *Playing to the Edge: American Intelligence in the Age of Terror* (New York: Penguin, 2016), 4.

74 그는 쥐구멍이라도 찾고 싶은 심정이었다: Loeb, "Test of Strength."

75 에셜론(ECHELON) 같은 프로그램: Duncan Campbell, "My Life Unmasking British Eavesdroppers," *Intercept*, August 3, 2015. 보다 광범위한 역사는 Patrick Radden Keefe, *Chatter: Dispatches from the Secret World of Global Eavesdropping* (New York: Random House, 2005) 참고.

75 해저에 매설된 케이블: Phil Edwards, "A Map of All the Underwater Cables That Connect the Internet," *Vox*, November 8, 2015.

75 더욱 어려워질 것을: Franco Piodi and Iolanda Mombelli, *The Echelon Affair: The EP and the Global Interception System*, Historical Archives Unit, European Parliamentary Research Service, November 2014.

75 처참하게 실패한 듯 보였다: Whitfield Diffie and Susan Landau, *Privacy on the Line: The Politics of Wiretapping and Encryption* (Cambridge, MA: MIT Press, 1998). "듯 보였다"라는 표현은 의도적으로 사용한 것이다. 이후 국가안보국이 암호화 표준에 영향력을 행사하여 해당 기관이 손쉽게 타협할 수 있는 표준을 하나 이상 만들게 했다는 사실이 밝혀졌다. Nicole Perlroth, Jeff Larson, and Scott Shane, "N.S.A. Able to Foil Basic Safeguards of Privacy on Web," *New York Times*, September 5, 2013 참고.

75 한계를 넘어: NSA's Key Role in Major Developments in Computer Science, National Security Agency, July 19, 2017, retrieved on August 29, 2022, from https://www.nsa.gov/portals/75/documents/news-features/declassified-documents/nsa-early-computer-history/6586785-nsa-key-role-in-major-developments-in-computer-science.pdf.

75 특허도 수천 가지: Shane Harris, "The NSA's Patents, in One Searchable Database," *Foreign Policy*, July 30, 2014.

75 "시스템 전체": Hayden, *Playing to the Edge*, 1.

75 시스템 마비가 수일간 지속되면서: Jamie McIntyre and Pam Benson, "U.S. Intelligence Computer Crashes for Nearly 3 Days," *CNN*, January 29, 2000.

76 "그건 불가능합니다": Hayden, *Playing to the Edge*, 12.

76 국가안보국 [...] 사용하는 이메일 시스템 종류만 68가지였다: Loeb, "Test of Strength."

76 미국 의회는 국가안보국 예산을 30% 삭감했다: Loeb, "Test of Strength."

76 헤이든은 [...] 이 가상의 사례를 되짚으면서: "Statement for the Record by Lieutenant General Michael V. Hayden, USAF Director, National Security Agency/Chief, Central Security Service, before the Joint Inquiry of the Senate Select Committee on Intelligence and the House Permanent Select Committee on Intelligence," October 17, 2002; "Remarks by General Michael V. Hayden: What American Intelligence and Especially the NSA Have Been Doing to Defend the Nation," *National Press Club*, January 23, 2006.

76 암호화되지 않은 이메일로: Bruce W. Don, David R. Frelinger, Scott Gerwehr, Eric Landree, and Brian A. Jackson, *Network Technologies for Networked Terrorists: Assessing the Value of Information and Communication Technologies to Modern Terrorist Organizations* (Santa Monica, CA: RAND, 2007).

77 비행기 납치범에게 자금을 댔다: John Roth, Douglas Greenburg, and Serena Wille, "Monograph on Terrorist Financing: Staff Report to the Commission," National Commission on Terrorist Attacks Upon the United States, Washington, DC, August 24, 2004, retrieved on November 29, 2021, from https://govinfo.library.

unt.edu/911/staff_statements/911_TerrFin_Monograph.pdf.

77 "전 세계적으로 치르는 테러와의 전쟁에서 우리의 적": Hayden, "Remarks by General Michael V. Hayden."

77 헤이든의 의견처럼: Hayden, *Playing to the Edge*, 405.

77 수정하고 싶었다: "9/11 테러 당시 국가안보국 수장이었고 이후에는 CIA 국장이 된 마이클 V. 헤이든은 정보 활동을 할 때 버릇처럼 '적극적으로, 극한까지 해야 할 의무가 있었다'라고 말했다…문제는 부시 행정부 법률가들의 비밀 메모에 이 법적 허용 범위에 해당되는 것과 그렇지 않은 것이 정해져 있다는 것이었다." Charlie Savage, *Power Wars: Inside Obama's Post-9/11 Presidency* (New York: Little, Brown, 2017), 45-46.

77 "모가디슈": Hayden, *Playing to the Edge*, 132.

78 1980년대에 이미: Savage, *Power Wars*, 173-75.

78 새비지를 비롯한 저술가들은: Savage, *Power Wars*; Laura K. Donohue, *The Future of Foreign Intelligence: Privacy and Surveillance in a Digital Age* (New York: Oxford University Press, 2016); and Jennifer Stisa Granick, *American Spies: Modern Surveillance, Why You Should Care, and What to Do about It* (New York: Cambridge University Press, 2017).

78 존 유(John Yoo)는 […] 내세우며: Granick, *American Spies*.

79 "스텔라 윈드(Stellar Wind)" 프로그램: Granick, *American Spies*.

79 헤이든은 […] 즐겨 비교했다: Hayden, *Playing to the Edge*, 132.

79 "인구 전체의 착취": Hayden, *Playing to the Edge*, 132.

79 "현격한 변화": Hayden, *Playing to the Edge*, 141-42.

79 "미국 헌법의 보호 대상이 아닌 자": Hayden, *Playing to the Edge*, 146.

80 베테랑 기술자 마크 클라인: 마크 클라인에 관한 설명은 *Wiring Up the Big Brother Machine . . . and Fighting It* (Charleston, SC: Booksurge, 2009)을 참고하고 2021년 8월 5일 필자들이 마크 클라인을 인터뷰한 내용을 참고했다.

81 AT&T의 또 다른 전 직원: Ryan Gallagher and Henrik Moltke, "The Wiretap Rooms: The NSA's Hidden Spy Hubs in Eight U.S. Cities," *Intercept*, June 25, 2018.

82 그 자리에서 "얼어버렸다": Klein, *Wiring Up the Big Brother Machine*, 42.

82 국가안보국의 페어뷰(Fairview) 프로그램: Gallagher and Moltke, "The Wiretap Rooms."

82 "열렬한 의지": 국가안보국 슬라이드쇼, "SSO Corporate Portfolio Overview," retrieved on August 29, 2022, from https://www.eff.org/files/2015/08/15/20150815-nyt-att-fairview-stormbrew.pdf에서 인용.

83 통신사에게 지급되었다: Craig Timberg and Barton Gellman, "NSA Paying U.S. Companies for Access to Communications Networks," *Washington Post*, August 29, 2013.

83 "30분 전 통보": Craig Timberg and Ellen Nakashima, "Agreements with Private

Companies Protect U.S. Access to Cables' Data for Surveillance," *Washington Post*, July 6, 2013.

83 국가안보국의 비밀 설명자료: National Security Agency, PRISM/US-984-XN Overview, retrieved on November 29, 2021, from https://nsa.gov1.info/dni/prism. html.

84 "통신 업계로 하여금 [...] 은밀하게 장려": Eric Lichtblau and James Risen, "Spy Agency Mined Vast Data Trove, Officials Report," *New York Times*, December 24, 2005.

85 야후는 [...] 거부했다: Craig Timberg, "U.S. Threatened Massive Fine to Force Yahoo to Release Data," *Washington Post*, September 11, 2014.

85 수년 뒤 헤이든이 말한 대로: Michael Hirsh and National Journal, "Silicon Valley Doesn't Just Help the Surveillance State—It Built It," *Atlantic*, June 10, 2013.

86 "오늘날에도 여전히 다 알지 못합니다": Brad Smith, interviewed by Cameron Kerry, "The Future of Global Technology, Privacy, and Regulation," Brookings Institution, Washington, DC, June 24, 2014, retrieved on November 29, 2021, from https://news.microsoft.com/download/exec/smith/2014/06-24brookingsinstitution.pdf.

86 "지도의 빈 공간": Keefe, *Chatter*, 238.

86 대통령 정책지침: Henry Farrell and Abraham Newman, *Of Privacy and Power: The Transatlantic Struggle over Freedom and Security* (Princeton, NJ: Princeton University Press, 2019).

87 "오바마가 가장 아끼는 비진투 사령부": David E. Sanger, "Global Crises Put Obama's Strategy of Caution to the Test," *New York Times*, March 16, 2014.

87 어느 재무부 고위 관계자의 말처럼: David Aufhauser, "Testimony: Counterterror Initiatives in the Terror Finance Program," Hearings before the Committee on Banking, Housing, and Urban Affairs, United States Senate, September 25, October 22, 2003, and April 29 and September 29, 2004, retrieved on October 1, 2021, from https://www.govinfo.gov/content/pkg/CHRG-108shrg20396/html/CHRG-108shrg20396.htm.

88 "전략적 금융정보를 수집하는 데 자원을 거의 투입하지 않았기 때문에": Roth, Greenburg, and Wille, "Monograph on Terrorist Financing," 5.

88 "우선적인 관심사가 아니었다": Roth, Greenburg, and Wille, "Monograph on Terrorist Financing," 4.

88 강한 반감을 가지고 있었다: John B. Taylor, *Global Financial Warriors: The Untold Story of International Finance in the Post-9/11 World* (New York: W. W. Norton, 2008), xxv.

88 "미국의 신용이 무너지고": Juan Carlos Zarate, *Treasury's War: The Unleashing of a New Era of Financial Warfare* (New York: PublicAffairs, 2013), 60.

88 테러 소식이 당도하자: 이 인용과 다음 문단의 인용은 David Aufhauser, "Testimony: An Assessment of the Tools Needed to Fight the Financing of Terrorism," Hearing before the Committee on the Judiciary, *United States Senate*, November 20, 2002, serial no. J-107-112 에서 인용함.

89 테러 문제: Aufhauser, "Testimony: An Assessment of the Tools Needed to Fight the Financing of Terrorism."

90 "세계 금융업의 신경 중추": Eric Lichtblau, *Bush's Law: The Remaking of American Justice* (New York: Pantheon, 2008), 253.

90 "로제타석": Lichtblau, *Bush's Law*, 253.

90 데이터를 입수하려는 미국의 시도: Zarate, *Treasury's War*, 50.

91 데이터를 해외로 이전해버리겠다: Lichtblau, *Bush's Law*, 242.

91 "지금껏 생각도 못해본 것들을 생각": Scott and Zachariadis, *The Society for Worldwide Interbank Financial Telecommunication*, 128.

91 "제출명령에는 따르지 않았다": Scott and Zachariadis, *The Society for Worldwide Interbank Financial Telecommunication*, 128.

91 "제임스 본드급 보안": Katy Burne and Robin Sidel, "Hackers Ran Through Holes in Swift's Network," *Wall Street Journal*, April 30, 2017.

92 국가안보국은 독자적으로 SWIFT의 시스템을 해킹하기도 했던 것 같다: "NSA Spies on International Payments," *Der Spiegel*, September 15, 2013, retrieved on September 29, 2021, from https://www.spiegel.de/international/world/spiegel-exclusive-nsa-spies-on-international-bank-transactions-a-922276.html; Clare Baldwin, "Hackers Release Files Indicating NSA Monitored Global Bank Transfers," Reuters, April 14, 2017, retrieved on September 29, 2021, from https://www.Reuters.com/article/us-usa-cyber-swift/hackers-release-files-indicating-nsa-monitored-global-bank-transfers-idUSKBN17G1HC.

92 "왜 이렇게 늦게 오셨냐": Zarate, *Treasury's War*, 52. 회의 장소가 어디였는지에 대해서는 다르게 말하지만, 에릭 리히트블라우는 『부시 행정부의 법(Bush's Law)』(Washington, DC, or Brussels)에서 같은 표현을 써서 슈랑크에게 보고했다고 밝힌다.

92 "유일무이의 강력한": Eric Lichtblau and James Risen, "Bank Data Is Sifted in Secret to Block Terror," *New York Times*, June 23, 2006.

92 "전례 없는 돈의 흐름": Zarate, *Treasury's War*, 50.

93 회의를 끝낸 적이 있다: Zarate, *Treasury's War*, 58.

93 싫어했다: Farrell and Newman, *Of Privacy and Power*.

93 프로그램의 실체가 밝혀졌을 때: Lichtblau and Risen, "Bank Data Is Sifted in Secret to Block Terror."

93 유럽과 미국은 협상을 거쳐 타협에 이르렀다: 우리는 『프라이버시와 권력(Of Privacy and Power)』에서 이 거래 협상 내용을 자세히 다루었다.

94 "새로운 금융전쟁의 시대": Zarate, *Treasury's War*, xiii.

94 "모든 재정적 영향력": George W. Bush, "Address to a Joint Session of Congress and the American People," *White House*, September 20, 2001, available at https://georgewbush-whitehouse.archives.gov/news/releases/2001/09/20010920-8.html.

95 "자금 흐름의 차단에 대해 아는 게 거의 없었다": Taylor, *Global Financial Warriors*, 6.

95 "악인의 자금줄을 끊고": George W. Bush, "Remarks to Federal Emergency Management Agency Employees Online by Gerhard Peters and John T. Woolley," *American Presidency Project*, October 1, 2001, available at https://www.presidency.ucsb.edu/documents/remarks-federal-emergency-management-agency-employees.

97 "영역 싸움-": Taylor, *Global Financial Warriors*.

98 "달러 일방주의": Suzanne Katzenstein, "Dollar Unilateralism: The New Frontline of National Security," *Indiana Law Journal* 90 (2015): 292-351.

98 "북한 정권과 [...] 관계도를 그리기": David L. Asher, "Pressuring Kim Jong-Il: The North Korean Illicit Activities Initiative, 2001-2006," in David Asher, Patrick M. Cronin, and Victor Comras, eds., *Pressure: Coercive Economic Statecraft and U.S. National Security* (Washington, DC: Center for a New American Security, 2011), 34.

98 "금융 전투 지도": Zarate, *Treasury's War*, 219.

98 "중성자탄": Joanna Caytas, "Weaponizing Finance: U.S. and European Options, Tools, and Policies," *Columbia Journal of European Law* 23, no. 2 (2017): 441-75.

98 자산 2500만 달러를 동결했다: Asher, "Pressuring Kim Jong-II," 44.

99 "입에 주먹을 날리고": Zarate, *Treasury's War*, 245.

99 "이 정도로 영향을 미칠 것": Authors' interview with Victor Cha, November 2, 2021.

99 중국은 미국이 보낸 메시지를 분명히 받아들였던 것 같다: Asher, "Pressuring Kim Jong-Il."

100 "금융 노드가 다른 노드에 미치는 놀라운 영향": Anna Yukhananov, "After Success on Iran, US Treasury's Sanctions Team Faces New Challenges," Reuters, April 14, 2014.

100 "초크포인트"나 [...] 찾는 데: Zarate, *Treasury's War*, 102.

100 외국은행 기소에 착수했다: Cornelia Woll, "Economic Lawfare: The Geopolitics of Corporate Justice," GRIPE: Global Research in International Political Economy, Webinar in *IPE*, March 3, 2021, retrieved on December 1, 2022 from https://s18798.pcdn.co/gripe/wp-content/uploads/sites/18249/2021/02/Woll-GRIPE-Corporate-Prosecutions.pdf.

100 "고래 사냥": Bryan Early and Kevin Preble, "Going Fishing Versus Hunting Whales: Explaining Changes in How the US Enforces Economic Sanctions,"

Security Studies 29, no. 2 (2020): 231-67.

100 BNP파리바은행은 [...] 유죄 판결을 받고: Department of Justice, "BNP Paribas Agrees to Plead Guilty and to Pay $8.9 Billion for Illegally Processing Financial Transactions for Countries Subject to U.S. Economic Sanctions," press release, June 20, 2014, https://www.justice.gov/opa/pr/bnp-paribas-agrees-plead-guilty-and-pay-89-billion-illegally-processing-financial.

101 "감수할 정도로 가치 있는 것은 아니다": Testimony of Stuart Levey, Under Secretary for Terrorism and Financial Intelligence before the Senate Committee on Banking, *Housing and Urban Affairs*, March 21, 2007, retrieved on December 2, 2022, from https://web.archive.org/web/20140605060731/https://www.treasury.gov/press-center/press-releases/Pages/hp325.aspx.

101 중요한 부수적 이점: Pierre-Hugues Verdier, *Global Banks on Trial: U.S. Prosecutions and the Remaking of International Finance* (New York: Oxford University Press, 2020).

101 해외자산통제국 지시를 따르는 준법감시실: Verdier, *Global Banks*, 137.

102 무역제재: Anu Bradford and Omri Ben-Shahar, "Efficient Enforcement in International Law," *Chicago Journal of International Law* 12 (2012), 390.

102 결합하면 판도를 바꿀: Peter Feaver and Eric Lorber, *Coercive Diplomacy and the New Financial Levers: Evaluating the Intended and Unintended Consequences of Financial Sanctions* (London: Legatum Institute, 2010).

103 그는 바레인 여행 중: Robin Wright, "Stuart Levey's War," *New York Times*, October 31, 2008.

103 "주요 기업이 [...] 제 기능을 할 수 없다": Jay Solomon, *The Iran Wars: Spy Games, Bank Battles and the Secret Deals That Reshaped the Middle East* (New York: Random House, 2016), 145.

103 이란 은행들이 [...] 비공식 경로로부터 접근하는 것부터 차단했다: Katzenstein, "Dollar Unilateralism."

103 유턴 거래: Katzenstein, "Dollar Unilateralism," 316.

104 "주요" 거래: Iran Freedom and Counterproliferation, U.S. Code Ch. 95, Title 22 *Foreign Relations and Intercourse* (2013).

104 "순식간에 이뤄지는 달러화 거래": Committee on Banking, Housing and Urban Affairs, United States Senate, Hearing on the Nomination of Adam J. Szubin to Be Under Secretary for Terrorism and Financial Crimes, Department of the Treasury, September 15, 2015, retrieved on October 15, 2021, from https://www.congress.gov/114/chrg/shrg97884/CHRG-114shrg97884.htm.

104 이들은 은행에 직접 찾아갔다: Rachel L. Loeffler, "Bank Shots: How the Financial System Can Isolate Rogues," *Foreign Affairs* 88, no. 2 (March/April 2009): 101-10.

105 배글리가 작성한 문건에 따르면: U.S. Vulnerabilities to Money Laundering, Drugs,

and Terrorist Financing: HSBC Case History, Majority and Minority Staff Report. Permanent Subcommittee on Investigations. United States Senate. Released in Conjunction with the Permanent Subcommittee on Investigations, July 17, 2012, *Hearing*, 165, retrieved on October 10, 2021, from https://www.hsgac.senate.gov/imo/media/doc/PSI%20 REPORT-HSBC%20CASE%20HISTORY%20(9.6).pdf.

105 "의도적으로 모호하게 작성된 듯하다": Sean M. Thornton, "Iran, Non-U.S. Banks and Secondary Sanctions: Understanding the Trends," Skadden, Arps, Slate, Meagher and Flom LLP, retrieved on October 10, 2021, from https://www.jdsupra.com/post/contentViewerEmbed.aspx?fid=1bb53e84-6c76-429d-ac09-4129c821ba8c.

105 이 단체는 SWIFT를 겨냥하여: United Against Nuclear Iran, *SWIFT Campaign* (Washington, DC: UANI, 2012).

105 이란의 19개 은행과 [...] 접속했다: *Annual Review 2010: Common Challenges, Unique Solutions*, SWIFT, Brussels, 2010.

106 이란핵반대연합은 [...] SWIFT에 서신을 보내: Letter re: SWIFT and Iran, UANI, January 30, 2012, retrieved on August 29, 2022, from https://www.unitedagainstnucleariran.com/sites/default/files/IBR%20Correspondence/UANI_Letter_to_SWIFT_013012.pdf.

106 이란 은행들을 SWIFT 시스템에서 쫓아내도록 강요하는: Sascha Lohmann, "The Convergence of Transatlantic Sanction Policy against Iran," *Cambridge Review of International Affairs* 29, no. 3 (2016): 930–51.

106 SWIFT로 하여금 [...] 금지하는: "US Presses EU to Close SWIFT Network to Iran," Agence France Presse, February 16, 2012; Samuel Rubenfeld, "SWIFT to Comply with EU Ban on Blacklisted Entities," *Wall Street Journal*, March 15, 2018.

106 "특별하고 전례 없는 조치"로: Reuters staff, "Payments System SWIFT to Cut Off Iranian Banks," Reuters, March 15, 2012.

106 수출량이 [...] 추락했다: Jay Solomon, *The Iran Wars*, 201, 206.

106 중요 쟁점: Henry Farrell and Abraham Newman, "Weaponized Interdependence: How Global Economic Networks Shape State Coercion," *International Security* 44 (2019): 42–79.

106 "협상의 성사 여부": Aaron Arnold, "The True Cost of Financial Sanctions," *Survival* 58 (2016), 85.

107 누구도 이런 요구에 응하려고 하지 않는다: Laurence Norman, "U.S., EU Urge European Banks, Businesses to Invest in Iran," *Wall Street Journal*, May 19, 2016.

107 "미국 밖 은행들에게 강권한다": Stuart Levey, "Kerry's Peculiar Message about Iran for European Banks," *Wall Street Journal*, May 12, 2016.

107 "돌이킬 수 없는 파멸적 제재": Christopher Hill, *Outpost: A Diplomat at Work* (New York: Simon & Schuster, 2015), 248. 6자회담 전반에 대해서는 Hill을 참고.

108 "효력을 상실": Loeffler, "Bank Shots," 110.

108 놀라운 금융 권력: Jack Lew, "Remarks of Secretary Lew on the Evolution of Sanctions and Lessons for the Future," delivered at the Carnegie Endowment for International Peace, Washington, DC, May 30, 2016.

109 "금융 배관공사가 진행 중": David A. Wemer, "Buy-In from Allies Critical for Effective Sanctions, Says Former U.S. Treasury Secretary Lew," *Atlantic Council*, February 19, 2019, retrieved on December 1, 2022, from https://www. atlanticcouncil.org/blogs/new-atlanticist/buy-in-from-allies-critical-for-effective-sanctions-says-former-us-treasury-secretary-lew/.

3 포연 없는 전쟁 – 미 상무부의 힘 –

111 명완저우가 [...] 돌아왔을 때: (video) "Huawei CFO Meng Wanzhou Welcomed by Employees in Shenzhen Headquarters After Extradition Drama," *Standard* (Hong Kong), October 25, 2021, retrieved on October 29, 2021, from https://www. thestandard.com.hk/breaking-news/section/3/181960/(Video)-Huawei-CFO-Meng-Wanzhou-welcomed-by-employees-in-Shenzhen-headquarters-after-extradition-drama.

111 "명완저우 업무 복귀": Iris Deng, "Huawei CFO Meng Wanzhou Returns to Hero's Welcome at Company Headquarters After 21-Day Quarantine," *South China Morning Post*, October 25, 2021.

112 "3년간 고초를 겪었다": James Griffiths, "Meng Wanzhou Lands in China with Fanfare After Release from Canadian Custody," *Globe and Mail*, September 25, 2021.

112 "노래하자 조국": Griffiths, "Meng Wanzhou Lands in China with Fanfare."

112 "신념에 색이 있다면": Xu Zihe and Yang Ruoyu, "If Faith Has a Color, It Must Be China Red," *Global Times*, September 2021.

112 인적 드문 홍보 진열대: Yang Shaolong, *The Huawei Way* (New York: McGraw-Hill Education, 2017), 24.

112 세계 최대 스마트폰 브랜드: Sherisse Pham, "Samsung Slump Makes Huawei the World's Biggest Smartphone Brand for the First Time, Report Says," CNN, July 30, 2020.

113 "작은 개미 한 마리": (video) "Huawei CEO Says His Daughter Should Be Proud She Became a 'Bargaining Chip' in the Trade War," *CNN Business*, December 1, 2019, retrieved on October 29, 2021, from https://www.cnn.com/2019/12/01/tech/huawei-ceo-ren-zhengfei-daughter/index.html.

114 "포연 없는 전쟁": Rush Doshi, *The Long Game: China's Grand Strategy to Displace American Order* (New York: Oxford University Press, 2021), 52 and 74.

114 우선 농촌 지역을 장악: Yang, *The Huawei Way*, 29.

115 "스스로 피투성이의 길을": Yang, *The Huawei Way*, 29.

115 "군대식 사업 태도": Yang, *The Huawei Way*, 15.

115 "전쟁 지침 및 전략": Tian Tao, David De Cremer, and Wu Chunbo, *Huawei: Leadership, Culture and Connectivity* (Thousand Oaks, CA: SAGE, 2017), 197.

116 충칭건축공정학원에서 수학하던: Yang, *The Huawei Way*, 11.

116 선전 경제특구: Ezra F. Vogel, *Deng Xiaoping and the Transformation of China* (Cambridge, MA: Belknap Press, 2011), 219. 『덩사오핑 평전: 현대 중국의 건설자』, 심규호, 유소영 옮김, 민음사, 2014.

117 대표로 참석: Tian Tao with Wu Chunbo, *The Huawei Story* (Thousand Oaks, CA: SAGE, 2015).

117 "도시를 포위한다": Yang, *The Huawei Way*, 29.

117 "대상을 정확히 겨냥한 전쟁계획의 진행순서": Yang, *The Huawei Way*, 29.

117 늑대 무리: Tian, De Cremer, and Chunbo, *Huawei*, 40.

118 런정페이도 그의 뒤를 이어 등장한 여러 테크기업가와 마찬가지로: Yang, *The Huawei Way*. 알리바바의 창립자 마윈(Jack Ma)가 미국에 매료된 것에 대해서는 2012년 포터 에리스먼(Porter Erisman) 감독 다큐멘터리 영화 〈알리바바 스토리—양쯔강의 악어〉(The Alibaba Story— Crocodile in the Yangtze) 참고.

118 마오쩌둥과 루 거스너: Dan Steinbock, *The Case for Huawei in America* (The Difference Group, 2012), 23.

119 "화웨이의 노래": Zhi-Xue Zhang and Jianjun Zhang, eds., *Understanding Chinese Firms from Multiple Perspectives* (New York: Springer Verlag, 2014), 42.

119 "교환(스위치) 설비 기술이 국가안보와 연결되며": Eric Harwit, "Building China's Telecommunications Network: Industrial Policy and the Role of Chinese State-Owned, Foreign and Private Domestic Enterprises," *China Quarterly* 190 (2007): 311–32. 인용은 p. 327.

119 "무엇인가가 도움을 줬다": Kathrin Hille, "Ren Zhengfei: Huawei's General Musters for a Fight," *Financial Times*, December 14, 2018.

120 세계적인 통신 대기업이 도외시했던: Steinbock, *The Case for Huawei*.

120 "제동을 걸었다": Julian Gewirtz, "The Chinese Reassessment of Interdependence," *China Leadership Monitor*, June 1, 2020.

120 가치 있는 기술을 도용할 수 있게 하는: Susan Sell, "Intellectual Property and Public Policy in Historical Perspective: Contestation and Settlement," *Loyola of Los Angeles Law Review* 38 (2004), retrieved on December 1, 2022, from https://digitalcommons.lmu.edu/llr/vol38/iss1/6/.

121 첨단 반도체칩: John VerWey, "Chinese Semiconductor Industrial Policy: Past and Present," *Journal of International Commerce and Economics*, July 2019.

121 수상한 기업가들: Hua Tse Gan, "Semiconductor Fraud in China Highlights Lack

of Accountability," *Nikkei Asia*, February 12, 2021.

121 "기술적인 면에서 독창적인": Alexandra Harney, "Huawei: The Challenger from China," *Financial Times*, January 10, 2005.

122 "규칙을 따르지": Don Clark, "Cisco CEO Wary of Huawei," *Wall Street Journal*, April 6, 2012.

122 중국군: U.S. Senate Committee on Homeland Security and Governmental Affairs, Congressional Leaders Cite Telecommunications Concerns with Firms That Have Ties with Chinese Government, October 19, 2010.

123 미국 국가안보를 위협하는 기업: Investigative Report on the U.S. National Security Issues Posed by Chinese Telecommunications Companies Huawei and ZTE. A Report by Chairman Mike Rogers and Ranking Member C.A. Dutch Ruppersberger of the Permanent Select Committee on Intelligence, U.S. House of Representatives, 112th Cong., October 8, 2012.

123 어느 전직 통신사 임원: undated conversation on background.

123 글로벌 시장: Dell'Oro Group, "Total Telecom Equipment Market Share," Reuters, https://graphics.Reuters.com/HUAWEI-USA-CAMPAIGN/0100924N31D/index.html.

124 "화웨이가 중국공산당을 전적으로 지지한다": Kathrin Hille, "How Huawei Lost Its PR Battle in the West," *Financial Times*, February 20, 2019.

124 화웨이의 [...] 마케팅 자료: Eva Dou, "Documents Link Huawei to China's Surveillance Programs," *Washington Post*, December 14, 2021.

125 "요주의 정치인사": Eva Dou, "Documents Link Huawei to China's Surveillance Programs."

125 권위주의 국가에 [...] 수월하게: Stacie Hoffmann, Dominique Lazanski, and Emily Taylor, "Standardising the Splinternet: How China's Technical Standards Could Fragment the Internet," *Journal of Cyber Policy* 5 (2020): 239-64.

126 "중국을 봉쇄하려 한다": Authors' interview with Kevin Wolf, September 3, 2022.

126 전적으로 국가안보와 관련이 있다: Authors' interview with Kevin Wolf. 필자들과 대화한 바이든 행정부의 어느 관리는 경제안보를 제대로 고려하지 않고 국가안보에만 집중한 정책 규제의 한계를 역설하며 울프의 주장에 간접적인 근거를 더했다.

126 동료 각료들을 설득했다: David Bond, George Parker, Sebastian Payne, and Nic Fildes, "US Cyber Chief Warns UK against Giving Huawei 'Loaded Gun,'" *Financial Times*, April 24, 2019.

126 해임되었다: "Defence Secretary Gavin Williamson Sacked over Huawei Leak," BBC, May 1, 2019, https://www.bbc.com/news/uk-politics-48126974 (checked December 11, 2021).

126 "실탄이 장전된 총": Bond, Parker, Payne, and Fildes, "US Cyber Chief Warns UK against Giving Huawei 'Loaded Gun.'"

127 "중국이 미래의 인터넷을 장악하게 ": Guy Faulconbridge, Kylie MacLellan, and Andrew MacAskill, "No Time to Go 'Wobbly': Pompeo Scolds Britain over China and Huawei," Reuters, May 8, 2019.

127 한 기사에서: Steve Stecklow, Farnaz Fassihi, and Loretta Chao, "Chinese Tech Giant Aids Iran," *Wall Street Journal*, October 27, 2011.

128 자세히 보도했다: Steve Stecklow, Chinese Firm Helps Iran Spy on Citizens, Reuters Special Report, March 22, 2012, retrieved on September 18, 2022, from http://graphics.thomsonReuters.com/12/03/IranChina.pdf.

128 스카이컴(Skycom): Steve Stecklow, "Exclusive: Huawei Partner Offered Embargoed HP Gear to Iran," Reuters, December 30, 2012.

128 멍완저우가 [...] 비서였다: Steve Stecklow, "Exclusive: Huawei CFO Linked to Firm That Offered HP Gear to Iran," Reuters, January 31, 2013.

129 "일급비밀": ZTE (undated), "Proposal for Import and Export Control Risk Avoidance—YL as an Example," available at https://www.bis.doc.gov/index.php/documents/about-bis/newsroom/1436-proposal-for-english/file.

129 "보물 창고": Karen Freifeld, "Exclusive: U.S. Probe of China's Huawei Includes Bank Fraud Accusations: Sources," Reuters, December 6, 2018.

129 "일급비밀" 문서: Karen Freifeld, "INSIGHT: Long Before Trump's Trade War with China, Huawei's Activities Were Secretly Tracked," Reuters, March 6, 2019.

130 경영진의 의도: Bureau of Industry and Security, U.S. Department of Commerce, "Proposed Charging Letter," https://www.bis.doc.gov/index.php/documents/about-bis/newsroom/1658-zte-final-pcl/file.

131 두 번째 ZTE 극비 문서: "ZTE Corporation Document Submitted for Ratification (Review) Form," ZTE, August 25, 2011, available at https://www.bis.doc.gov/index.php/documents/about-bis/newsroom/1438-report-regarding-english/file.

130 그 역시 [...] 인정했다: USC US-China Institute, "Steve Stecklow Talks about Reporting on Huaiwei [sic]," retrieved on September 22, 2022, from https://www.youtube.com/watch?v=GfpLY10YtP0.

131 최고재무책임자: Huawei Annual Report Details Directors, Supervisory Board for the First Time, *Open Source Center*, October 5, 2011.

131 "규칙을 따르지 않는": Li Tao, "Huawei CFO Sabrina Meng Wanzhou Comments about Compliance in Internal Meeting Before Her Arrest in Canada," *South China Morning Post*, December 6, 2018.

132 1200만 달러가 넘는: Michael Bristow, "Meng Wanzhou: The Huawei Exec Trapped in a Gilded Cage," BBC, January 24, 2019.

132 그녀를 기다린 것은 파견된: Gordon Corera, "Meng Wanzhou: Questions over Huawei Executive's Arrest as Legal Battle Continues," BBC, October 31, 2020.

132 비밀 정보: David E. Sanger and Nicole Perlroth, "N.S.A. Breached Chinese Servers

Seen as Security Threat," *New York Times*, March 22, 2014.

133   8억 8100만 달러 세탁을: "HSBC Holdings Plc. and HSBC Bank USA N.A. Admit to Anti-Money Laundering and Sanctions Violations, Forfeit $1.256 Billion in Deferred Prosecution Agreement," Department of Justice, December 11, 2012.

133   벌금 19억 달러: Aruna Viswanatha and Brett Wolf, "HSBC to Pay $1.9 Billion U.S. Fine in Money-Laundering Case," Reuters, December 11, 2012.

133   회사에 속하지 않지만 [...] 모니터링 기관: Karen Freifeld and Steve Stecklow, "Exclusive: HSBC Probe Helped Lead to U.S. Charges against Huawei CFO," Reuters, February 26, 2019.

133   "불신, 부정, 회피, 지연": Greg Farrell, "Sealed HSBC Report Shows U.S. Managers Battling Cleanup Squad," Bloomberg, July 7, 2015.

133   형사 기소도 검토: Greg Farrell and Keri Geiger, "U.S. Considers HSBC Charge That Could Upend 2012 Settlement," Bloomberg, September 11, 2016.

133   HSBC가 붕괴: 영국 재무장관을 지낸 조지 오스본(George Osborne)은 일전에 HSBC가 형사 유죄판결 때문에 미국 달러를 결제할 수 없게 되어 "전 세계의 은행이 불안정해지고 특히 유럽과 아시아 지역의 재무 및 경제 안정성에 중대한 영향을 미칠" 위험이 있다고 경고한 바 있다. 인용문 출처는 Verdier, *Global Banks on Trial*, 132.

133   거래 정보를 제공: Freifeld and Stecklow, "Exclusive: HSBC Probe Helped Lead to U.S. Charges against Huawei CFO."

133   그녀는 [...] 거짓말을 했다고: U.S. Department of Justice, "Huawei CFO Wanzhou Meng Admits to Misleading Global Financial Institution," Office of Public Affairs press release, September 24, 2021, retrieved on November 13, 2022 from https://www.justice.gov/opa/pr/huawei-cfo-wanzhou-meng-admits-misleading-global-financial-institution.

134   "1억 달러가 넘는 스카이컴 관련 거래": "Chinese Telecommunications Conglomerate Huawei and Huawei CFO Wanzhou Meng Charged with Financial Fraud," Department of Justice, January 28, 2019.

134   전자팔찌를 착용: "Huawei Executive Meng Wanzhou Released on Bail in Canada," BBC, December 12, 2018.

134   명품 쇼핑을 위한 외출: Natalie Obiko Pearson, "Huawei CFO Meng Wanzhou's Life on Bail: Private Dining, Shopping Sprees and More," *Financial Post*, January 12, 2021.

135   화웨이에게 "덫": Shen Weiduo and Chen Qingqing, "Update: HSBC Could Face Dead End for Conspiring with US against Huawei," *Global Times*, July 24, 2020. Reuters Staff, "HSBC Denies Chinese Media Reports That It 'Framed' Huawei," Reuters, July 25, 2020도 참고.

136   통화에서 [...] "졸도 직전까지": Sebastian Payne and Katrina Manson, "Donald

Trump 'Apoplectic' in Call with Boris Johnson over Huawei," *Financial Times*, February 6, 2020.

136 "첩보를 공유하는 우리의 능력을 위험에 빠트릴 것": Richard Grenell (@Richard Grenell), Twitter, February 16, 2020, 2:03 p.m., retrieved on December 1, 2022, from https://web.archive.org/web/20200320194951/https://twitter.com/RichardGrenell/status/1229164331738312706.

137 "블랙홀": John Bolton, *The Room Where It Happened* (New York: Simon & Schuster, 2020), 263 and 277. 『그 일이 일어난 방』, 박산호, 김동규, 황선영 옮김, 시사저널사, 2020.

137 트럼프는 [...] 끊임없이 내비쳤다: Sherisse Pham and Abby Philip, "Trump Suggests Using Huawei as a Bargaining Chip in US-China Trade Deal," CNN Business, May 24, 2019, retrieved on December 1, 2022, from https://www.cnn.com/2019/05/24/tech/donald-trump-huawei-ban.

137 "중국의 이방카 트럼프": Bolton, *The Room Where It Happened*, 276.

137 수출통제명단: Entity List, Bureau of Industry and Security, U.S. Department of Commerce, 2020, retrieved on November 11, 2022, from https://www.bis.doc.gov/index.php/policy-guidance/lists-of-parties-of-concern/entity-list. 100

137 "네브라스카산 곡물 등을 구입하도록": Authors' interview with Kevin Wolf.

138 "미국 기술을 사용하여 [...] 가능성을 차단하는 것": U.S. Department of Commerce, "Department of Commerce Announces the Addition of Huawei Technologies Co. Ltd. To the Entity List," press release, May 15, 2019.

138 "끝내주는 내용이었어": Bolton, *The Room Where It Happened*, 279.

138 "중국 기업 화웨이가 [...] 허가하기로 합의했다": Donald Trump, June 29, Twitter.com. Reported in Colin Lecher, "Trump Says He'll Ease Huawei Restrictions, But No One's Sure How," *Verge*, July 3, 2019.

138 "고삐 풀린 발언": Bolton, *The Room Where It Happened*, 280.

138 "미국의 적대국에 실질적인 혼란을 안겨줄 수": Ben Sasse, "Sasse Statement on Executive Order and Huawei," Office of Senator Ben Sasse, May 15, 2019, https://www.sasse.senate.gov/public/index.cfm/2019/5/sasse-statement-on-executive-order-and-huawei (checked November 22, 2021).

139 케빈 울프가 밝힌 대로: Interview with Kevin Wolf.

139 「상호의존의 무기화(Weaponized Interdependence)」라는 제목의: Farrell and Newman, "Weaponized Interdependence."

139 『칩 워(Chip War)』: Chris Miller, *Chip War: The Fight for the World's Most Critical Technology* (New York: PublicAffairs, 2022). 『칩워: 누가 반도체 전쟁의 최후 승자가 될 것인가』, 노정태 옮김, 부키, 2023.

140 "의자에서 떨어질 뻔했습니다": Personal communication from Chris Miller, October 7, 2022. 밀러는 "전략(playbook)"이라는 표현은 자신이 인터뷰한 사람이

아닌 본인이 생각해 낸 것임을 강조했다.

140 "멋지군": Chris Miller, *Chip War*, 317.

102 25% 이상: Ian F. Ferguson and Paul K. Kerr, "The U.S. Export Control System and the Export Control Reform Initiative," Congressional Research Service, January 28, 2020.

141 "자그마치 수조 달러어치": Interview with Kevin Wolf.

142 특별 화물 전세 수송기: Phate Zhang, "Huawei Reportedly Chartered a Plane to Bring Back All the Kirin Chips," *CnTechPost*, September 12, 2020.

142 시장 점유율: "Global Smartphone Market Share," Counterpoint, retrieved on November 29, 2021, from https://www.counterpointresearch.com/global-smartphone-share/.

142 대만 정부와 협의: Kathrin Hille, "U.S. Urges Taiwan to Curb Chip Exports to China," *Financial Times*, November 3, 2019.

142 한 세대는 앞서가는: "Silicon Foundries Surge to New Revenue Records, but Texas Cold Snap Sent Samsung Backwards; TSMC Is Well on Truly on Top with 55 Percent Market Share," *Register*, June 1, 2021.

142 거의 독점 수준으로: "From TSMC to Tungsten: Semiconductor Supply Chain Risks," *Semi-Literate*, May 2, 2021, https://semiliterate.substack.com/p/from-tsmc-to-tungsten-semiconductor.

142 애플의 뒤를 이어 두 번째로 큰 TSMC의 고객: Iain Morris, "Huawei Chips Crisis Shortens Odds on China–US Conflict," *Light Reading*, March 25, 2021.

143 "확신을 가지기가 더욱 어려워질 것": Ian Levy, "A Different Future for Telecoms in the UK," NCSC blogpost, July 14, 2020, retrieved on October 2, 2022, from https://www.ncsc.gov.uk/blog-post/a-different-future-for-telecoms-in-the-uk.

143 합의에 도달했다: Huawei CFO Wanzhou Meng Admits to Misleading Global Financial Institution, U.S. Department of Justice, September 24, 2021.

143 "허위 진술": United States of America v. Wanzhou Meng, Deferred Prosecution Agreement, Cr. No. 18-457 (S-3) (AMD). United States District Court, Eastern Division of New York, 2021, retrieved on December 15, 2021, from https://www.justice.gov/opa/press-release/file/1436211/download.

143 "더 많은 이론적 돌파구": Ren Zhengfei, Conversation with Scientists, Experts, and Interns at the Academia Sinica Innovation Pioneer Symposium, retrieved on October 2, 2022, from https://xinsheng.huawei.com/cn/index.php?app=forum&mod=Detail&act=index&id=6228877.

143 새 연구 사업: Dave Yin, "China's Plan to Leapfrog Foreign Chipmakers: Wave Goodbye to Silicon," *Protocol*, November 8, 2021.

143 "영원히 뒤처질 수 있다": Yin, "China's Plan to Leapfrog Foreign Chipmakers."

144 신흥 시장: Takashi Kawakami and Yusuke Hinata, "Huawei Focuses on Emerging

Markets as Outlook in West Remains Dim," *Nikkei Asia*, August 19, 2021.

144 "차악을 선택": Alexander Gabulev, "Huawei's Courtship of Moscow Leaves West in the Cold," *Financial Times*, June 21, 2020.

144 좌절: Matt Walker, "Ericsson, Nokia Benefit Most from First-Half 2021 Telco Network Spend," *FierceTelecom*, September 9, 2021.

145 "다른 국가가 주요 핵심 기술을 통제": Elizabeth Chen, "Semiconductor Scandal a Concerning Backdrop to Xi's Pursuit of 'Core Technologies,'" Jamestown Foundation, March 26, 2021.

145 "처음부터 다시 시작해서": Meng Jing and Zen Soo, "Tech Cold War: How Trump's Assault on Huawei Is Forcing the World to Contemplate a Digital Iron Curtain," *South China Morning Post*, May 26, 2019.

145 "초크포인트": "Ministry of Industry and Information Technology: Closely Focus on Technological Self-Reliance and Strive to Solve the Problem of 'Chokepoint'", *China News Service*, March 1, 2021, https://www.chinanews.com/cj/2021/03-01/9421391.shtml.

145 신뢰할 수 없는 기업 리스트 규정: Adrianna Zhang, "China Releases Details on Its Own Unreliable Entity List," *Voice of America*, September 2020.

145 비밀 위원회: "Secretive Chinese Committee Draws Up List to Replace U.S. Tech," Bloomberg, November 16, 2021.

145 3개년 계획: Xinmei Shen, "US-China Tech War: Beijing Draws Up Three-Year Plan to Revamp State Technology System," *South China Morning Post*, November 25, 2021.

145 핵심 목표: Outline of the People's Republic of China 14th Five-Year Plan for National Economic and Social Development and Long-Range Objectives for 2035, Xinhua News Agency (translation by CSET, Georgetown University), available at https://cset.georgetown.edu/wp-content/uploads/t0284_14th_Five_Year_Plan_EN.pdf (checked December 15, 2021).

145 총 1180억 달러: James Lewis, "Learning the Superior Techniques of the Barbarians: China's Pursuit of Semiconductor Independence," Center for Strategic and International Studies, January 2019.

146 "로켓을 만들어달라고 하는 것": Cheng Ting-Fang and Lauly Li, "US-China Tech War: Beijing's Secret Chipmaking Champions," *Nikkei Asia*, May 5, 2021.

146 "생존의 문제": "Xi Jinping Picks Top Lieutenant to Lead China's Chip Battle against U.S.," Bloomberg, June 17, 2021.

146 간첩 활동과 체제 전복: 이 문단은 Yeling Tan, Mark P. Dallas, Henry Farrell, and Abraham Newman, "Driven to Self-Reliance: Coercion and the US-China Innovation Ecosystem," unpublished paper을 참고하여 집필하였다.

146 "안전하게 보호": "Be Alert to 'Prism Gate' and Advance the Localization of Core

Technology," Government Procurement Information, July 5, 2013, on file with author.

146 은행 계좌를 열 수 없게 되었다: Carrie Lam, from her interview at https://www.facebook.com/hkibcnews/videos/484173425894280/?ref=sharing.

147 중국의 관심에 "우쭐했다": Michael Martina, "US Religious-Rights Official Gayle Manchin 'Flattered' by China's Sanctions in Dispute over Uygurs," Reuters, March 29, 2021.

147 새로운 "금융전쟁": Orange Wang, "China-US Rivalry on Brink of Becoming a 'Financial War,' Former Minister Says," *South China Morning Post*, November 9, 2019.

147 "극단적 선택"에 대비: Samuel Shen, Winni Zhou, and Kevin Yao, "In China, Fears of Financial Iron Curtain as U.S. Tensions Rise," Reuters, August 13, 2020.

147 기업들은 [...] 위안화로: "Russia Gives China's Yuan a Boost as Firms Cope with Sanctions," Bloomberg, September 14, 2022.

147 자체 해외 결제 시스템: Michelle Chen, "China's International Yuan Payment System Pursues World Finance," Reuters, October 8, 2015.

147 12조 6800억 달러: Emily Jin, "Under the Radar: Alternative Payment Systems and the National Security Impacts of Their Growth," Testimony before the House Financial Services Subcommittee on National Security, International Development, and Monetary Policy, September 20, 2022, retrieved on December 1, 2022, from https://financialservices.house.gov/uploadedfiles/hhrg-117-ba10-wstate-jine-20220920.pdf.

148 "적에게 제대로 한 방": "Chinese Banks Urged to Switch Away from SWIFT as U.S. Sanctions Loom," Reuters, July 29, 2020.

148 노르웨이산 연어: Bjørnar Sverdrup-Thygeson, "The Flexible Cost of Insulting China: Trade Politics and the 'Dalai Lama Effect,'" *Asian Perspective* 39, no. 1 (2015): 101-23. Xianwen Chen and Roberto Javier Garcia, "Economic Sanctions and Trade Diplomacy: Sanction-Busting Strategies, Market Distortion and Efficacy of China's Restrictions on Norwegian Salmon Imports," *China Information* 30, no. 1 (2016)도 참고.

148 중국 군 관계자 다섯 명을 [...] 기소: Robert Blackwill and Jennifer Harris, *War by Other Means: Geoeconomics and Statecraft* (Cambridge, MA: Belknap Press, 2016), 136.

149 호주가 [...] 조사를 요청하자: Paulina Duran and Kirsty Needham, "Australia and China Spat Over Coronavirus Inquiry Deepens," Reuters, May 18, 2020.

149 조용히 수입을 재개했다: Primrose Riordan and Neil Hume, "China Unloads Australian Coal Despite Import Ban amid Power Shortage," *Financial Times*, October 4, 2021.

149 달라이라마 초청: Outlook Web Bureau, "Meeting Dalai Lama Major Offence, China Warns World Leaders," *Outlook*, October 21, 2017.

149 영국의 다른 변호사들은 [...] 침묵을 지켰다: Primrose Riordan, Tabby Kinder, and Jane Croft, "UK Lawyers Feel Ripples of Chinese Sanctions on Essex Court Chambers," *Financial Times*, April 4, 2021.

149 총액이 4억 달러: Ross Dellenger, "NBA Responds to U.S. Senator's Letter about League's Relationship with China," *Sports Illustrated*, July 21, 2020.

150 "미국의 탄압이 [...] 폭격이라면": Cheng Ting-Fang and Shunsuke Tabeta, "China's Chip Industry Fights to Survive U.S. Tech Crackdown" *Nikkei Asia*, November 30, 2022.

4 깨어나니 겨울 한 가운데

152 측근: Christina Goßner and Philipp Grüll, "Merkel and von der Leyen: Two Long-Time Companions Guiding Europe," *Euractiv*, July 3, 2020, retrieved on March 11, 2022, from https://www.euractiv.com/section/future-eu/news/merkel-and-von-der-leyen-two-long-time-companinions-guiding-europe/.

152 새로운 시작: Speech by President von der Leyen at the European Parliament Plenary on the Russian Aggression against Ukraine, retrieved on March 11, 2022, from https://ec.europa.eu/commission/presscorner/detail/en/speech_22_1483.

154 ECSC(유럽석탄철강공동체): "The Founding of the European Communities," CVCE.EU, retrieved on December 2, 2022, from https://www.cvce.eu/en/education/unit-content/-/unit/d5906df5-4f83-4603-85f7-0cabc24b9fe1/7550d654-18b4-4e04-86d1-9bd3a8dddf5a.

154 "계속 긴밀해지는 연합": "Treaty of Rome (EEC)," European Union, 2017, retrieved on November 14, 2022 from https://eur-lex.europa.eu/legal-content/EN/TXT/?uri=LEGISSUM:xy0023.

155 안정적인 에너지 공급: Helen Thompson, *Disorder: Hard Times in the 21st Century* (Oxford: Oxford University Press, 2022).

155 "경제 전쟁": Antony J. Blinken, *Ally Versus Ally: America, Europe and the Siberian Pipeline Crisis* (New York: Praeger, 1987).

155 "군사 공약을 재검토": Bruce Jentleson, *Pipeline Politics: The Complex Political Economy of East-West Energy Trade* (Ithaca, NY: Cornell University Press, 1986), 199. 냉전 시대의 가스를 둘러싼 정치적 상황은 Michael Mastanduno, *Economic Containment: CoCom and the Politics of East-West Trade* (Ithaca, NY: Cornell University Press, 1992) 참고.

155 이들은 [...] 격분했다: Blinken, *Ally Versus Ally*, 105.

156 냉전 시기에 [...] 동방정책: Angela Stent, *From Embargo to Ostpolitik: The Political Economy of West German-Soviet Relations* (New York: Cambridge University Press, 1981).

157 열성적으로 [...] 악명이 자자했다: Erika Solomon, "Gerhard Schröder Draws German Ire by Keeping Faith with Russia," *Financial Times*, March 28, 2022.

157 "돈을 좀 벌고": Katrin Bennhold, "The Former Chancellor Who Became Putin's Man in Germany," *New York Times*, April 23, 2022.

158 식물검역규정에 대해 시시한 변경: 필자 중 한 명은 EU 집행위원회에서 법령을 기록하는 스타지에르(인턴)를 한 적이 있다. 그는 사업단 직원 절반이 갑작스럽게 이탈한 상황을 보고 본인 기대나 바람보다 EU 규정이 더 복잡하다는 것을 불현듯 알게 되었다.

158 마지못해 [...] 사후적으로 생각한 것: Wolfgang Wagner, "Why The EU's Common Foreign and Security Policy Will Remain Intergovernmental: A Rationalist Institutional Choice Analysis of European Crisis Management Policy," *Journal of European Public Policy* 10, no. 4 (2003): 576-95.

158 "근본적인 문제": Authors' interview with Max Schrems, January 21, 2016.

158 자원이 부족한: "Berlin to Create Task Force to Enact Russia Sanctions— Report," *Deutsche Welle*, March 12, 2022.

159 "끈기 있고 집요한": Catherine Mayer, "Meet the Woman Who Helped Negotiate the Iran Nuclear Deal," *Time*, November 25, 2013.

159 "결정적 역할": Peter Spiegel, "EU Foreign Policy Chief Lady Ashton Comes of Age in Iran Talks," *Financial Times*, November 26, 2013.

159 "일몰조항": Robert Einhorn, "'Fix' the Iran Deal, but Don't Move the Goalposts," *Brookings*, January 18, 2018.

159 글로벌 역할: Tarja Cronberg, "No EU, No Iran Deal: The EU's Choice Between Multilateralism and the Transatlantic Link," *Nonproliferation Review* 24, nos. 3-4 (2018): 243-59.

160 심각하게 걱정하지 않았다: Authors' interview with Peter Wittig.

160 겨루고 있었다: Brakkton Booker, "Trump, Cruz Headline Tea Party Rally against Iran Nuclear Deal," NPR, September 9, 2015.

160 "최악," "끔찍한," "나쁜": "Trump on the Iran Deal: 'Worst, Horrible, Laughable,'" *BBC News*, April 26, 2018.

160 개인적인 불만: Jake Sullivan, "Trump's Only Iran Strategy Is to Punish Iran," *Atlantic*, May 19, 2018.

160 "거래의 기술": Donald Trump and Tony Schwartz, *The Art of the Deal* (New York: Random House, 2016). 『거래의 기술』, 이재호 옮김, 살림, 2016.

160 "처참한 결함": Robert Einhorn, "'Fix' the Iran Deal, But Don't Move the Goalposts."

161 "원작자의 자존심": Authors' interview with Brian Hook, February 12, 2021.

161 워싱턴 D.C.를 방문한 마크롱은: Julian Borger and David Smith, "Macron Pitches New Iran Deal to Sweeten Existing Agreement for Trump," *Guardian*, April 24, 2018.

161 불과 몇 주 후: Reuters Staff, "Factbox: How Trump Is Reimposing Iran Sanctions after Ditching Deal," Reuters, May 8, 2018.

161 "판도라의 상자": William Dobson, "Macron Doesn't Believe He Changed Trump's Mind on the Iran Deal," NPR, April 25, 2018.

162 철수: "French Energy Giant Total Officially Pulls Out of Iran," *Deutsche Welle*, August 21, 2018.

162 "해결할 방법이 없다": Eric Maurice, "EU Has No 'Magic Bullet' against US Iran Sanctions," *EUobserver*, May 16, 2018 에서 인용.

162 직설적으로 [...] 말했다: Reuters Staff, "Maersk Latest Company to Shun Iran as EU Scrambles to Save Nuclear Deal," Reuters, May 17, 2018.

162 "지침으로서의 가치": Robin Emmott, "EU Considers Iran Central Bank Transfers to Beat US Sanctions," Reuters, May 18, 2018.

162 이란을 [...] 다시 퇴출하는: Matthew Lee, "US Lawmakers Urge Iran Expulsion from SWIFT Banking Network," Associated Press, October 18, 2018; Richard Goldberg and Jacob Nagel, "Here's How Trump Can Bring Iran Back to the Table," Foundation for the Defense of Democracies, August 28, 2018.

163 "고소하다는 표정으로 바라본다": Adam Kredo, "Trump Admin Will Allow Iran Key Financial Lifeline in Major Concession," *Washington Free Beacon*, October 24, 2018.

163 볼턴이 므누신을 비방: John Bolton, *The Room Where It Happened* (New York: Simon & Schuster, 2020).

163 빈약한 법적 허구: Hilary Hurd, "U.S. Reimposes the Second Round of Iran Sanctions," *Lawfare* (blog), November 9, 2018, retrieved on April 2, 2022, from https://www.lawfareblog.com/us-reimposes-second-round-iran-sanctions.

163 제재를 가할 수 있다: "U.S. Warns Europe That Its Iran Workaround Could Face Sanctions," Bloomberg, May 29, 2019, retrieved on April 2, 2022, from https://www.bloomberg.com/news/articles/2019-05-29/u-s-warns-europe-that-its-iran-workaround-could-face-sanctions.

163 첫 거래: "INSTEX Successfully Concluded First Transaction," German Federal Foreign Office, March 31, 2020.

164 "특이한 대안들": Authors' interview with financial industry expert.

164 "미국이 가진 영향력": Lili Bayer, "EU Shield Looks Flimsy against Trump's Iran Sanctions," *Politico*, July 17, 2018.

164 EU의 무력함: Authors' interview with German industry official.

164 "EU는 적입니다": Cat Contiguglia, "Trump: EU Is One of United States' Biggest Foes," *Politico*, July 15, 2018.

165 "유럽은 신경 쓰지" 않는다: Adam Forrest, "Trump Says 'I Don't Care about the Europeans' After Questions on Iran Crisis," *Independent*, June 24, 2019.

165 사석에서는 [...] 말한 적도 있다: Julian E. Barnes and Helene Cooper, "Trump Discussed Pulling U.S. from NATO, Aides Say Amid New Concerns over Russia," *New York Times*, January 14, 2019.

166 "독을 품은 말싸움": Franziska Brantner, "We Need to Pull Our Own Weight," European Council on Foreign Relations, December 10, 2020.

166 이 캐치프레이즈: Shared Vision, Common Action: A Stronger Europe: A Global Strategy for the European Union's Foreign and Security Policy, European External Action Service, June 2016.

167 "'전략적 자율성'이라는 말을 전혀 좋아하지 않았습니다": Authors' interview with former German defense department official.

167 자극적인 문구: Authors' interview with French foreign policy official.

167 "유럽의 주권": Emmanuel Macron, Speech at the Sorbonne, September 26, 2017, retrieved on May 6, 2022, from https://international.blogs.ouest-france.fr/archive/2017/09/29/macron-sorbonne-verbatim-europe-18583.html.

167 "순종하면서 [...] 부하": Patrick Wintour, "U.S. Faces European Backlash against Iran Sanctions," *Guardian*, May 11, 2018.

167 글을 기고했다: Heiko Maas, "Wir Lassen Nicht Zu, Dass die USA über Unsere Köpfe Hinweg Handeln," *Handelsblatt*, August 21, 2018.

168 "개인적 의견 표명": Matthew Karnitschig, "Merkel Quashes Foreign Minister's (Anti) American Dream," *Politico Europe*, August 22, 2018.

168 강력히 반대한다: Jo Harper, "Maas Wants End to US Dominance," *Deutsche Welle*, August 27, 2018.

168 "전면적 의존": Susan B. Glasser, "How Trump Made War on Angela Merkel and Europe," *New Yorker*, December 24 and 31, 2018.

168 미국의 금융 억압: Ellie Geranmayeh and Manuel Lafont Rapnouil, "Meeting the Challenge of Secondary Sanctions," European Council on Foreign Relations, June 25, 2019.

169 "의제로": Authors' interview with former senior German official.

170 더 큰 유기적 조직: Wolfgang Munchau, "Europe's Four Freedoms Are Its Very Essence," *Financial Times*, November 12, 2017.

170 "독일 장관들의 무덤": Ben Judah, "The Rise of Mrs. Europe," *Critic*, October 2020.

170 제안한 사람은 마크롱이었다: Judah, "The Rise of Mrs. Europe."

170 "지정학 위원회": European Commission, "The von Der Leyen Commission: for a Union That Strives for More," press release, September 10, 2019.

171 피에르 아로슈(Pierre Haroche)가 설명한 대로: Pierre Haroche, "A 'Geopolitical Commission': Supranationalism Meets Global Power Competition," *Journal of Common Market Studies*, forthcoming.

171 널리 알려진 한 연설: Speech by Commissioner Phil Hogan at Launch of Public Consultation for EU Trade Policy Review, June 16, 2020.

171 통상 철학 명칭 생성기: "The All-New Trade Secrets Policy Philosophy Name-Generator," retrieved on September 25, 2022, from https://d1eooek4ebabms.cloudfront.net/production/uploaded-files/name%20generator%20policy%202-f8a5db5f-518a-4f96-b4f4-62ffea8cd44f.pdf.

172 존립이 걸린 취약점: Henry Farrell and Abraham Newman, "The New Age of Protectionism: Coronavirus 'Vaccine Wars' Could Herald a Broader Retreat from the Free Market," *Foreign Affairs*, April 5, 2021.

172 "기대고 있는 모든 것과 관련된 약점": Authors' interview with senior Commission official.

173 트럼프가 [...] 작동불능으로 만들어: Chad Bown and Soumaya Keynes, "Why Did Trump End the WTO's Appellate Body? Tariffs," Peterson Institute for International Economics, March 4, 2020.

173 "통상적 연계가 아닌 약점": Sabine Weyland interview with Henry Mance, "The EU Found Out We Are Dependent on Russia. We Can't Afford That," *Financial Times*, September 11, 2022.

173 "다른 국가들이 무역을 무기화하는 것을 지켜볼 수만은 없습니다": Sabine Weyland, "Anti-Coercion Instrument: How the EU Can Counter Sanctions, Boycotts and Economic Blackmailing," video, European Council on Foreign Relations, June 29, 2021, retrieved on October 1, 2022, from https://www.youtube.com/watch?v=mzLTKkml51k.

173 "사용할 필요도 없을 겁니다": Weyland, "Anti-Coercion Instrument."

173 "분쟁을 억제할": Authors' interview with Commission official.

174 "역의존성": Weyland, "Anti-Coercion Instrument," 14:39.

174 약점을 탐색했다: Authors' interview with Commission official.

175 "아주 얼어 죽게 해주겠소": Jim Yardley and Jo Becker, "How Putin Forged a Pipeline Deal That Derailed," *New York Times*, December 30, 2014.

175 "러시아에 의해 완전히 장악되었다": Glasser, "How Trump Made War on Angela Merkel and Europe." 에서 인용

176 초기에: Amanda Sloat, "Germany's New Centrists? The Evolution, Political Prospects, and Foreign Policy of Germany's Green Party," *Brookings*, October 2020.

176 가스프롬은 [...] 컨소시엄을 구성했다: 이 문단은 Hannes Adomeit, *Sanctions as a Bone of Contention* in the EU-Germany-US-Russia Quadrilateral, Center for European Studies, Carleton University, December 2017에 기반하여 작성되었다.

176 "러시아와 새롭고 더 우호적인 관계": Adomeit, *Sanctions as a Bone of Contention*.

177 "상업 프로젝트": Adomeit, *Sanctions as a Bone of Contention*, 4.

177 "합의에 도달한": Guy Chazan, "Angela Merkel Stands Firm on Nord Stream 2 Despite Navalny Poisoning," *Financial Times*, September 22, 2020.

177 더 열의를 가지고 귀를 기울인 쪽: Brett Forrest, "U.S., Russia Race to Outflank Each Other on Russian Pipeline," *Wall Street Journal*, November 29, 2020.

178 70% 가까이: Jude Clemente, "Where Does US Natural Gas Production Go from Here?" *Forbes*, May 14, 2021.

178 아첨하고 칭찬하는 태도: Katie Sheperd, "Sen. Ted Cruz Insulted a 'Woke, Emasculated' U.S. Army Ad. Angry Veterans Fired Back," *Washington Post*, May 21, 2021.

178 "프리덤 가스": "Sen. Cruz Leads Congressional Push to Halt Putin's Nord Stream 2 Pipeline with Clarified and Expanded Sanctions," Office of Ted Cruz, June 15, 2020.

179 무기가 버려져 있는 것: "Permit for Nord Stream 2 Natural Gas Pipelines," Danish Energy Agency, October 30, 2019, available at https://ens.dk/sites/ens.dk/files/OlieGas/permit_nord_stream_2.pdf.

179 "파이프 매설 작업을 수행하는 선박": National Defense Authorization Act, US Congress, December 20, 2019.

179 "치명적인 수준에 이를 수 있는 법적, 경제적 제재": Ted Cruz and Ron Johnson, "Sens. Cruz, Johnson Put Company Installing Putin's Pipeline on Formal Legal Notice," December 18, 2019.

179 "치명적인 법적, 경제적 제재": Letter from Ted Cruz, Tom Cotton, and Ron Johnson to Harm Sievers and Fridjof Ostenberg, August 5, 2020, retrieved on September 24, 2022, from https://www.cruz.senate.gov/imo/media/doc/Letters/2020.08.05%20Final%20Mukran%20Port%20Letter.pdf.

179 항만 노동자: Agathe Demarais, *Backfire: How Sanctions Reshape the World against U.S. Interests* (New York: Columbia University Press, 2022).

179 "찬성하지 않는다": Guy Chazan, "Angela Merkel Hits Out at US Sanctions on Nord Stream 2 Pipeline," *Financial Times*, December 18, 2019.

179 "경제 전쟁 선포": Erika Solomon and Katrina Manson, "US Senators' Letter on Nord Stream 2 Sparks Outrage in Germany," *Financial Times*, August 19, 2020.

180 "유럽 에너지 정책은 [...] 유럽에서 결정한다": Chazan, "Angela Merkel Hits Out."

180 "다리를 불태우는 전략": Patrick Wintour, "Nord Stream 2: How Putin's Pipeline Paralysed the West," *Guardian*, December 23, 2021에서 인용.

180 부합하지 않는다: Franziska Brantner, Nordstream 2: Klimakiller und Spaltpilz für Europa, February 8, 2021, retrieved on July 11, 2022, from https://www.youtube.com/watch?v=2I5K5HT1xjc&t=120s.

180 "상당히 비참한 상황이 되었어요": Authors' interview with Franziska Brantner, April 30, 2022.

180 1억 7500만 달러를 지원하겠다는 독일의 약속: Nikolaus Kurmayer, "Ukraine Gets Compensation in Exchange for US-Germany Deal on Nord Stream 2," *Euractiv*, July 22, 2021.

181 최종적인 규제 승인 절차를 연기했다: Timothy Jones, "Nord Stream 2 Unlikely to Start Operations before Summer—Regulator," *Deutsche Welle*, January 30, 2022.

181 "지정학적 실수": "Nord Stream 2: German Minister Warns Russia over Ukraine," *Deutsche Welle*, December 18, 2022.

181 함축된 메시지를 해설해주었다: Andrey Gurkov, "Can Europe Escape Gazprom's Energy Stranglehold?" *Deutsche Welle*, July 11, 2021.

182 계속 거절했고: Leela Jacinto, "Ex-German Chancellor Schröder's Russia Ties Cast a Shadow over Scholz's Trip to Moscow," France 24, February 15, 2022.

182 국방장관은 [...] 뜻을 밝혔다: Sabine Siebold, "Don't Drag Nord Stream 2 into Conflict over Ukraine, German Defmin Says," Reuters, January 13, 2022.

182 에너지 부문은 제외: Alberto Nardelli and Arne Delfs, "Germany Sought Energy Exemption in Russia Finance Sanctions," Bloomberg, January 25, 2022.

182 "우리가 끝내버릴 것": Missy Ryan, Rick Noack, Robyn Dixon, and Rachel Pannett, "Biden Vows to Stop Nord Stream 2 Pipeline to Europe If Russia Invades Ukraine," *Washington Post*, February 7, 2022.

182 로베르트 하베크 연방경제기후보호부장관은 [...] 되풀이했다: "Nord Stream 2 Approval Depends on Geopolitical Developments, Habeck Says," *Deutsche Welle*, February 11, 2002.

182 사업을 보류해버렸다: Philip Oltermann, "Germany Halts Nord Stream 2 Approval over Russian Recognition of Ukraine 'Republics,'" *Guardian*, February 22, 2022.

182 탈탄소 경제: Mark Leonard, Jean Pisani-Ferry, Jeremy Shapiro, Simone Tagliapietra, and Guntram Wolff, "The EU Can't Separate Climate Policy from Foreign Policy," *Foreign Affairs*, February 9, 2021.

183 장황한 망상: Vladimir Putin, "On the Historical Unity of Russians and Ukrainians," Kremlin.ru, retrieved on December 2, 2022, from http://en.kremlin.ru/events/president/news/66181.

184 "강력한 경제 조치": Humeyra Pamuk, "Blinken Warns of 'High-Impact' Economic Steps If Russia Invades Ukraine," Reuters, December 1, 2021.

185 SWIFT의 러시아 배제: Martin Grieve and Moritz Koch, "Swift-Sanktionen vom Tisch: EU und USA rücken vom Ausschluss Russlands aus globalem Finanzsystem Ab," *Handelsblatt*, January 17, 2022.

185 "최대치 합의가 아닌": Sam Fleming, Henry Foy, and James Shotter, "Ukraine: EU Wrestles with How to Inflict Sanctions 'Pain' on Russia," *Financial Times*, February

7, 2022.

185 "비화(秘話) 통화를 하거나 화상 회의를": Valentina Pop, Sam Fleming, and James Politi, "Weaponisation of Finance: How the West Unleashed 'Shock and Awe' on Russia," *Financial Times*, April 6, 2022.

185 여러 차례 기다려준: Michael D. Shear, Zolan Kanno-Youngs, and Katie Rogers, "10 Consequential Days: How Biden Navigated War, Covid and the Supreme Court," *New York Times*, February 27, 2022.

185 "희생"시키려는 독일의 의지: Pop, Fleming, and Politi, "Weaponisation of Finance."

186 영국 축구 구단 첼시: Rory Smith and Tariq Panja, "Chelsea Is for Sale, Its Russian Owner Says," *New York Times*, March 2, 2022. Rachel Treisman, "The U.K. Sanctions Roman Abramovich, Halting His Plan to Sell Chelsea Football Club," NPR, March 10, 2022도 참고.

186 선원들이 [...] 도주를 시도했다: Tassilo Hummel, Alasdair Pal, and Steve Holland, "Yacht Seized as U.S. Ramps Up Oligarch Sanctions So Putin 'Feels the Squeeze,'" Reuters, March 4, 2022.

186 푸틴 소유로 알려진 요트: Crispian Balmer and Emilio Parodi, "Italy Impounds Luxury Yacht Linked to Russian President," Reuters, May 6, 2022.

186 단 72시간만에 [...] 실행에 옮기리라고는: Pop, Fleming, and Politi, "Weaponisation of Finance."

186 6000억 달러의 외환 보유액: Nicholas Gordon, "Banks Are Stopping Putin from Tapping at $630 Billion War Chest Russia Stockpiled before Invading Ukraine," *Fortune*, March 3, 2022.

187 세부 방안을 도출해내고: Pop, Fleming, and Politi, "Weaponisation of Finance."

187 "지정학적 행위자": video, State of the Union, European University Institute, May 7-9, 2022, retrieved on September 26, 2022, from https://stateoftheunion.eui.eu/videos-on-demand/ 참고.

187 "강력한 국제 규제기구에서 직접 행위자로": Alex Stubb, "Geopolitical Order and Change of Security Architecture in Europe Conversation," video, State of the Union, European University Institute, May 6, 2022, retrieved on September 26, 2022, from https://stateoftheunion.eui.eu/videos-on-demand/.

189 "억제와 결속": James Politi, "Former Nato Chief Calls for Mutual Pledge on Economic Coercion," *Financial Times*, June 10, 2022.

189 완곡한 표현으로 문제를 설명했다: Sam Fleming and Andy Bounds, "Brussels Pushes for Tougher Sanctions Enforcement via EU-Wide Body," *Financial Times*, July 7, 2022.

189 "주요 강대국이 경쟁하는": Olaf Scholz, "Die EU Muss zu Einem Geopolitischen Akteur Warden," *Frankfurter Allgemeine*, July 17, 2022.

189 노르트스트림1 가스관의 공급을 차단했다: Larry Elliott, "Nord Stream 1: Russia

Switches Off Gas Pipeline Citing Maintenance," *Guardian*, August 31, 2022.

190 날카롭게 지적했다: Matthias Matthijs, "A German Word for How Others See Germany's Gas Crisis: Schadenfreude," *Washington Post*, July 26, 2022.

190 "참담한" 결과: David Sheppard and Polina Ivanova, "Putin Warns of 'Catastrophic' Energy Crisis If West Boosts Sanctions," *Financial Times*, July 8, 2022.

190 라브로프 러시아 외교장관이 그를 맞이했다: Marton Dunai and Polina Ivanova, "Hungary Sends Foreign Minister to Moscow to Ask Russia for More Gas," *Financial Times*, July 22, 2022.

190 "대규모 확장": REPowerEU: A Plan to Rapidly Reduce Dependence on Russian Fossil Fuels and Fast Forward the Green Transition, European Commission, May 18, 2022.

191 탄소 집약도가 높은 제품: Kate Abnett, "EU Countries Support Plan for World-First Carbon Border Tariff," Reuters, March 16, 2022.

191 권한을 갖고 싶어했다: "Commission Unveils New Approach to Trade Agreements to Promote Green and Just Growth," European Commission, June 22, 2022, retrieved on September 25, 2022, from https://ec.europa.eu/commission/presscorner/detail/en/ip_22_3921.

191 에도아르도 사라발레(Edoardo Saravalle)의 제안: Edoardo Saravalle, "Why World Leaders Should Impose Green Sanctions," *Financial Times*, August 2, 2019.

191 그는 원자력발전소 폐쇄를 연기하면서: Marina Kormbaki, Serafin Reiber, Jonas Schaible, and Gerald Traufetter, "Germany's Green Party Confronts Its Last Taboo," Der Spiegel, June 9, 2022.

191 "상호의존은 위험성도 수반한다": Annalena Baerbock, "Comments at the Business Forum of the 20th Conference of the Heads of German Missions," September 9, 2022.

192 무뚝뚝한 태도로 [...] 설명했다: Margethe Vestager, "Remarks of EVP Vestager at the Annual Conference of the EU Heads of Delegation," October 11, 2022, retrieved on October 23, 2022, from https://ec.europa.eu/commission/presscorner/detail/en/SPEECH_22_6115.

5 브라이언 훅의 이메일

195 드미트리 세바스토풀로(Demetri Sevastopulo)가 취재한 결과: 이 이야기에 대한 5장의 기술은 Demetri Sevastopulo, "US Offers Cash to Tanker Captains in Bid to Seize Iranian Ships," *Financial Times*, September 4, 2019에서 가져왔다.

195 "압박 지점 . . . 파악": Authors' interview with Brian Hook.

196 해외에 있는 반체제 인사들을 암살한다: "EU Sanctions Iran over Assassination

Plots," Agence France-Presse, September 1, 2019.

197 이들은 응답하기 위해 분투한다: Steven Weber, *Bloc by Bloc: How to Build a Global Enterprise for the New Regional Order* (Cambridge, MA: Harvard University Press, 2019).

198 단 하나의 문구: Aaron Tilley and Ryan Tracey, "How Microsoft Became Washington's Favorite Tech Giant," *Wall Street Journal*, April 2, 2022.

198 반독점 집행자들은 […] 판단하고: U.S. Department of Justice, "Justice Department Files Antitrust Suit against Microsoft for Unlawfully Monopolizing Computer Software Markets," press release, May 18, 1998, retrieved on November 18, 2022, from https://www.justice.gov/archive/atr/public/press_releases/1998/1764.htm

198 "연방정부 관계자들": Brad Smith and Carol Anne Brown, *Tools and Weapons: The Promise and Peril of the Digital Age* (New York: Penguin, 2019), ix. 『기술의 시대: 기술이 인류를 소외시키는 사회에 대한 통찰과 예측』, 이지연 옮김, 한빛비즈, 2021.

198 적대적인 세력과의 평화 유지: Michael Kinsley, "How Microsoft Learned ABCs of D.C.," *Politico*, April 5, 2011.

198 성공적으로 해냈다: Cat Zakrewski, "Microsoft Is Bigger than Google, Amazon and Facebook. But Now Lawmakers Treat It Like an Ally in Antitrust Battles," *Washington Post*, January 22, 2022.

200 함부르크의 한 강연: Caspar Bowden, The Cloud Conspiracy, speech given at Chaos Computer Club Congress, Hamburg, December 27, 2014, retrieved on May 26, 2022, from https://www.youtube.com/watch?v=d7TyBK-gMgk.

200 보우덴은 […] 개인정보보호 활동가이자: Interviews with friends of Caspar Bowden.

201 "열심히 감시하지": Interview with friend of Caspar Bowden.

202 "구역질나는 냉소": Retrieved on September 24, 2022, from https://twitter.com/casparbowden/status/542588420611379201.

203 틀어지게: Farrell and Newman, Of Privacy and Power.

204 세계의 인터넷이 무너져버릴 것: Mark Bergen, "Eric Schmidt: Get Ready for 'a Lot' More Alphabet Companies," *Vox.com*, October 13, 2015.

204 브래드 스미스는 […] 덜 불안해 보였다: Brad Smith, "The Collapse of the US-EU Safe Harbor: Solving the New Privacy Rubik's Cube," Microsoft on the Issues (blog), October 25, 2015, retrieved on May 25, 2022, from https://blogs.microsoft.com/on-the-issues/2015/10/20/the-collapse-of-the-us-eu-safe-harbor-solving-the-new-privacy-rubiks-cube.

204 "지옥문이 열렸다": Smith and Brown, *Tools and Weapons*, 136.

204 정보 제공을: Microsoft, US National Security Orders Report, retrieved on November 18, 2022, from https://www.microsoft.com/en-us/corporate-responsibility/us-national-security-orders-report?activetab=pivot_1:primaryr2

205 정보통신본부(GCHQ)와 협력하여: Smith and Brown, *Tools and Weapons*, 13.

205 "테크 산업은 국경을 넘어 전 세계에 진출했고": Smith and Brown, *Tools and Weapons*, 11.

205 간극이 존재하지 않는 척하는 것: Henry Farrell and Martha Finnemore, "The End of Hypocrisy," *Foreign Affairs*, November/December 2013.

206 분기별 매출은 약 220억 달러: Microsoft, "Microsoft Cloud Strength Fuels Second Quarter Results," Microsoft News Center (blog), January 25, 2022, retrieved on July 3, 2022, from https://news.microsoft.com/2022/01/25/microsoft-cloud-strength-fuels-second-quarter-results-4/.

207 암호화하여: David E. Sanger and Nicole Perlroth, "Internet Giant Erects Barriers to Spy Agencies," *New York Times*, June 6, 2014.

207 더 영속적이고 합법적인 평화: Brad Smith, "The Collapse of the US-EU Safe Harbor."

207 정보기관들은 마지못해 [...] 동의했다: Farrell and Newman, *Of Privacy and Power*.

208 스틱스넷(Stuxnet)이라는 신종 웜이 [...] 기계들을 감염시키고 있음을: Bruce Schneier, "The Story Behind the Stuxnet Virus," Forbes, October 7, 2010.

208 오바마는 [...] 주저했다: David Sanger, *The Perfect Weapon: War, Sabotage, and Fear in the Cyber Age* (New York: Crown, 2018), 10. 『퍼펙트 웨폰: 핵보다 파괴적인 사이버 무기와 미국의 새로운 전쟁』, 정혜윤 옮김, 미래의창, 2019.

209 미국은 [...] 은밀히 거금을 지불하려고 했다: Nicole Perlroth, *This Is How They Tell Me the World Ends: The Cyber Weapons Arms Race* (London: Bloomsbury Publishing, 2021). 『인류의 종말은 사이버로부터 온다』, 김상현 옮김, 에이콘출판, 2022.

208 악명 높은 'SWIFT heist': Jim O'Grady and Kenny Malone, "A SWIFT Getaway," NPR, February 9, 2022.

208 TSMC가 잠시 공장 운영을 중단했다: Debby Wu, "iPhone Chipmaker Blames WannaCry Variant for Plant Closures," Bloomberg, August 6, 2018.

209 스미스는 [...] RSA 컨퍼런스에서: Brad Smith, Transcript of Keynote Address at the RSA Conference 2017: "The Need for a Digital Geneva Convention," February 14, 2017.

209 상업적으로 민감한 정보를: Michael Balsamo and Eric Tucker, "North Korean Programmer Charged in Sony Hack, WannaCry Attack," PBS News Hour, September 6, 2018.

209 러시아가 "[...] 보복 행위를 하지 않을까": Smith and Brown, *Tools and Weapons*, 83.

210 "미국 정부의 [...] 감시에 협조할": Smith and Brown, *Tools and Weapons*, 115.

210 윈도우 사용을 금지했다: Sean Gallagher, "Red Flag Windows: Microsoft Modifies Windows OS for Chinese Government," *Ars Technica*, March 21, 2017.

211 "디지털 스위스": Smith, Keynote Address at the RSA Conference 2017.

212 "우리만의 국제 협약": Smith and Brown, *Tools and Weapons*, 119.

212 "국제적십자위원회처럼": Brad Smith, Keynote Address at the RSA Conference 2017.

212 "출신 국가"나 "공격을 요구하는 정부가 어딘지는 무관": Smith, Keynote Address at the RSA Conference 2017.

212 법적 구속력이 없는 "사이버 공간의 신뢰와 안보를 위한 파리의 요구(Paris Call for Trust and Security in Cyberspace)": "Paris Call for Trust and Security in Cyberspace," November 12, 2018, retrieved on November 19, 2022, from https://pariscall.international/en/.

212 바이든 행정부도 [...] 서명을 했다: Ned Price, "The United States Supports the Paris Call for Trust and Security in Cyberspace," press statement, U.S. Department of State, November 10, 2021, retrieved on November 19, 2022, from https://www.state.gov/the-united-states-supports-the-paris-call-for-trust-and-security-in-cyberspace/.

212 사이버보안 기술협정(Cybersecurity Tech Accord): "Cybersecurity Tech Accord," Tech Accord, n.d., retrieved on November 19, 2022, from https://cybertechaccord.org/accord/.

212 스위스를 비롯한 국가의 정부들은 그들의 중립을 접고: Michael Shield and Silke Koltrowitz, "Neutral Swiss Join EU Sanctions against Russia in Break with Past," Reuters, February 28, 2022.

213 신중하게 올린 두 건의 블로그 게시물: Brad Smith, "Digital Technology and the War in Ukraine," Microsoft on the Issues (blog), February 28, 2022; Tom Burt, "The Hybrid War in Ukraine," Microsoft on the Issues (blog), April 27, 2022.

213 인상적인 기조연설: 별도로 명시한 경우를 제외하면, 이 내용과 아래에 이어지는 다른 세부적인 내용은 video of the 2022 Envision Conference, retrieved on May 31, 2022, from https://www.microsoft.com/en-gb/events/envision-uk/에서 가져왔다.

213 폭스블레이드(FoxBlade): Microsoft, Special Report: Ukraine. An Overview of Russia's Cyberattack Activity in Ukraine, April 27, 2022.

213 매일 전송하는 약 24조 개의 신호: Microsoft, Special Report: Ukraine.

214 나중에 뉴욕타임스에서 보도한 대로: David E. Sanger, Julian E. Barnes, and Kate Conger, "As Tanks Rolled into Ukraine, So Did Malware. Then Microsoft Entered the War," New York Times, February 28, 2022.

214 러시아의 사이버공격을 [...] 비유했다: Brad Smith, "Defending Ukraine: Early Lessons from the Cyber War," Microsoft, June 22, 2022.

215 "하이브리드 전쟁": Burt, "The Hybrid War."

215 판매를 중단했다: "Microsoft Suspends Sales in Russia as Western Sanctions Tighten," Reuters, March 4, 2022.

215 후속 보고서: Microsoft, Defending Ukraine.

216 스미스는 [...] 자랑스러워했다: Brad Smith, speech at Envision Conference.

216 구인공고: Chang Chien and Elizabeth Hsu, "TSMC Looking to Hire Geopolitical Experts with PhDs," *Focus Taiwan*, February 16, 2022.

217 한 내부 문서: "Morris Chang Speech, October 26, 2021," retrieved on December 2, 2022, from https://semiwiki.com/forum/index.php?threads/morris-chang-speech-oct-26-2021.14846/.

218 "반도체 업계의 스위스": Yang Jie, Stephanie Yang, and Asa Fitch, "The World Relies on One Chip Maker in Taiwan, Leaving Everyone Vulnerable," *Wall Street Journal*, June 19, 2021.

219 회사인 삼성은: Morris Chang's Last Speech, April 2021, translated by Kevin Xu, retrieved on July 22, 2022, from https://web.archive.org/web/20211016142636/https://interconnected.blog/morris-changs-last-speech/.

219 인텔은 [...] 고전을 면치 못했다: Michael Kan, "Intel's 7nm PC Chip to Arrive in 2023 Next to TSMC-Made CPU," *PC Magazine*, March 24, 2021.

219 아이폰과 경쟁하기 시작한: Geoffrey Cain, "Samsung vs. Apple: Inside the Brutal War for Smartphone Dominance," *Forbes*, March 13, 2020.

219 자체 설계한 프로세서: Apple, "Mac Computers with Apple Silicon," July 25, 2022, retrieved November 19, 2022, from https://support.apple.com/en-us/HT211814.

219 버리고 [...] 방안을 검토하기를: Ortenca Alliaj and Richard Waters, "Third Point Tells Intel to Consider Shedding Chip Manufacturing," *Financial Times*, December 29, 2020.

219 "엄청나게 의존": Kathrin Hille, "TSMC: How a Taiwanese Chipmaker Became a Linchpin of the Global Economy," *Financial Times*, March 24, 2021.

220 "소규모 산업단지": Dan Wang, "How Technology Grows (A Restatement of Definite Optimism)," *Danwang.co*, July 24, 2018.

220 15-20%: Cheng-Ting Fang and Lauly Li, "TSMC Halts New Huawei Orders after US Tightens Restrictions," *Nikkei Asia*, May 18, 2020.

221 "상황에 따라 [...] 친구가 되는": Raymond Zhong, "In U.S.-China Tech Feud, Taiwan Feels Heat from Both Sides," *New York Times*, October 1, 2020.

221 TSMC의 매출에는 지장이 없었고: Tim Culpan, "TSMC Shrugs Off Huawei Ban and Shows Who's King," *Washington Post*, July 17, 2020.

221 그런데 "갈수록 [...] 기반"에서: Ming-Chin Monique Chu, *The East Asian Computer Chip War* (London: Routledge, 2013), 106.

221 전쟁이 일어날 가능성이 없다: "TSMC Chairman Says Nobody Wants War over Taiwan as Chip Supplies Too Valuable," *Reuters*, July 15, 2021.

222 "청야(淸野)" 전략: Jared McKinney and Peter Harris, "Broken Nest: Deterring China from Invading Taiwan," *Parameters* 51, no. 4 (2021): 23-36.

222 얼마나 위험한 일인지: Eric Chang, "Intel Says US Chipmakers Should Be Priority over TSMC, Samsung," *Taiwan News*, December 2, 2021.

222 TSMC의 [...] 납품을 제한한: Reuters Staff, "TSMC Stops New Huawei Orders After U.S. Restrictions," *Reuters*, May 18, 2020.

222 TSMC는 [...] 발표했다: Cheng Ting-Fang, Lauly Li, and Yifan Yu, "TSMC to Build $12bn Cutting-Edge Chip Plant in US," *Nikkei Asia*, May 15, 2020.

223 "미국에 깊이 뿌리내린": Pat Gelsinger, "More Than Manufacturing: Investments in Chip Production Must Support U.S. Priorities [sponsored story]," *Politico*, June 24, 2021.

223 겔싱어는 [...] 시간을 들여: Asa Fitch and Bob Davies, "Intel CEO Pitches Pricey Chip Plants to Officials at Home and Abroad," *Wall Street Journal*, August 14, 2021.

223 "유전의 위치": video at Ian King, "Intel CEO Urges Lawmakers to 'Not Waste This Crisis' in Chip Push," Bloomberg, January 19, 2022, retrieved on June 13, 2022, from https://www.bloomberg.com/news/articles/2022-01-19/intel-urges-lawmakers-to-not-waste-this-crisis-with-chip-push 참고.

223 "간청했기 때문에": Yu Nakamura, "Intel Slams US Subsidies for TSMC in Arizona's Clash of Chip Titans," *Nikkei Asia*, July 16, 2021.

223 마크 리우가 다른 매체에서 한 해명에 따르면: Charlie Campbell, "Inside the Taiwan Firm That Makes the World's Tech Run," *Time*, October 1, 2021.

224 "치파겟돈(Chipaggedon)"이라는 불행한 이름: Enrique Dans, "How We Got to 'Chipageddon,'" *Forbes*, February 25, 2021.

224 100일간 평가: White House, "Executive Order on America's Supply Chains," February 24, 2021, retrieved on January 11, 2022, from https://www.whitehouse.gov/briefing-room/presidential-actions/2021/02/24/executive-order-on-americas-supply-chains/.

225 "컴퓨터 칩 부족": Joseph Biden, "Remarks by President Biden at Signing of an Executive Order on Supply Chains," February 24, 2021, retrieved on January 11, 2022, from https://www.whitehouse.gov/briefing-room/speeches-remarks/2021/02/24/remarks-by-president-biden-at-signing-of-an-executive-order-on-supply-chains/.

225 바이든의 행정명령: White House, "Executive Order on America's Supply Chains."

225 반도체 업계의 의견을 정식으로 요청했다: Bureau of Industry and Security, "Semiconductor Manufacturing and Advanced Packaging Supply Chain Notice Published 3/15/21. Comments Due 4/5/21," 86 FR 14308, March 15 2021.

225 "데이터 허브": White House, Building Resilient Supply Chains, Revitalizing American Manufacturing, and Fostering Broad-Based Growth, June 2021, 17-18.

225 "정보를 자발적으로 공유": White House, "Readout of Biden Administration Convening to Discuss and Address Semiconductor Supply Chain," retrieved on June 16, 2022, from https://www.whitehouse.gov/briefing-room/statements-releases/2021/09/23/readout-of-biden-administration-convening-to-discuss-

and-address-semiconductor-supply-chain/.

225 "요구를 따르지 않을 경우": Jenny Leonard, "White House Weighs Invoking Defense Law to Get Chip Data," Bloomberg, September 23, 2021.

226 "유례없는 조치": Reuters Staff, "Taiwan's TSMC Says Working to Overcome Global Chip Shortage," Reuters, September 24, 2021.

226 "설내 유출하지 않으며": "Taiwan's TSMC, After US Request, Says It Won't Leak Sensitive Info," Reuters, October 7, 2021.

226 일부 정보: Debby Wu, "World's Top Chipmakers Provide Data to US as Deadline Arrives," Bloomberg, November 7, 2021.

226 일종의 기만 행위: Che Pan, "Chinese Media Continues Tirade against Taipei for Letting Chip Maker TSMC Comply with US Request for Semiconductor Supply Data," *South China Morning Post*, November 9, 2021.

226 "심각하게 훼손": "GT Voice: Chipmakers Risk Violating Chinese Laws over US' Hegemonic Data Request," Global Times, October 24, 2021.

227 "미국 정부에서 [...] 제재를 가하는 데 도움이 될": Che Pan, "Chinese Critics Express Dismay over Taiwan Chip Maker TSMC's Compliance with Washington's Semiconductor Data Request," *South China Morning Post*, November 8, 2021.

227 시진핑이 제대로 이해했다면: Thomas Friedman, "China's Bullying Is Becoming a Danger to the World and Itself," *New York Times*, October 19, 2021.

227 세계화에 대한 [...] 짧은 발언이 있었다: 모리스 창의 연설 후 청중 질문에 대한 1분 15초 경 답변 참고. retrieved on June 20, 2022, from https://www.youtube.com/watch?v=Tiuoi6htq-U&t=74s.

227 대만 국내에서 가지는 이점: Ting-Fang and Lauly Li, "From Somebody to Nobody: TSMC Faces Uphill Battle in U.S. Talent War," Nikkei Asia, May 27, 2022.

228 "그런 시절은 더 이상 없다": Jude Blanchett, Ryan Hass, and Morris Chang, Transcript, Vying for Talent Podcast: Can Semiconductor Manufacturing Return to the US, April 14, 2022.

228 런던에서: Vitalik Buterin, "The Not So Paranoid Case for Decentralization," Ethereum London Meetup, March 30, 2015, retrieved on June 23, 2022, from https://www.youtube.com/watch?v=tjxkdniYtkc.

228 쌀쌀한 날: Retrieved from https://www.timeanddate.com/weather/uk/london/historic?month=3&year=2015.

228 이더리움은 출시 전이었다: 출시에 차질을 빚게 한 개인적 충돌과 경쟁 관계에 대한 설명은 Laura Shin, *The Cryptopians: Idealism, Greed, Lies, and the Makings of the First Big Cryptography Craze* (New York: PublicAffairs, 2022) 참고.

229 부테린은 [...] 두 필자에게: Authors' interview with Vitalik Buterin, July 2, 2022.

231 명목 가치는 총 4834억 달러: Ryan Browne, "Ethereum, the World's Second-Largest Cryptocurrency, Soars Above $4,000 for the First Time," CNBC, May 10,

2021.

한동안 억만장자: Scott Carpenter, "Ethereum Co-Founder Buterin Says He's No Longer a Billionaire," Bloomberg, May 20, 2022.

231 블로그 게시물을 작성할 때가 제일 행복했다: Vitalik Buterin, "My 40-Liter Travel Backpack Guide," June 20, 2022, retrieved on June 23, 2022, from https://vitalik. ca/general/2022/06/20/backpack.html.

232 민간 화폐: Stefan Eich, "Old Utopias, New Tax Havens: The Politics of Bitcoin in Historical Perspective," in Philipp Hacker, Ioannis Lianos, Georgios Dimitropoulos, and Stefan Eich, eds., *Regulating Blockchain: Techno-Social and Legal Challenges* (New York: Oxford University Press, 2019).

232 자유지상주의자들은 [...] 선언했다: 가장 유명한 선언으로는 John Perry Barlow, A Declaration of the Independence of Cyberspace, Davos, Switzerland, February 8, 1996이 있다.

232 "익명 거래 시스템": Eric Hughes, *A Cypherpunk's Manifesto*, March 9, 1993.

232 『크립토노미콘』: Neal Stephenson, *Cryptonomicon* (New York: Avon, 1999). 『크립토노미콘』, 이수현 옮김, 책세상, 2002.

232 "필독서": Peter Thiel (with Blake Masters), *Zero to One: Notes on Startups, or How to Build the Future* (New York: Penguin, 2014), 123. 『제로 투 원』, 이지연 번역, 한국경제신문, 2021.

233 나중에 틸이 인정한 것처럼: Peter Thiel, "PayPal Co-Founder Peter Thiel—Bitcoin Keynote—Bitcoin 2022 Conference," retrieved on June 30, 2022, from https://www.youtube.com/watch?v=ko6K82pXcPA&t=7s.

233 "원대한 임무": Peter Thiel, Zero to One, 17.

233 "세계정복지수": Jimmy Soni, *The Founders: The Story of PayPal and the Entrepreneurs Who Shaped Silicon Valley* (New York: Simon & Schuster, 2022), xiv.

233 슬라이드를 근거로: Peter Thiel, Bitcoin Keynote.

233 지불하기로 합의했다: U.S. Department of the Treasury, Settlement Agreement Between the U.S. Department of the Treasury's Office of Foreign Assets Control and PayPal, Inc., March 25, 2015.

233 일말의 이의제기 없이: John Adams, "These Payment Companies Are Cutting Off Russia," *American Banker*, March 7, 2022.

234 대포에 [...] 슬로건을 새겨 놓았다: Neil Stephenson, *Snow Crash* (New York: Bantam, 1992). 『스노 크래시』, 남명성 번역, 문학세계사, 2021.

234 기발한 수학적 기술: 크립토그래피 개념에 대한 기본적 이해가 필요한 자세한 설명은 Arvind Narayanan, Joseph Bonneau, Edward Felten, Andrew Miller, and Steven Goldfeder, *Bitcoin and Cryptocurrency Technologies: A Comprehensive Introduction* (Princeton, NJ: Princeton University Press, 2016) 참고.

235 "탈중앙화된 컴퓨터": Authors' interview with Vitalik Buterin.

236 개빈 우드(Gavin Wood)에 따르면: Gavin Wood, Allegality, Coinscrum and Proof of Work Media: Tools for the Future, London, 2014, retrieved on June 29, 2022, from https://www.youtube.com/watch?v=Zh9BxYTSrGU.

236 "자연의 힘": Wood, Allegality.

236 크리스토프 엔취(Christoph Jentzsch)는 [...] 두려워졌다: 이 문단들은 Shin, The Cryptopians에 제시된 자세한 설명을 요약한 것이다.

237 자칭 크립토퀸(Cryptoqueen): BBC, "Cryptoqueen: How This Woman Scammed the World, Then Vanished," BBC News, November 24, 2019.

237 "돈을 받아 도망치고": María Luisa Paúl, "Former 'Cryptoqueen' Is Now One of 10 Most-Wanted Fugitives," Washington Post, July 1, 2022.

238 웹3(Web3)라고 이름 붙인: Arjun Kharpal, "What Is 'Web3'? Here's the Vision for the Future of the Internet from the Man Who Coined the Phrase," CNBC, April 19, 2022.

238 개념미술가들: Thomas McEvilley, "Art in the Dark," Artforum, June 1983, retrieved on July 1, 2022, from https://www.artforum.com/print/198306/art-in-the-dark-35485.

238 목시 말린스파이크(Moxie Marlinspike)의 경고: Moxie Marlinspike, "My First Impressions of Web3," moxie.org, retrieved on July 1, 2022, from https://moxie.org/2022/01/07/web3-first-impressions.html.

238 중개기업: "Your NFT Journey Starts Here," OpenSea Learn, 2022, retrieved on November 20, 2022, from https://opensea.io/learn; "About Coinbase," Coinbase, 2022, retrieved on November 20, 2022, from https://www.coinbase.com/about; "About," Metamask, 2022, retrieved on November 20, 2022, from https://metamask.io/about/.

238 알케미(Alchemy)와 인퓨라(Infura) 같은 인프라 제공업체: @Amito617, "Nodes and Clients," blogpost, ethereum.org, November 10, 2022, retrieved on November 20, 2022, from https://ethereum.org/en/developers/docs/nodes-and-clients/.

238 다이(Dai)와 테더(Tether)를 비롯한 스테이블코인: "What Is a Stablecoin?" Coinbase, 2022, retrieved on November 20, 2022, from https://www.coinbase.com/learn/crypto-basics/what-is-a-stablecoin.

239 부테린이 필자들에게 설명한 대로: Interview with Vitalik Buterin.

239 "참여자 대부분이 이러한 변화를 알지도 [...] 않았다": Marlinspike, "My First Impressions of Web3."

239 놀라움을 표했다: Retrieved on July 1, 2022, from https://twitter.com/nikil/status/1290870587909443584.

239 가치는 [...] 3배인: "Alchemy Valuation Nearly Triples to $10.2 Billion in About Three Months," Reuters, February 8, 2022.

239 한 저자는 [...] 한탄했다: Neel Chauhan, "Web3 Is Centralized (and Inefficient!),"

March 22, 2022, retrieved on December 2, 2022, from https://web.archive.org/web/20220323031915/https://www.neelc.org/posts/web3-centralized/.

240 쉐이프시프트(ShapeShift) 사용: Shin, The Crytopians, 131.

240 월스트리트저널의 비판 기사: Justin Scheck and Shane Shiflett, "How Dirty Money Disappears into the Black Hole of Cryptocurrency," *Wall Street Journal*, September 28, 2018.

240 부테린을 초기에 도운: Shin, *The Cryptopians*, 380.

240 미소짓는 얼굴로: Bob Van Voris, "Crypto Expert Gets 63 Months in Prison for Helping North Korea Evade U.S. Sanctions," Bloomberg, April 12, 2022.

240 [...] 페이스북이 실현시키는" 방법: Robert Hackett, "Hanging in the Balance: Facebook and Libra," *Fortune*, December 19, 2019.

240 중국 경쟁사들: Lizhi Liu, "From Click to Boom: The Political Economy of E-Commerce in China," unpublished book manuscript.

241 "모든 게 마음에 들지 않는다": Hackett, "Hanging in the Balance."

241 "리브라가 [...] 단호히 반대한다": Taylor Telford, "Why Governments Around the World Are Afraid of Libra, Facebook's Cryptocurrency," *Washington Post*, July 12, 2019.

241 위험성을 강조했다: Fabio Panetta, The Two Sides of the (Stable)Coin, speech at il Salone di Pagamenti, Frankfurt am Main, November 4, 2020.

241 "자금세탁을 촉진하고": Elizabeth Dwoskin and Damian Paletta, "Facebook Privately Pitched Its Cryptocurrency Plan Last Month to Regulators. They Were Left Even More Scared," *Washington Post*, July 16, 2019.

242 "열성적으로 일했다": Hannah Murphy and Kiran Stacey, "Facebook Libra: The Inside Story of How the Company's Cryptocurrency Dream Died," *Financial Times*, March 10, 2022.

242 크립토 대기업들: Allyson Versprille and Bill Allison, "Crypto Bosses Flex Political Muscle with 5,200% Surge in US Giving," Bloomberg, June 2, 2022.

242 "사용방법(how-to)" 가이드: How to Win the Future: An Agenda for the Third Generation of the Internet, Andreessen Horowitz, October 2021, retrieved on November 20, 2022, from https://a16z.com/wp-content/uploads/2021/10/How-to-Win-the-Future-1.pdf.

242 DAO는 4천 개가 넘었으며: Eric Lipton and Ephrat Livni, "Reality Intrudes on a Utopian Crypto Vision," *New York Times*, March 8, 2022.

243 상대로 소송을 제기했다: Securities and Exchange Commission, "SEC Seeks to Stop the Registration of Misleading Crypto Asset Offerings," press release, November 18, 2022, retrieved on December 2, 2022, from https://www.sec.gov/news/press-release/2022-208.

243 "포커 칩": Gary Gensler, "The Path Forward: Cryptocurrency with Gary Gensler,"

Washington Post, September 21, 2021.

243 자세히 들여다보면: Lipton and Livni, "Reality Intrudes."

243 훨씬 중앙에 집중되어: Alyssa Blackburn, Christoph Huber, Yossi Eliaz, Muhammad S. Shamim, David Weisz, Goutham Seshadri, Kevin Kim, Shengqi Hang, and Erez Lieberman Aiden, "Cooperation Among an Anonymous Group Protected Bitcoin During Failures of Decentralization," arXiv, retrieved on July 2, 2022, from https://arxiv.org/abs/2206.02871.

243 부테린이 두 필자에게 전한: Interview with Vitalik Buterin.

244 자신의 저서에서: Balaji Srinivasan, *The Network State: How to Start a New Country* (self-published, 2022).

244 "팍스 비트코니카(Pax Bitcoinica)": Balaji S. Srinivasan, "Bitcoin Is Civilization," May 14, 2021, retrieved on July 17, 2022, from https://www.commonsense.news/p/is-bitcoin-anarchy-or-civilization.

245 "중국의 금융 무기": Retrieved on July 18, 2022, from https://twitter.com/nixonfoundation/status/1379894036060864516.

245 표제 연설: Peter Thiel, Bitcoin Keynote.

245 북한 해커: U.S. Department of the Treasury, "U.S. Treasury Sanctions Notorious Virtual Currency Mixer Tornado Cash," retrieved on September 22, 2022, from https://home.treasury.gov/news/press-releases/jy0916.

245 우크라이나에 기부금을 냈다: @VitalikButerin, retrieved on September 22, 2022, from https://twitter.com/VitalikButerin/status/1556925602233569280.

246 "범죄": "Ohio Resident Charged with Operating Darknet-Based Bitcoin 'Mixer,' Which Laundered over $300 Million," Department of Justice, Office of Public Affairs, February 13, 2020.

246 "뻔히 의심되는 지갑들": Danny Nelson, "US Treasury Official Warns Crypto Industry to Proactively Sanction 'Problematic' Wallets," *CoinDesk*, May 19, 2022.

246 추적 정보를 [...] 판매하는: Sam Biddle, "Cryptocurrency Titan Coinbase Providing 'Geotracking Data' to ICE," *Intercept*, June 29, 2022.

246 "개인과 기관을 기소": Testimony of John Kothanek before the Committee on Homeland Security, Subcommittee on Intelligence and Counterterrorism, June 9, 2022.

246 "중단할 수 없도록": Sam Reynolds, "Tornado Cash Co-Founder Says the Mixer Protocol Is Unstoppable," *CoinDesk*, January 25, 2022 에서 인용.

247 "미 재무부는 [...] 토네이도캐시를 중단할 수 없다": Jon Stokes, "Crypto Reaps the Whirlwind: Treasury Moves against Tornado Cash," *Jonstokes.com*, August 10, 2022.

247 "기술적으로 불가능": Muyao Shen, "Crypto Mixer Tornado Cash Says Sanctions Can't Apply to Smart Contracts," Bloomberg, March 10, 2022.

247 다채롭게 뒤섞어놓은 비유: Wood, Allegality.

248 이탈리아의 한 성형외과의사: David Yaffe-Bellany, "The Coin That Could Wreck Crypto," *New York Times*, June 17, 2022.

248 소송에 자금을 대기도 했다: Rami Ayyub and Hannah Lang, Coinbase Backs Lawsuit against U.S. Treasury Over Tornado Cash Sanctions," Reuters, September 8, 2022.

248 더스팅 공격을 당한: U.S. Department of the Treasury, "Frequently Asked Questions: Cyber-related Sanctions 1078. Do OFAC Reporting Obligations Apply to 'Dusting' Transactions," updated November 8, 2022, retrieved November 20, 2022, from https://home.treasury.gov/policy-issues/financial-sanctions/faqs/.

248 직원들을 해고한: Alastair Marsh, "Crypto Rebels Trip over Each Other en Route to Financial Utopia," Bloomberg, October 5, 2019.

248 지역 은행: Vishal Chawla, "MakerDAO Approves $100 Million Stablecoin Loan Vault for 151-Year-Old US Bank," Block, July 7, 2022.

249 장문의 에세이: Rune Christensen, "The Path of Compliance and the Path of Decentralization: Why Maker Has No Choice but to Prepare to Free Float Dai," MakerDAO Forum, August 22, 2022, retrieved on September 25, 2022, from https://forum.makerdao.com/t/the-path-of-compliance-and-the-path-of-decentralization-why-maker-has-no-choice-but-to-prepare-to-free-float-dai/17466.

250 연결을 끊어: Turner Wright, "Tornado Cash DAO Goes Down without Explanation Following Vote on Treasury Funds," *Cointelegraph*, August 12, 2022.

250 "장난이 아니다": Scott Chipolina, "FT Cryptofinance: DeFi Is DeFi Until Washington Says It's Not," *Financial Times*, August 26, 2022.

6   바람과 빛의 제국

253 부테린은 마침 중국에 있었다: Authors' interview with Vitalik Buterin.

254 "같은 상사": Frank Tang, "Facebook's Libra Forcing China to Step Up Plans for Its Own Cryptocurrency, Says Central Bank Official," *South China Morning Post*, July 8, 2019.

254 시진핑 중국 주석은 […] 명령했다: Robert Murray, "The U.S. Is Facing a 'Sputnik Moment' in the International Economy," Foreign Policy Research Institute, February 11, 2022.

254 "막다른 골목": Authors' interview with Vitalik Buterin.

255 "스푸트니크 모먼트": Robert Murray, "The U.S. Is Facing a 'Sputnik Moment' in the International Economy."

255 "긴급": White House, "FACT SHEET: President Biden to Sign Executive Order on

Ensuring Responsible Development of Digital Assets," March 9, 2022.

255 "전 세계를 [...] 달러화의 지위": "Federal Reserve Vice Chair Testifies on Digital Currency," C-SPAN, May 26, 2022, https://www.c-span.org/video/?520618-1/federal-reserve-vice-chair-testifies-digital-currency.

255 "탐색해야 할 문제": Helene Braun, "Powell Says Fed Plans Recommendation to Congress on CBDC," *CoinDesk*, June 23, 2022.

255 정부가 보조금을 지급해도: Theodore Benzmiller, "China's Progress Towards a Central Bank Digital Currency," Center for Strategic and International Studies, April 19, 2022.

256 커져가는 소용돌이를 키우는 데 큰 기여를 하고 있다: Ali Wyne, *America's Great-Power Opportunity: Revitalizing U.S. Foreign Policy to Meet the Challenges of Strategic Competition* (New York: Polity, 2022).

259 다른 사용자들에게도 똑같이 암호화를 장려했다: Joseph Mayton, "Google Favors Encryption: HTTPS Sites to Get Search Ranking Boost," *Tech Times*, August 11, 2014.

259 스스로를 재배치하기 시작했다: Hilary McGeachey, "The Changing Strategic Significance of Submarine Cables: Old Technology, New Concerns," *Australian Journal of International Affairs* 76 (2022): 161–77.

259 "주도적 허브": McGeachey, "The Changing Strategic Significance of Submarine Cables."에서 인용

260 "트럼프가 대통령인데": Authors' interview with William Spiegelberger. William R. Spiegelberger, "Anatomy of a Muddle: U.S. Sanctions against Rusal and Oleg Deripaska," Foreign Policy Research Institute, April 2019도 참고.

260 2017년 마지못해 서명한: Emily Tamkin, "Trump Finally Signs Sanctions Bill, Then Adds Bizarre Statements," *Foreign Policy*, August 2, 2017.

260 "공급 병목": Kurzposition: US-Russlandsanktionen, WVMetalle, February 21, 2019, retrieved on December 2, 2022, from link at bit.ly/3uidgoe.

260 "중국 쪽으로 전환": David O'Sullivan, Wolfgang Waldner, Gerard Araud, Emily Haber, Dan Mulhall, Armando Varrichio, Karin Olofsdotter, and Kim Darroch, "Letter to Charles Schumer," January 4, 2019, retrieved on October 1, 2022, from https://www.politico.eu/wp-content/uploads/2019/01/document1.pdf.

261 "아주 어려울 것": Authors' interview with Dan Mulhall, March 31, 2022.

261 "월요일에 가스 공급이 중단될 예정": Authors' interview with Dan Mulhall.

261 "이 버튼 한번 눌러 볼까" 식: Spiegelberger, "Anatomy of a Muddle," 10.

262 국제형사재판소 인사들을 제재대상으로 지정하여: Human Rights Watch, U.S. Sanctions on the International Criminal Court: Questions and Answers, December 14, 2020.

262 트럼프 행정부의 마이크 폼페이오 국무장관은 [...] 제재를 가하겠다고 위협했다:

State Department Account, September 2, 2020, https://twitter.com/statedept/status/1301157735652831232?s=12 에서 영상 참고.

262 중국은 [...] 캐나다에 보복: "As Canada Frees a Huawei Boss, China Lets Two Canadians Out of Jail," *Economist*, September 25, 2021.

263 유가 상한제: Florence Tan, David Lawder, and Timothy Gardner, "U.S. Says Russia Oil Price Cap Should Reflect Historical Prices, Curb Putin Profit," Reuters, September 9, 2022.

263 인도네시아 재무장관은: Iain Marlow and Shawn Donnan, "US Oil Price Cap May Backfire, Indonesia's Indrawati Says," Bloomberg, October 12, 2022 에서 인용.

264 가장 중요한 교역 상대국: U.S. Trade Representative, "The People's Republic of China," undated, https://ustr.gov/countries-regions/china-mongolia-taiwan/peoples-republic-china (checked July 23, 2022).

264 "5000억 달러를 절약": "US Could Cut Ties with China over Coronavirus, 'Save $500 Billion': Trump," Deutsche Welle, May 15, 2020; Jason Lemon, "As Criticism of China Mounts, Trump Adviser Peter Navarro Continues to Urge Bringing Supply Chain Home," *Newsweek*, May 11, 2020.

265 "괴상한 제재를 [...] 고안할 수 있는지": Authors' interview with Matt Duss, February 13, 2021.

265 "제재를 위한 제재": Authors' interview with Matt Duss.

265 엄격한 공시 의무: Blair Wang, "CFIUS Ramps Up Oversight of China Deals in the U.S.," Diplomat, September 14, 2021; see also SEC, Holding Foreign Companies Accountable Act, undated, retrieved on July 24, 2022, from https://www.sec.gov/hfcaa.

265 거짓말을 했다는 명목으로 [...] 기소한: Michael German and Alex Liang, "End of Justice Department's 'China Initiative' Brings Little Relief to U.S. Academics," Brennan Center for Justice, March 22, 2022.

265 "최대한 앞서 나가": Jake Sullivan, "Remarks at the Special Competitive Studies Project Global Emerging Technologies Summit," September 16, 2022.

266 중국의 기술적 의존도를 낮추는: Gewirtz, "The Chinese Reassessment of Interdependence."

266 중국의 경제침략: White House, How China's Economic Aggression Threatens the Technologies and Intellectual Property of the United States and the World, June 2018, retrieved on December 2, 2022, from https://www.hsdl.org/?view&did=812268

266 "쌍순환(雙循環)": James Crabtree, "China's Radical New Vision Of Globalization," Noema, December 10, 2020.

266 "일어날 수 있는 전쟁에 대비": Crabtree, "China's Radical New Vision of Globalization."

266 "전 세계 금융 시스템을 무기화": Cissy Zhou, "China Scrambles for Cover from West's Financial Weapons," *Nikkei*, April 13, 2022.

266 세계무역에서 [...] 비중은 2%: Zhou, "China Scrambles for Cover."

267 외환보유고를 [...] 환전하는 것: Iori Kaiwate and Yuta Saito, "China's Treasury Holdings Drop Below $1tn to 12-Year Low," *Nikkei Asia*, July 20, 2022.

267 "중국의 금융체계는 [...] 대비되어 있지 않았다": Sun Yu, "China Meets Banks to Discuss Protecting Assets from US Sanctions," *Financial Times*, April 30, 2022.

267 "미국이 규칙을 무시하고 행동한다면": Zhou, "China Scrambles for Cover."

267 "SMIC가 문을 닫게 할 수 있다": Ana Swanson, "Chinese Companies That Aid Russia Could Face U.S. Repercussions, Commerce Secretary Warns," *New York Times*, March 8, 2022.

267 그 누구도 "능력과 [...] 의심"하지 말라: Christopher Condon, "Yellen Says U.S. Would Use Sanctions If China Invaded Taiwan," Bloomberg, April 6, 2022.

268 "큰 가족": CK Tan, "Xi Rallies BRICS against Sanctions 'Abuse,' Cold War Mentality," *Nikkei Asia*, June 23, 2022.

268 하루에 약 1만 3000건의 거래: Bloomberg News, "Why China's Payment System Can't Easily Save Russian Banks Cut Off from Swift," *Washington Post*, March 15, 2022.

268 금융의 중심지인 [...] 격리했다: Takeshi Kihara, "Hong Kong's 'Zero COVID' Policy Risks Status as Financial Hub," *Nikkei Asia*, January 23, 2022.

268 "우연이 아니다": Barry Eichengreen, "Ukraine War Accelerates the Stealth Erosion of Dollar Dominance," *Financial Times*, March 27, 2022.

268 "비대칭적 디커플링": Antony J. Blinken, The Administration's Approach to the People's Republic of China, speech delivered at George Washington University, May 22, 2022.

269 "프렌드쇼어링(friendshoring)": David Lawder and Andrea Shalal, "Yellen to China: Help Stop Russia's War in Ukraine or Lose Standing in the World," Reuters, April 13, 2022.

269 구형 기술도 수출하지 말라고: Jillian Deutsch, Eric Martin, Ian King, and Debby Wu, "US Wants Dutch Supplier to Stop Selling Chipmaking Gear to China," Bloomberg, July 5, 2022.

269 "사실을 잊어서는 안 된다": Cheng Ting-Fang and Lauly Li, "ASML Warns Chip Gear Ban against China Will Disrupt Supply Chain," *Nikkei Asia*, July 21, 2022.

270 확실히 [...] 이 작업을 시작했다: Debby Wu and Jenny Leonard, "China's Top Chipmaker Achieves Breakthrough Despite US Curbs," Bloomberg, July 21, 2022.

270 직접 처벌하겠노라고 위협: Office of Senator Rubio, "Rubio, McCaul Demand Tougher Protections against Chinese Semiconductor Maker SMIC, Warn of Possible Beijing-Moscow Coordination," March 17, 2022.

270 "근본적 변화": Ana Swanson, "Biden Administration Clamps Down on China's Access to Chip Technology," *New York Times*, October 7, 2022.

270 숄츠 독일 연방총리는 애통해하며 [...] 인정했다: Scholz, "Die EU Muss."

270 "수출 주도형 성장은 중국에,": Constanze Stelzenmüller, "Putin's War and European Energy Security: A German Perspective on Decoupling from Russian Fossil Fuels," Testimony to the U.S. Commission on Security and Cooperation in Europe, Brookings Institution, June 7, 2022.

270 "폭스바겐에는 중국 시장이 반드시 필요하다": Joe Miller, "Volkswagen and China: The Risks of Relying on Authoritarian States," *Financial Times*, March 15, 2022.

271 수백억 달러: David Ignatius, "Transcript: The Path Forward: American Competitiveness with Pat Gelsinger, CEO, Intel," *Washington Post*, July 12, 2022.

271 강력하게 제동을 걸어야 했다: Jenny Leonard and Ian King, "White House Spurns Intel Plan to Boost Chip Production in China," Bloomberg, November 12, 2021. 10억 달러라는 수치에 대해서는 Yvonne Geng, "GlobalFoundries Abandons Chengdu Wafer Fab," EE Times, May 26, 2020 참고.

271 "국가 자금세탁 작전": Ian Talley, "Clandestine Finance System Helped Iran Withstand Sanctions Crush, Documents Show," Wall Street Journal, March 18, 2022.

272 "숨겨진 자회사 활동을 통해": Talley, "Clandestine Finance System Helped Iran Withstand Sanctions Crush."

272 『경제무기(The Economic Weapon)』: Nicholas Mulder, *The Economic Weapon: The Rise of Sanctions as a Tool of Modern War* (New Haven, CT: Yale University Press, 2022).

273 "외과수술용 칼 같은 정교한 도구": Nicholas Mulder, "By Invitation: Nicholas Mulder, Who Studies Sanctions, Declares a Watershed Moment in Global Economic History," Economist, March 4, 2022.

275 "소시지 만들듯": Edward J. Langer, "Cuban Missile Crisis—Khrushchev's Last Bluff," Military History Online.

275 충분한 ICBM: Roy E. Licklider, "The Missile Gap Controversy," *Political Science Quarterly* 85, no. 4 (1970): 600-615.

275 소련이 배치한 [...] 불과했다: Jonathan Renshon, "Assessing Capabilities in International Politics: Biased Overestimation and the Case of the Imaginary 'Missile Gap,'" *Journal of Strategic Studies* 32 (2009): 115-47.

275 계속 반복되었다: Greg Thielmann, "Looking Back: The Missile Gap Myth and Its Progeny," *Arms Control Today* 41, no. 4 (2011): 44-48.

275 똑같이 [...] 의지를 갖추었다고: Pavel Podvig, "The Window of Vulnerability That Wasn't: Soviet Military Vulnerability in the 1970s—a Research Note," *International Security* 33, no. 1 (2008): 118-38.

276 이전에 아무도 내놓지 않은: Steven E. Miller, Nuclear Hotlines: Origins, Evolution,

Applications, Belfer Center for Science and International Affairs, Harvard Kennedy School, undated. Webster Stone, "Moscow's Still Holding," *New York Times*, September 18, 1988도 참고.

277 부모 입장인 자신의 경험: Richard Zeckhauser, "Distinguished Fellow: Reflections on Thomas Schelling," *Journal of Economic Perspectives* 3, no. 2 (Spring 1989): 153–64.

277 셸링에게 노벨경제학상을 안겨주었다: "Thomas C. Schelling, Biographical," NobelPrize.org, retrieved on November 21, 2022, from https://www.nobelprize.org/prizes/economic-sciences/2005/schelling/biographical/.

278 체스게임: Thomas C. Schelling, *Arms and Influence* (New Haven, CT: Yale University Press, 2020).

278 "상호의존이 아닌 상호독립": John Lewis Gaddis, "The Long Peace: Elements of Stability in the Postwar International System," *International Security* 10, no. 4 (1986): 110.

278 상호의존의 무기화: Henry Farrell and Abraham Newman, "Weaponized Interdependence"; Henry Farrell and Abraham Newman, "Weak Links in Finance and Supply Chains Are Easily Weaponized," Nature 605 (May 10, 2022): 219–22; Henry Farrell and Abraham Newman, "Chained to Globalization: Why It's Too Late to Decouple," *Foreign Affairs*, January–February 2020.

278 이들이 세상을 바라보는 방식: "Remarks by EU High Commissioner Borrell at the European University Institute," May 5, 2022, https://www.youtube.com/watch?v=akftTQo_MVk&t=1s.

279 경제안전보장추진법: Sheila A. Smith, "Japan Turns Its Attention to Economic Security," Council on Foreign Relations, May 16, 2022.

280 셸링과 연구자들이 개발한: Emanuel Adler, "The Emergence of Cooperation: National Epistemic Communities and the International Evolution of the Idea of Arms Control," *International Organization* 46, no. 1 (1992): 101–45.

280 "긴 흐름의 시간": Gaddis, "The Long Peace."

280 군비통제조약: "Treaties & Agreements," Arms Control Association, n.d., retrieved on November 21, 2022, from https://www.armscontrol.org/treaties.

281 킴 스탠리 로빈슨(Kim Stanley Robinson)은 [...] 경고했다: Kim Stanley Robinson, *Aurora* (New York: Hachette, 2015).

281 『미래부(The Ministry for the Future)』 Kim Stanley Robinson, *The Ministry for the Future* (New York: Hachette, 2020).

282 "유일하고 가장 큰 국가 안보상의 문제": Peter Harrell, "How Biden Could Use Trump's Trade War Thumbscrews to Fight Climate Change," *Foreign Policy*, August 5, 2020.

283 대응 조치를 발표하지 않았다: Bentley Allen and Todd Tucker, "The E.U.-U.S.

Steel Deal Could Transform the Fight against Climate Change," *Washington Post*, October 31, 2021.

283 "부패와 더 잘 싸우고": White House, "Background Press Call by Senior Administration Officials on the Fight against Corruption," June 3, 2021.

284 "최대 규모로 부패를 대상으로 한 조치": U.S. Department of Treasury," Treasury Sanctions Influential Bulgarian Individuals and Their Expansive Networks for Engaging in Corruption," press release, June 2, 2021.

284 국가안보의 "핵심" 관심사: White House, "United States Strategy on Countering Corruption," December 2021.

감사의 말

20년 전 어느 화창한 날, 독일 본에서 맥주를 마시며 가진 첫 미팅에서 이 책은 시작되었다. 그때는 몰랐다. 그때 우리는 정규직이 아닌 젊고, 의욕 넘치고, 오만했다. 비슷한 아이디어를 가지고 연구하고 있었고, 분명 비슷한 직장에 지원하게 될 것이었기에 상황이 급속도로 틀어질 수도 있었다. 하지만 우리는 친구가 되었고, 나중에는 같이 연구하고 저술하게 되었다. 우리의 파트너십은 누가 어떤 아이디어를 생각했는지 아무도 모르는 종류가 아닌, 그 질문이 가당치 않은 게 되어 버리는 종류였다.

두 사람의 여정이 이 책에서 정점에 달할 수 있었던 것은 우리의 에이전트 마고 베스 플레밍의 멋진 길잡이 덕분이다. 그녀는 상아탑에서 수십년 간 억눌려 있던 직감을 버리게 하고, 책의 구상을 해체해서 완전히 새로운 토대 위에 다시 구축하도록 우리를 밀어붙였다. "독자가 지갑에 있는 돈으로 이 책을 살까요, 카페라떼 한 잔을 살까요?" 지침이 된 그녀의 주문과 같은 말이었다. 맥빠지지만 좋은 질문이었다. 그 질문이 아니었다면 지금 독자 여러분이 읽고 있는, 이 책은 우리가 쓰고 싶다고 생각했던 것과 완전히 달라진 책을 쓰지 못했을 것이고 여러분은 기분 좋게 카페라떼를 마셨을 것이다. 마고 덕분에 이 책이 나왔다. 독자들도 마고의 공을 알아주길 바란다.

팀 더건과 헨리 홀트 출판사 편집부는 우리의 도서 제안서에서 기대되는 부분의 씨앗을 보고 우리에게 모험을 했다. 팀의 구체적인 조언과 우리가 해낼 능력에 대한 그의 믿음은 큰 도움이 되었다. 그는 끊임없이 우리 주장을 끌어내고, 서사에 집중하고, 독자를 계속 몰입하게 만들도록 재촉했다. 책에 아직 지루한 부분이 있더라도, 팀이 아닌 필자들의 잘못이다. 우리를 믿어주고 이 책을 세상에 내놓게 해준 팀에게 무한한 고마움을 표한다.

『언더그라운드 엠파이어』는 우리가 10년 가까이 발전시킨 아이디어와 주장에서 나왔다. 시간을 내 인터뷰에 응한 많은 이들이 아니었다면 가능하지 않았을 것이다. 이들의 통찰과 말이 이야기가 되었다. 성명을 공개한 몇 분에게는 책에서 감사의 말을 전한다. 일부 익명을 요청한 분들 모두에게도 감사드린다.

핵심 주장을 정교하게 다듬고 만들어갈 수 있게 도와준 동료와 친구들에게도 감사하다. 마크 블리스와 다니엘 드레즈너는 처음으로 우리에게 이 주장을 대중이 널리 읽을 수 있는 책으로 써야 한다고 말해준 사람들이다. 우리는 어떻게 이야기를 전달할지 고민하면서 소설가와 논픽션 작가들과 대화를 나눴다. 헨리는 존 크롤리(천사와 거울의 비유), 스탠 로빈슨(어떻게 세상의 숨겨진 시스템을 이용해서 시스템을 바꿀 수 있을까), 프랜시스 스퍼포드(사소한 개인의 이야기를 이용해서 거대하고 비정한 이야기를 하는 방법을 보여주었다)에게 개인적으로 큰 신세를 졌다. 토머스 밴초프, 타냐 뵈르첼, 다나 보이드, 다니엘 바이먼, 마일스 에버스, 마사 피네모어, 클레어 피츠기번, 찰스 글레이저, 잭 골드스미스, 조나단 하켄브로히, 마리나 헹케, 르웰린 휴즈, 빌 제인웨이, 에릭 존스, 니킬 칼

얀푸르, 찰스 킹, 마가렛 레비, 에드 루스, 캐슬린 맥나마라, 조나스 남, 타이그 오브라이언, 마가렛 오마라, 커트 옵살, 토마스 리스, 에머 로크, 다니 로드릭, 제레미 월러스, 글렌 바일, 존 지스먼에게도 감사드린다. 원고에서 귀중한 팩트체크를 해준 헤더 크라이들러에게 특별히 감사드린다. 이들의 지지, 일시적인 위기가 찾아왔을 때의 도움, 의견, 실수 수정, 적극적인 논쟁 덕분에 모든 페이지의 내용이 좋아졌다.

　존스홉킨스대학교와 조지타운대학교 학생들의 지속적인 참여에서도 도움을 받았다. 특히, 지칠줄 모르고 연구 보조원으로 일해준 아드바이타 아룬, 나즈 괴체크, 조나스 히링, 브룩 태너에게도 감사하다. 필자들의 연구를 확실하게 지원해준 존스홉킨스대학교와 조지타운대학교에게 큰 빚을 졌다. 헨리는 조지타운워싱턴대학교에서 이 프로젝트를 시작해서 스탠퍼드대학교 행동과학고등연구소 펠로우십을 통해 끝냈다. 두 연구소의 동료 연구자들은 아낌없는 우정과 지지를 주었다. 에이브는 재정적인 면에서 여러모로 지원해주신 조지타운 이사회, 미-중 대화를 위한 조지타운 이니셔티브, 오픈소사이어티재단, 윌리엄앤플로라휴렛재단에게도 감사드린다. 이 책의 주제에 관해 두 필자가 처음으로 쓴 논문, 「상호의존의 무기화: 어떻게 글로벌 경제 네트워크는 국가 권력을 형성하는가」를 출간해주신 MIT 출판부와 학술지 『국제안보(International Security)』의 편집자들에게도 감사드린다. 책은 논문과 매우 다르지만, 논문이 없었다면 절대로 세상에 나오지 못했을 것이다.

　이 책을 쓰면서 활용한 저작을 남긴 기자, 학자, 작가들에게도 깊이 감사드린다. 세부적인 내용을 조사해온 이들의 노고와 심도 있는 지식 없이 이 글로벌 대변혁에 대한 책을 쓰기란 불가능하다. 더 큰 그림을 이해하려는 우리의 노력이 그들의 일을 너무 해치지 않길 바란다. 게다가 우리의 저작은 이 새로운 세상에 대해 유일하게 가능하거나, 유용한 지도가 절대 아니라는 것을 안다. 이 책은 대체로 강대국들을 다뤘다. 힘이 거의 없는 세력의 관점에서 제국을 바라보는 다른 책도 쓰일 만하다.

제국을 이해하기 위한 우리의 여정은 오래 전부터 시작되었고 가족의 무한한 응원이 있었기에 현실이 되었다. 우리는 무엇이든 할 수 있다고 믿어주시는 부모님, 폴과 루이즈, 바브와 필, 밤늦게까지 논증을 들어주고 컴퓨터 앞에서 하루종일 있어도 인내해준 배우자 니콜과 크레이그에게 고마움을 전한다. 크레이그는 수많은 원고를 읽어주었고, 니콜은 아낌없이 응원해주었다. 두 사람의 애정 덕분에 무언가 막힌 기분이 들 때도 계속 나아갈 수 있었다. 마지막으로 필자들의 아이들, 잭, 키런, 미카, 세이디에게 고마움을 전한다. 제국에 바람과 빛이 들기를 기대해 보자.

찾아보기

언더그라운드 엠파이어

언더그라운드 엠파이어

언더그라운드 엠파이어

옮긴이 박해진
중앙대 영어영문학과 박사과정을 수료했고, 현재 프리랜서 번역가로 활동 중이며 PADO에도 번역기고 하고 있다.

감수 김동규
서울대 정치학과 졸업 후 외무고시를 거쳐 외교부에서 근무했다. 영국 케임브리지대에서 석사, 박사과정 수학 후 현재 PADO의 편집장을 맡고 있다.

언더그라운드 엠파이어
미국이 글로벌경제를 무기화하는 법

초판 1쇄 펴냄 2024년 11월 11일

지은이   헨리 패럴, 에이브러햄 뉴먼
옮긴이   박해진
감수   김동규

펴낸이   강호병
편집   김동규
디자인   스튜디오 코스모스

ISBN   979-11-989600-0-9 (03340)
펴낸곳   주식회사 머니투데이
            서울특별시 중구 청계천로 11 6층
등록번호   중구 제 2024-000021호
전화   02-767-6879
팩스   02-724-0989

PADO는 머니투데이에서 운영하는 통찰과 깊이가 담긴 롱리드 스토리와 문예 작품으로 세상의 이슈를 전하는 국제시사, 문예 버티컬 플랫폼입니다.